乐道

罗志田　著

斯文关天意

近代新旧之间的士人与学人

三联书店

图书在版编目（CIP）数据

斯文关天意：近代新旧之间的士人与学人 / 罗志田著. —北京：生活·读书·新知三联书店，2020.9
（乐道丛书）
ISBN 978 - 7 - 108 - 06889 - 7

Ⅰ．①斯… Ⅱ．①罗… Ⅲ．①人物研究－中国－近代
Ⅳ．①K820.5

中国版本图书馆 CIP 数据核字（2020）第 122588 号

责任编辑　王婧娅
封面设计　黄　越
责任印制　黄雪明
出版发行　生活·讀書·新知 三联书店
　　　　　（北京市东城区美术馆东街 22 号）
邮　　编　100010
印　　刷　江苏苏中印刷有限公司
排　　版　南京前锦排版服务有限公司
版　　次　2020 年 9 月第 1 版
　　　　　2020 年 9 月第 1 次印刷
开　　本　880 毫米×1230 毫米　1/32　印张　10.75
字　　数　289 千字
定　　价　58.00 元

目录

自 序

　　近代中国的一个特色是尚武，由此产生出不少尚武文人。他们并不身与打仗，却喜欢引用外国人的话，说不想成为元帅的士兵不是好士兵。我总怀疑那句话是不是译错了，因为如梁启超所说，就是普通一个团体，也总有指挥者和受指挥者。如果"人人欲为指挥者，不愿为受指挥者"，则"群龙无首，顷刻而溃"。① 对于统兵之人，哪怕仅是班长，如果手下都是一群想当元帅的"好士兵"，恐怕会非常难带，特别是真要拼命的时候。

　　比较接近实战的说法可能是中国古人所说的"三军易得，一将难求"，毕竟发挥决定性作用的往往是少数人。不过若在史学领域，这便有很强的"英雄史观"味道。近代中国新史学一向推崇"民史"，歌颂英雄是有些犯忌的。其实英雄也有很多种，钱穆注意到，"中国史家喜欢表彰无表现之人物"。有些没有什么事功的人，"历史却在他身上"；其"无表现之表现，却成为大表现"。② 最典型的例子，就是《史记》以全无事功的伯夷、叔齐冠列传。若据《左

① 梁启超，《新民说》（1902—1905 年），《饮冰室合集·专集之四》，中华书局，1989 年影印，147—148 页。
② 钱穆，《中国历史研究法》，生活·读书·新知三联书店，2001 年，105、109—110 页。

传》"太上有立德，其次有立功"的意旨，伯夷、叔齐就是不折不扣的大英雄。

当然，哪些是历史应书写的"无表现人物"，不同的人看法还是大有差别的。司马迁选的是伯夷，而景仰他也最善叙事的史景迁（Jonathan D. Spence，"景迁"即景仰司马迁），则宁可再造一个无名字的妇人"王氏"出来。[①] 两千多年来史学的日新月异，于此可见一斑。唯少米之炊非常人所能，能留下史料的，多半还是历史上说话比较算数的，所以多数史学从业者还是更愿意研究相对有名之人，而放过无名之辈。

在历史上究竟是英雄造时势还是时势造英雄，从梁启超在清季提倡新史学的时候，就成了聚讼不已的一大主题。梁先生本人其实是犹豫的，不过当年他似乎更多强调后者。时至今日，我们的史学仍然更重"时势"而轻"英雄"。这个大趋势直接影响到众多史学从业者如何选择研究对象，多少导致历史叙述中个体人的隐去。而这样有选择的历史书写，也实际改写了历史。如果明确人是历史的主体，也应是历史叙述的主体，或许我们可以适当向个体之人回归，特别是那些明显改变了历史的菁英人物。

据说罗素（Bertrand Russell）曾言："一部世界史，试将其中十余人抽出，恐局面或将全变。"梁启超对此表示了认可，但出语审慎，说是"吾侪不能不认为确含一部分真理"。他进而呼应说："试思中国全部历史如失一孔子，失一秦始皇，失一汉武帝，……其局面当何如？"[②] 梁先生之所以认可而不干脆，是因为他自己就曾

---

① 史景迁，《王氏之死》，李孝恺译，广西师范大学出版社，2011 年。
② 梁启超，《中国历史研究法》，《饮冰室合集·专集之七十三》，113 页。

强有力地否认以人物为历史主体的叙述模式，同时也因为那时"民史"风头正盛，要强调少数菁英人物在历史上的作用，便不得不带点抱歉的意思。

在人物与历史的关系上，梁启超自己有一个显著的转变。他在清末曾把二十四史概括为"二十四姓之家谱"，更直接攻击"纪传体"的模式不啻"合无数之墓志铭而成"史书，且又无系统，不过"如海岸之石，乱堆错落"。但他晚年则承认"历史与旁的科学不同，是专门记载人类的活动的"。过去的"正史就是以人为主的历史"，像《史记》那样选择"代表某一方面的重要人物"立传，"每篇都有深意。大都从全社会着眼，用人物来做一种现象的反影"。①

观念转变之后的梁氏认为，"一个人或一群人的伟大活动"，都"可以使历史起很大变化"；假若把"中外历史上活动力最强的人抽去"，历史的模样将会与实际很不相同。反之，若先"求出代表的人物，然后以人为中心"展开叙述，"将周围关系事实归纳其中，横的竖的，网罗无遗"，则"可以拿着历史主眼"。一言以蔽之："历史不外若干伟大人物集合而成。以人作标准，可以把所有的要点看得清清楚楚。"如司马迁就要"借人以明史"，故《史记》"以人物为中心"，主要部分皆"人的记载，贯彻其以人物为历史主体之精神"。②

梁启超进而提出，"做《中国通史》"，也可以考虑"用纪传体做一百篇传来包括全部历史"。只要在每一时代中"寻出代表的人

① 本段与下两段，参见罗志田，《近代中国思想史研究的两点反思》，《社会科学研究》2009 年 2 期。
② 本段与下段，见梁启超，《要籍解题及其读法》（1923—1925 年），《饮冰室合集·专集之七十二》，19—20 页。

物，把种种有关的事变都归纳到他身上"，则选出历史上一百个人物立传，"尽能包括中国全部文化的历史"。而且他的回归还相当彻底。那"百人通史"的设想实际仍以帝王将相为中心，不过压抑了帝王，而稍多凸显了一些"不在其位"的读书人而已（以前的将相本多是读书人）。这可能借鉴了司马迁的取向，盖《史记》立传之人便"不限于政治方面，凡与社会各部分有关系之事业，皆有传为之代表"。

大约在梁启超转变观念的同时，川人李璜也表述出与之类似的意思："假使中国没有一个孔子，中国人在文化史上的价值便要减损多少。"不过他比梁启超更显"学术正确"，又说，"假使没有一个造笔的和一个造纸的先觉，我们知识的进步便要迟缓多少"。李璜并上升到民族国家构建的高度来认识，认为这可表明"一国人不但彼此同时同处有密切的连带关系，就是异时的古人，与我们也有很大连带的关系"。而且，不仅正面人物对历史的影响如此之大，负面人物亦然。①

他们所述人物与时代的关系更侧重历时性，却也都点到共时性的横向关联。孟子曾提出"知其人"当"论其世"的取向（《孟子·万章下》），两者是双向而非单向的，带有互补意味——不仅知人需要论世，知人本身也是论世的基础。个体的人必有自己的个性，群体的人分享着时代的风尚。只有了解并理解所在时空之人，我们才能对那段历史有较为深入的认识，此或即司马迁之"借人以明史"乎。

① 李璜，《国民教育与国民道德》（1923 年），收入他与余家菊合著的《国家主义的教育》，台北冬青出版社，1974 年再版，57 页。

梁启超曾强调，看一件事，要考察清楚其来源去脉："来源由时势及环境造成，影响到局部的活动；去脉由一个人或一群人造成，影响到全局的活动。"① 且不论来源去脉是否真如他所界定，这却最能展现知人与论世的双向关联。毕竟政治和思想"皆建设在当时此地之社会心理的基础之上。而所谓大人物之言动，必与此社会心理发生因果关系"。② 故应仔细研究每一时代中的代表人物，"把种种有关的事变都归纳到他身上。一方面看时势及环境如何影响到他的行为，一方面看他的行为又如何使时势及环境变化"。不仅要"留心他的大事，即小事亦当注意"。盖"大事看环境、社会、风俗、时代，小事看性格、家世、地方、嗜好"，以了解"历史人物为什么有那种力量"。③

这种知人与论世的互动，明显向菁英人物倾斜。不过梁启超那时已逐渐淡出时代思想言说的中心，他的转变并未引起多少人的注意，对于当时和后来的历史写作影响不大。只有张荫麟在 20 世纪30 年代为小学生编撰的历史教科书，是"以若干重要人物为隙牖，以窥探其时代及其时代之前后；以其所行所言所感所愿，以贯串其并世之大事；从其事业之所承所启，以觇世变之潮流"。④ 这样的写法，大体贯彻了他老师梁启超的新主张。

故在当时学界，梁启超和李璜的见解是"非主流"的看法。不过，很多人可能没注意到，一向以"反对派"著称的陈独秀，也特

---

① 梁启超，《中国历史研究法（补编）》，《饮冰室合集·专集之九十九》，22 页。
② 梁启超，《中国历史研究法》，《饮冰室合集·专集之七十三》，115 页。
③ 梁启超，《中国历史研究法（补编）》，《饮冰室合集·专集之九十九》，30 页。
④ 张荫麟，《高小历史教科书初稿征评》，《大公报·史地周刊》第 130 期（1937 年4 月 2 日）。此承中山大学历史学系李欣荣老师提示。

别重视社会中的"有力分子"。法国社会学大家孔德曾说，"英雄硕学，乃人类社会之中枢"，为其他人所模仿。陈独秀据此指出，中国以前的贤豪和耆宿，"感化社会之力，至为强大"。而近代"吾民之德弊治污，其最大原因，即在耳目头脑中无高尚纯洁之人物为之模范，社会失其中枢，万事循之退化"。①

对这位激烈反传统的先锋而言，要承认古代士人能化民成俗，而近代反不如古代，心情恐怕有些复杂。或因此，陈独秀又稍引申说，社会进化"以有敢与社会宣战之伟大个人为至要"。且"自来进化之社会，皆有此伟大个人为之中枢，为之模范"。② 其实作为社会中枢的伟大个人，不一定都在向社会宣战。不过被视为"终身反对派"的陈独秀自己，的确是"敢与社会宣战"的人，尽管多是为事实所迫而"不得不如此"。③

当年感觉到社会已失去中枢的不仅陈独秀一人，张东荪先已在关注社会崇拜心的问题。在他看来，"当社会崇仰一种人物也，则其人必有可崇拜之点。苟其人维持此点，至永久而不使人隳其信用，则社会之崇拜心初不至转而之他"。且社会之崇拜心常有惰性，承平之时，"新人物之发生，由于旧人物之提携"，其交替"正如父子之传递"。到"国家多难、社会摇动之时"则大不同，新旧人物之交替乃"如甲国战胜乙国者然"。于是"新人物之发生，一方由

---

① 陈独秀，《驳康有为致总统总理书》（1916 年），《陈独秀著作选编》，任建树主编，上海人民出版社，2009 年，第 1 卷，239—240 页。
② 陈独秀，《答孔昭铭》（1916 年），《陈独秀著作选编》，第 1 卷，276 页。
③ 陈独秀，《致 S 和 H 的信》（1941 年 1 月 19 日），《陈独秀著作选编》，第 5 卷，367 页。

于旧人物之自杀，一方由于新人物之战胜"。①

陈独秀稍后提出，"社会、国家之进步也，其道万端，而始终赖为必要者，乃有大众信仰之人物，为之中枢为之表率"。而"国家组织之作何状态，实以国中有力分子若何配布以为衡"。能配布得当，则"国基安宁"。民初朝野如黎元洪、段祺瑞、孙中山、梁启超、章太炎等，"皆一时闻人，毁誉尚未大定"。陈独秀"甚望其以社会之中枢、国民之表率自任，勿自杀"。同时他呼吁"社会为自救计，亦勿以细故而杀之，使一国人才完全破产"。因为"社会得一闻人，必培养数十年。毁之至易，成之至难，愿社会珍重之"。②

从人物"自杀"的用语看，张东荪的话可能给陈独秀留下了印象，当然也不排除他们是"异曲同工"。但陈独秀的眼光更开阔，他既希望"国中有力分子"能成为社会中枢和国民表率，也希望社会能够珍重这些"毁之至易，成之至难"的闻人。不过他的呼吁恰反证出那时的社会已大不同前，那些他寄望为社会中枢和表率的"闻人"，实际已不为社会所尊重。

在古代，一时一世的菁英人物是真正众望所归（取字面意）的聚焦点。如子贡所说，"君子之过也，如日月之食焉：过也，人皆见之；更也，人皆仰之"（《论语·子张》）。后来"君子"一词的意思逐渐缩略，到近代遂有所谓"人物"的出现。据梁启超的界定：

---

① 张东荪，《新生命之要求》，《中华杂志》1 卷 5 号（1914 年 6 月 16 日），7 页（文页）。

② 陈独秀，《时局杂感》（1917 年），《陈独秀著作选编》，第 1 卷，353—354 页。

如何而后可以为真人物？必其生平、言论、行事皆影响于全社会；一举一动，一笔一舌，而全国之人皆注目焉，甚者全世界之人皆注目焉。其人未出现以前与既出现以后，而社会之面目为之一变。若是者，庶可谓之人物也已。"①

这大体是在子贡见解的基础上补充了纵向的看法。而此所谓"真人物"，实近于陈寅恪所说的"一代文化所托命之人"。这些大师巨子"可以转移一时之风气，而示来者以轨则"。他们的存在，不仅关系着"学术兴废"，更直接影响到"民族盛衰"。② 与傅斯年关于"群众对于学术无爱好心"，则"不特学术销沉"，"民德"也会堕落的观察，③ 互为表里。而陈独秀眼光的重要，在于他明确涵容了那些候补者，即可能成为社会中枢和国民表率的"有力分子"，并希望社会能珍重他们。这就不仅指出了问题，也提出了改善的方向和发展的可能。

然而不幸的是，中国的近代正是张东荪所谓"国家多难、社会摇动之时"，由于四民社会的解体，此前以天下为己任的读书人不仅自己难以继续化民成俗，其余三民也不见得视他们为应当仿效的楷模。中国过去的"社会中枢"其实就是读书人，而不必是大人物。到社会以大人物为中枢，已进入受西方影响的过渡时代了。此时"社会失其中枢"的因缘是双向的，一方面是大人物不容易自保

---

① 梁启超，《南海康先生传》(1901年)，《饮冰室合集·文集之六》，58页。
② 陈寅恪，《大乘稻芊经随听疏跋》(1927年)、《〈王静安先生遗书〉序》(1934年)，《金明馆丛稿二编》，生活·读书·新知三联书店，2001年，289、247—248页。
③ 傅斯年，《〈新潮〉发刊旨趣书》，《新潮》1卷1号 (1919年1月)，上海书店1986年影印本，1页。

其声誉，另一方面则社会似乎也无意"自救"，终致"一国人才完全破产"，使中国成为一个失去重心的国家。①

故陈独秀那可以说"非常及时"的提倡，并未得到明显的呼应，而中国社会情形反有"万事循之退化"的态势。先是章太炎以为"中国自宋以后，有退化而无进化"。② 后有陈寅恪感觉"五十年来，如车轮之逆转，似有合于所谓退化论之说者"。③ 在接受了进化论之后，太炎说的"退化"，可能还是不进化之意。而陈寅恪所言，则有"实话实说"之意了。今日媒体喜好赞扬民国，正类民初人之多说民国不如清。仅就人物言，或也真有些不幸而言中的意味。据今天的后见之明回看，章太炎和陈寅恪那一两代还真算有些人物，我们不免觉得昔人有些杞人忧天。

无论如何，人物（特别是所谓"真人物"）与时代的关系是需要进一步探讨的。知人论世本是中国的传统，梁启超在清季已注意到人物和时代的关系，提出"以人物为时代之代表"，而不"以时代为人物之附属"的观念。④ 盖人能弘道，道亦弘人。一个时代可能因为某个杰出人物而得到表述，某一个人也可能因为时代的重要而引人注目，并在时代被弘扬的过程中表述自己。

本书或也可以说是"借人以明史"的尝试，即以人物为中心来贯串周围的关系事实，以窥探时代风貌与世变潮流。所论之人，在

① 参见罗志田，《失去重心的近代中国：清末民初思想权势与社会权势的转移及其互动关系》，《清华汉学研究》第 2 辑（1997 年 11 月）。
② 章太炎，《俱分进化论》（1906 年），张枏、王忍之编，《辛亥革命前十年时论选集》，第 2 卷，生活·读书·新知三联书店，1963 年，上册，487 页。
③ 陈寅恪，《读吴其昌撰〈梁启超传〉书后》，《寒柳堂集》，生活·读书·新知三联书店，2001 年，168 页。
④ 梁启超，《新史学》，《饮冰室合集·文集之九》，3 页。

不同领域里差可算是代表人物（仅最后一文转入"无名之辈"的学生，而他们也是近代新兴且影响日升的群体）。在其所处的时代及后人眼里，这些人各自有或新或旧的标签。实则他们身上都有新旧混杂的近代特性，也多少展现了以天下为己任的士人风貌，并揭示出过渡时代士人向学人的转化。这些关键人物在关键节点的所思所行，确使历史起了变化。即使最后一文讨论的"无名之辈"，也推动了大学的转型。或许知人不在有名无名，皆可论世。而"以人物为历史主体"的精神，也在论世中展现。

全书最初的探讨始于戊戌维新前后，侧重当时可能最受人瞩目的湖南一域，更多关注的是既存研究中基本处于失语状态的湖南"旧派"代表人物王先谦和叶德辉。两人按过去的标准都是所谓天下士，却都具有明显的乡邦意识。其心态、观念和社会行为与其他湘籍士人一样，受到湖南区域文化的影响。从群体言，正是湘军兴起导致"湘运之起"，使原处边缘的湘学走向中央。而咸同一代湘籍人物基本都在洋务这一趋新路向之上，故趋新而非守旧实是近代湖南文化的主流所在。到 19 世纪 90 年代，咸同一代的消逝使后来的湘士可以有包括守旧在内的选择，但乡邦意识又使湖南士人不可能完全守旧。当新派在甲午后重建从魏源到郭嵩焘、曾纪泽这一趋新湘学传统时，旧派因提不出可以取代的著名湘籍学人，只能予以默认。

若从王先谦和叶德辉内心世界和真实思想来分析他们对国情的认知，可以说他们是旧中有新，并渐由新转旧。重要的是他们基本不甚反对西学，而是反对康有为模式的公羊学；他们也主张变法（具体内容与新派有别），并一度支持或实际参与新政（程度不同）。当时湖南及全国新旧双方都认识到西潮冲击对中国直接和潜在的巨大影响，并思有以因应，只是在对西方冲击的面相、严重性以及迫切程度上认识不同。双方的许多思虑其实相近，同时也暗中分享不少对立面的观点。可以说新旧两派以及各派之中不同人物的思想、心态与社会行为均可见明显的相互参伍与错位。

而维新变法的失败使中国状况恶化，稍后走上历史舞台的张謇，更多仍是一位传统的天下士，不过身处从天下到民族国家的新旧过渡时代，在天下崩散之时，以知其不可而为之的态度履行澄清天下的责任。他很早就预作"亡后之想"，继承从宋代开始的"觉民行道"取径，立足民间，以教育为救亡图存之本，以实业为教育的基础，以读书人为运行的枢机。而宪法和天下的关联，是理解张謇那时言行的关键。他主张立宪，希望以宪法维持天下公私之平，认为是朝廷的作为促成了革命。故革命发生不久，张謇就从一个清之臣子迅速转向朝廷对立面，实即在天下不靖时挺身而出，仍可以说是以天下为己任。

后来张謇对革命和民国都较为失望，而比他更早"洞烛先机"的，却是默默无闻的前清京官梁济。在很多国人对前景寄予希望的1918年秋，梁济却选择以自杀殉清，期能警示国人。梁济体现出比同时代许多人更清醒的国家意识，他看到了当时社会的大问题：实行不久的共和体制不仅未能改善社会风气，反而使之恶化，有可能因"国性不存"而"国将不国"。可惜梁济思想的重要，以及他对一些民初社会问题的深入观察和深刻分析，都未曾得到充分的认识。

梁济在自杀前曾预测趋新的陈独秀会大骂他的殉清行为，然而陈独秀不但没有骂他，反正面肯定梁氏能够以身殉主义，肯"为救济社会而牺牲自己的生命，在旧历史上真是有数人物"。陈独秀自己的传奇人生，也充满紧张、对立和颠覆。他一生言论的核心，即在帝制改共和这一根本转变之下，"国"与"民"的关系需要厘清和重构，期在此基础上建设一个现代的国家。陈独秀因发出了时代的声音而引起瞩目，又因关注趋新青年这一社会变迁的新兴群体而赢得了大量追随者，更因倡导从国家向国民、从政治到文化的转向而起到开风气的作用，很快形成全国性的影响，与胡适一起取代康有为和梁启超，成为代表时代的标志性人物。①

也正是在陈独秀和胡适的影响如日中天之时，一位在前清因翻译外国小说而声名颇著的文人林纾，因积极投身民初的新旧之争而再次出名。他在 1919 年与蔡元培的笔战，是当年新旧之争的一次象征性事件。从社会角度言，此事以蔡胜林败为结局，也就是新战胜了旧。然而从思想观念的视角看，应该说是林胜了蔡。因为蔡元培对林纾的驳论处处皆本林纾所提的观点，一一反驳北京大学并不存在林所指控的"错误"，却甚少指出林氏的观念本身有何不妥，等于承认其观点基本是正确的。从社会发展与思想演变的互动关系看，林蔡之争凸显了民初传统的中断与延续并存、新旧杂处而相互纠缠的复杂关系。

就在林蔡之争的次年，中国出现一个后来日显重要的新变化，即中国共产党的筹建。而对从五四到北伐期间胡适与中共的关系，却长期有些误解。胡适与中共的创始人陈独秀和李大钊的关系非同

---

① 经编辑提醒，发现《他永远是他自己——陈独秀的人生和心路》的主体文字，已经收入了不久前出版的《风雨鸡鸣：变动时代的读书人》之中（题为《永远是他自己的陈独秀》）。编书时未曾注意及此，甚觉抱歉！唯本书所收是包括注释的全文，更能体现所言之有据。两相比较，当留此去彼。已请出版社在《风雨鸡鸣》再版时删去其中类同的陈独秀一文。——作者补注

一般，他在新文化运动后期开始"谈政治"的一系列有关政治的言论和行动，以及中共当年试图组成"民主主义的联合战线"这一政策，都是理解双方关系的要素。双方当年在对内对外的政治主张上皆有不少歧异，这些分歧在一定程度上影响了胡适与中共的关系，但并未从根本上改变双方"求同"的愿望。真正导致中共不那么重视胡适及其政治派别的，应是国共合作及 1925 年五卅运动后，其"革命工作"已日益进入具体的工农运动甚至武装斗争阶段。尽管中共仍有"争取"胡适的努力，也相当欣赏胡适对苏俄的公开赞颂，然而双方在基本政治立场上的对立终未能调和。

北伐标志着中国政治进入"行动的时代"，思想言说及其载体逐渐边缘化，为后来的斯文扫地埋下了伏笔。王国维在北伐时自杀，陈寅恪先后撰《挽词》及序，均广为流传。尤其《纪念碑铭》中"独立之精神，自由之思想，历千万祀，与天壤而同久，共三光而永光"① 的名句，更有代众立言的味道，也得到广泛的分享。而他《挽诗》中"文化神州丧一身"和"吾侪所学关天意"两句②，则多少有几分夫子自道的意味，可视为认识他此后言行的管钥。

1932 年清华大学入学考试的方式变革引起了争议，考试中的"对对子"和作文题均为陈寅恪所出。考生多为"新文化里所培养出来的青年"，一些人感觉以"对对子"的方式来考核学生是一种倒退，甚至是对"新文化"的挑战。而在陈寅恪等人看来，"九一八"带来的严重国难彰显出维护"国性"（national identity）的必

① 陈寅恪，《清华大学王观堂先生纪念碑铭》（1929 年），《金明馆丛稿二编》，246 页。
② 陈寅恪，《王观堂先生挽诗》（1927 年），《陈寅恪诗集》，清华大学出版社，1993 年，9 页。

要，而中国文化传统可能正在无声无息地消逝，或被以欧美的方式"改写"。相关辩论揭示出，晚清甚嚣尘上的中西"学战"，此时已内化为中国的新旧之争，"对对子"事件便是这广义学战的一个组成部分。所以，这个问题需要上升到陈寅恪所谓"吾侪所学关天意"的高度去认识。

中学国文教育是那次辩论双方的共同关注点，出题方希望以大学入学考试的创新来促动中学国文教育的改变，诘难方则强调国立大学入学考试的方式应与中学国文教育的现状保持一致。正是"社会"对"国家"的监督以及对"国家机关"职责的强调，迫使后者做出了让步；而"社会"对"国家"的监督又并非以对立的姿态出现，反而是在代"国家"立言，要求后者维护"中国教育行政的统一"。一年级作文题《梦游清华园记》也引起了争议，且辩论的篇幅并不少于"对对子"。考生或社会的"抗议"得到学校当局的充分重视，直接影响了当年的新生录取和次年的作文考题。于是大学考试不再仅仅是选拔合格考生的测验手段，而逐渐变成一个本身需要接受社会审查和评判的社会性公众表述。

相关辩论从一个侧面揭示了时代思想和社会心态的走向，尽管"斯文"的存在与表现实关天意，实际却是历史被无名之辈改写。可以看出，尽管从梁启超、陈独秀到陈寅恪这些人都强调文化"托命人"关系着"学术兴废"和"民族盛衰"，菁英的逐渐失落而淡出中心，却是近代中国一个长期的趋势，确有几分"退化论"的意味。到后来斯文真正扫地，竟有些难以复返。然而一旦文化失却托命之人，社会没有一个真正为众人尊重景仰的中枢，社会也就没有了重心；国民心目中没有值得信赖的模范人物，人与人之间相互的信任也难维持，想要不"互相抱怨着过活"（鲁迅语），怕也不容易吧。

本书不是为分析现状而作，且各文写作的时间相差十多年（1995—2017），也不是有计划的写作，但我们的今天是从历史走来。子贡所说的"君子"在近代逐步淡出，与斯文扫地的进程是相辅相成而共进的，的确有些"文化神州丧一身"的意味。书中的一些人不仅注意到这样的思想和社会进程，为此而忧虑，且致力于挽狂澜于既倒，却又无力回天。他们那知其不可而为之的努力，很像曾国藩所说的"苦撑"。回访他们历程，想想我们的社会心态怎样一步步走到今天的样子，或也可以为如何成就一个更好的明天提供一些参考。

书中多数文章曾收入其他文集（那些书或不会再版，或将大幅修订），这次整合，文字基本未作改动。个别商榷文字，在写作之时或有针对性，在时过境迁之后已与主旨无关，反影响全文的阅读，就删略了。其中清代两文，在叙述中凡具体到月日的时间，均使用时人的记时方式和历法（如光绪×年×月×日），偶引外人言论而用西历则明确写出。这样较便于引文，更主要的是能适应当时人的思维习惯（特别是年头年尾，一换算则大不相同）。又本书引用一些标点过的史料时，有的进行了重新标点，不一一注出。

在这十多年的写作中，所参考和使用的一些资料，承各处师长朋友指点甚或代为搜集，特致谢忱！也要感谢《近代史研究》《历史研究》《社会科学战线》和《四川大学学报》各刊惠允将曾经刊发于该刊的拙文收入本书！

下面一段话已多次出现在拙作的序言之中，尽管曾引起误会，仍愿重复一遍：

本书倘幸有所得，都建立在继承、借鉴和发展既存研究的基础之上。由于现行图书发行方式使穷尽已刊研究成果成为一件非常困难之事，对相关题目的既存论著，个人虽已尽力搜求，难保不无阙漏。同时，因论著多而参阅时间不一，有时看了别人的文章著作，实受影响而自以为是己出者，恐亦难免。故在向既存研究的作者致谢之同时，我愿意申明：凡属观点相近相同，而别处有论著先提及者，其"专利"自属发表在前者，均请视为个人学术规范不严，利用他人成果而未及注明，请读者和同人见谅。

2019 年 7 月 18 日

于青城山鹤鸣山庄

近代湖南区域文化与戊戌新旧之争

  中国近代明确的新旧之分，即"新党""旧党"等群体认同词汇的频繁出现，大约即在戊戌变法前后。在新政推行较早的湖南，新旧之分在光绪二十三年末似已基本确定。叶德辉在那年十一月的《与石醉六书》中，已开始大肆攻击梁启超在湖南传播公羊学。他在后来刊印的信末按语中说，此信"为斯事辩难之始"。虽然他那时尚认为"旧党与新党，说到人情天理，固无有不合者"①，但新旧两党的分野显然已出现了。

  以今日的后见之明来看，戊戌变法前后湖南乃至全国的所谓"新派"并不全新，他们对"新政"的参与和接受有不同程度的区别。而"旧派"也并不全旧，他们大都支持甚至提倡某种程度的革新。但对当时人来说，新旧两党的人员分野基本是清晰的，新旧之争的存在也的确是时人的共同认知，故本文使用新派、旧派这样的词语，主要指谓他们不同的群体身份认同，而并不意味着他们在思想及行为上都截然对立。

  可以说，到 19 世纪后期，中国朝野所谓"守旧"，大致都不过

---

① 叶德辉，《郎园书札·与石醉六书》，长沙中国古书刊印社 1935 年《郎园全书》版，页 1A—4A；叶德辉致熊希龄，光绪二十三年十二月一日，《湘报》，中华书局 1965 年影印本，第 112 号，页 447B。

是相对而言。甲午中日战争以后，中国的全国性语境中几乎已不存在真正纯粹的守旧派（详另文）。当然，以近代中国思想社会发展的明显地区差异，也有可能存在一些区域性的例外。过去不少人论及戊戌变法前后的湖南新旧之争，都要说到近代湖南区域文化的守旧与排外，这当然不是无根之谈，但也不乏迷思（myth）的成分。而有些迷思，也就起源于最早记述这一事件的当事人梁启超在戊戌当年的著述。①

近代湖南区域文化的主流倾向究竟是趋新还是守旧？这是认识戊戌前后湘籍士人心态、观念与行为的一个重要基本因素。本文即围绕这一问题，从湖南区域文化的一些特性入手，探讨这一特定区域文化语境对湘籍士人（亦偶及在此特定时段进入这一区域文化氛围的外来士人）思想观念和社会行为的影响。② 由于他们所思考、探索和因应的毕竟是全中国（而非湖南）当时面临的问题和挑战，即钱基博所说"其人为天下士，为事亦天下事"③，故本文的研究也希望能对理解整个近代中国稍有促进。

一、 从边缘走向中央的湘学

湖南于康熙三年（1664）在湖广省内分设布政使司，辖七府二

① 梁启超，《戊戌政变记·附录二：湖南广东情形》，《饮冰室合集·专集之一》，中华书局，1989 年影印，129—146 页。
② 从湖南区域文化的角度来探讨这一论题的取向，也可上溯到梁启超，近年又有进一步申论者，如张朋园，《中国现代化的区域研究——湖南省，1860—1916》，台北"中研院"近史所，1983 年；杨念群，《儒学地域化的近代形态》，生活·读书·新知三联书店，1997 年，特别见其论时务学堂的第 8 章。不过两书各自关注的主要是"现代化"和"儒学地域化"，而并不特别侧重湖南区域文化。
③ 钱基博，《近百年湖南学风》，岳麓书社，1985 年，104 页。

州，同时移专治苗疆的偏沅巡抚驻长沙。到雍正二年（1724）始正式设立湖南省，领九府四州，成为全国十八行省之一。此前湖南不过是一个半边疆区域，此后也还有一个适应的过程。① 钱基博注意到：清代湖南的交通不便和土地贫瘠使其"民性多流于倔强"。② 张朋园搜辑了湖南省志和州县志关于湘人性格的记载近二十条，出现最频繁的字是"悍"，次则为"劲"与"直"，再次则为"刚"。③ 湘人杨树达也认为："湘中前辈大抵以横拙刚毅见长。"④ 杨所指的主要是士大夫，可知近代湖南民风与士风都以悍劲著称，具有较强的斗争性，这与湖南士绅在戊戌变法前后的社会行为有直接的关联。

　　近代湖南最具象征意义的事件则是咸同时期因镇压太平军起义而导致的湘军兴起。曾国藩和郭嵩焘都视湘军之起为"湘运之起"。⑤ 可以说，以咸同时期为转折，湖南在全国的地位明显可见一个从边缘到中心的过程。由此进而产生了士人心态和观念的大变，戊戌时《湘报》撰稿人杨毓麟（笃生）后来说："咸同以前，我湖南人碌碌无所轻重于天下，亦几不知有所谓对天下之责任；知有所谓对天下之责任者，当自洪杨之难始。"⑥ 这样一种由地方而全国的关怀和思虑，使许多湖南士人由区域学子而转变成"天下之士"；其眼光和责任感之所及，都已不限于一隅了。

---

① 张朋园，《中国现代化的区域研究——湖南省》，8、50—51、345 页。
② 钱基博，《近百年湖南学风》，1 页。
③ 张朋园，《中国现代化的区域研究——湖南省》，338—339 页。
④ 杨树达，《积微翁回忆录》，上海古籍出版社，1986 年，209 页。
⑤ 郭廷以等编，《郭嵩焘先生年谱》，435、447 页，转引自张朋园，《中国现代化的区域研究——湖南省》，349 页。
⑥ 杨笃生，《新湖南》（1903），张枬、王忍之编，《辛亥革命前十年间时论选集》，卷一下，生活·读书·新知三联书店，1960 年，618 页。

地处边缘意味着受正统的约束相对较少，在一个变动剧烈的时代，也就意味着思变求变的阻力没有中心那么大。近代湖南学术发展有其独特性是一个多数人接受的共识，但对这一独特性的评价则可见一个明显的由自卑到自豪的过程。湘人原对湘学的边缘性颇感遗憾。皮锡瑞追述说："湖南人物，罕见史传。三国时如蒋琬者，只一二人。唐开科三百年，长沙刘蜕始举进士，时谓之'破天荒'。"至元、明稍盛，清代则同治中兴以前湖南士人长期在全国没有什么地位。[①] 也是到雍正二年，湖南的科举考试才正式与湖北分闱。在此以前"达于朝者寥寥焉"；改划考区后，湖南中进士的人才开始增加。[②]

与中原的隔绝造成湖南学术的不入流，当乾嘉"汉学"风行全国时，"独湖湘之间被其风最稀"。[③] 叶德辉注意到："乾嘉以后，吴越经学之盛，几于南北同宗。"而湖南人则"笃守其乡风"，"不以考据为能"。生长于湖南的叶氏本人就是以宋学之史学为启蒙，"自登乡荐，北游京师，于是日与日下知名之士文酒过从；又时至厂肆，遍取国朝儒先之书读之，遂得通知训诂考订之学"。[④] 叶氏中进士进京是 1892 年，在那之前尚不知考据之学，足见湖南学风的确有所不同。而他在此后的急起直追，又最能体现边缘人向中心靠拢的迫切。

对于湖南在学术上的边缘地位，不少外出获得全国影响的湘籍

① 皮锡瑞，《师伏堂日记》（1897—1900 年的皮锡瑞日记分四次选刊在《湖南历史资料》1958 年第 4 辑、1959 年第 1—2 辑、1981 年第 2 辑，以下仅引年月日），光绪二十四年闰三月十九日。
② 杨笃生，《新湖南》，《辛亥革命前十年间时论选集》，卷一下，616 页。
③ 钱穆，《中国近三百年学术史》，台湾商务印书馆，1964 年，下册，575 页。
④ 叶德辉，《郎园书札·答人书》《与罗敬则书》，页 23B、36A。

士人颇觉不安，也曾暗中努力消除或减轻外人这一认知。曾在其江苏学政任内编《皇清经解续编》的王先谦对叶德辉说，他在编辑中"仅得《船山遗书》及魏默深《书［古微］》《诗古微》二种，犹未纯粹"。在深感湖南"经学之陋"的心态下，遂勉强"以曾文正公《读书日记》析其读经笔记，杂凑一家。生存人如胡元玉、胡元仪所著书，亦录入，盖不得已也"。[①] 王曾明确其刊《续经解》，因学派关系，不收宋学家著作[②]；而魏、曾二人，都不脱宋学影响，曾氏更不以经学名家。倘非为维护湘誉，是不会收入的。

皮锡瑞于戊戌年在南学会讲学中说："文人相轻，自古已然，湖南此风更甚。我湖南人最尚气，勇于有为，是其好处。而气太盛，多不能虚衷受益。后生喜谤前辈，同时互相诋毁。外省人皆推湖南人材极盛，而湖南学术不能成一宗派，皆由无会以联合之故。"[③] 这是皮氏为了提倡学会而引申（皖学亦无会，却自成派），实不足据，但说明湖南学术未能开宗立派正是湘籍学人的忧虑所在。

后来章太炎论湖南经学家说："邹汉勋学未成就。王闿运不专取《公羊》，亦杂采古今文。王先谦经学不足道。"后起的皮锡瑞"亦从吴皖二派入手；久之，以翁潘当道，非言今文则谋生将绌，故以此投时好，然亦不尽采今文也"。故"湖南经学，唯有单立湘派而已"。[④] 虽然勉强许其立派，但实属另册之意是明显的。不过章氏是从儒家经学观念立论，所以轻视以"杂而不纯"为特点的湘

---

① 汪兆镛，《叶郋园先生事略》，《郋园全书》卷首，页 1B。
② 王先谦，《复阎季蓉书》，《虚受堂文集》，1932 年葵园四种版，卷 14，页 14B。
③《皮鹿门学长南学会第二次讲义》，《湘报》，第 6 号，页 22A。
④ 章太炎致支伟成论订书及批语，约 1924 年 9 月 14 日，收支伟成，《清代朴学大师列传》，台北明文书局影印（无日期），10、323 页。

学。若从经学正统衰落之后的眼光看，湖南学术的长处或者正在其"杂"之上。湘人李肖聃说："九流之学，楚士号精。"经学不足道的王先谦却也兼通子学，正不失为一长。①

但这是后来才能有的观念。林能士引梁启超晚年的观点，说自魏源倡今文经学，到唐鉴讲程朱学，"自是湘学彬彬矣"。②"彬彬"指谓好到何种程度，当然说不清；然大致是今文家的后起诠释，与湘学当时在全国的边缘地位不甚相合。林氏进而认为，嘉庆中叶后，湖南学术"异军突起，并能独树一帜"；故"湘学的勃兴，正是近代湖南地位崛起的先声"。③ 恐怕是被梁氏欺之以方，将先后搞反了。若彼时湘学已"勃兴"，王先谦后来又何以会有湘学不入流的感叹呢。

其实，湘学的名声大著，仍沾了湘军的光。正因为湘军是靠"讲学之儒，奏戡乱之绩"④，故得以如梁启超所说，"湘学之名随湘军而大振"。梁氏并云，湘学"自是一雪理学迂腐之诮"⑤，最足说明前此之湘学因唐鉴、罗泽南等大讲程朱，正被人讥诮为"理学迂腐"。左宗棠以为，在全国学术陵迟、士人争竞科名利禄之途时，"湖湘诸君子独发扬蹈厉，慨然各毕其志力，以当世变，而抶其衰。忠义之风，照耀寰宇"⑥ 实有所见。湖湘士人本以其能经世而显，以"忠义之风"见长，湘学之名亦借事功而立，非真以学术见长也。

---

① 李肖聃，《湘学略》，岳麓书社，1985 年，208 页。
② 梁启超，《近代学术之地理的分布》，《饮冰室文集》之 41，76 页。
③ 林能士，《清季湖南的新政运动，1895—1898》，台湾大学文学院，1972 年，4 页。
④ 叶德辉，《郋园书札·答人书》，页 23B。
⑤ 梁启超，《近代学术之地理分布》，《饮冰室文集》之 41，76 页。
⑥ 左宗棠，《箴言书院记》，转引自林能士，《清季湖南的新政运动》，5 页。

所以，在乾嘉正统笼罩学界之时，说湘学独立可以；说其已"勃兴"，则只能是对学术主流视而不见的掩耳盗铃之法。在学术典范的"话语权势"存在时，"独立"不过是不入流的代名词；只有在道咸以后，经学之正统已衰落，"独立"才可能成为正面价值。[1]价值观念一变，不利的条件就转化成有利的因素了。

杨毓麟后来说，湖南交通不便的地理条件造成当地人"独立之根性"，特别表现在学术之上。从宋代的周敦颐、明末的王夫之到清代的魏源、王闿运，都以学术与时流有所距离而独立。[2]再以后钱基博干脆说，正因为湖南"风气闭塞，常不为中原人文所沾被。抑亦风气自创，能别于中原人物以独立。人杰地灵，大儒迭起。前不见古人，后不见来者；宏识孤怀，涵今茹古；罔不有独立自由之思想，有坚强不磨之志节；湛深古学，而能自辟蹊径，不为古学所囿；义以淑群，行必厉己，以开一代之风气。盖地理使之然也"[3]。这更是经学正统确立时不可能见到的议论。

咸同后在全国学术界立名的王闿运、叶德辉、皮锡瑞等，均能独树一帜，却不是纯粹的"汉学"或"宋学"，显然可见湖湘独立风气的影响，也能体现湘学"杂而不纯"的特色。盖其本不在正统之中，故较少受典范的约束而容易有所突破。特别是王闿运学说正是丁酉、戊戌活跃于湖南及全国的康梁学说的源头活水之一，其在当时的影响最不可忽视。

叶德辉指出："考康有为之学，出于蜀人廖平，而廖平为湘绮

① 参见罗志田，《清季民初经学的边缘化与史学的走向中心》，《汉学研究》，15 卷 2 期（1997 年 12 月）。
② 杨笃生，《新湖南》，《辛亥革命前十年间时论选集》，卷一下，617 页。
③ 钱基博，《近百年湖南学风》，1 页。

楼下楼弟子［湘绮尝言廖平深思而不好学］。渊源所自，咸有闻知。"而"三传互有短长，前人论之详矣。至以专门而论，湘绮实上接胡董真传。观其所为传笺，并不拘守任城之例。遗经独抱，自有千秋"。叶本来对王学颇有微词，以为王是"六朝文士，不足当经学大师"。但有人"或因其流毒，转咎湘人"，叶氏为了捍卫湘学的地位，乃不得已出而为之辩，强调其独立性。①

其实叶看到的别人因康学而转咎湘学这一现象并不多见，相反，湖南新派一般似较少注意王闿运的存在（仅梁启超大约稍知其老师学之所出，似曾写信恭维王②）。湘抚陈宝箴对同辈的王先谦等乡绅一意笼络，对王闿运则不然。后者曾想担任校经堂山长，陈不予。王对此虽以一贯的诙谐出之，但皮锡瑞观察到，其"言虽恢奇，不无恩怨"。故其"恶言洋务，甚不以节吾为然。谓开矿必无利"。③ 节吾即后来入陈幕之欧阳中鹄，而力主开矿者则包括比湘绮要"新"许多的王先谦。当时新学的本土思想资源确多可追溯及王，而王本人却对新政持反对态度，这一诡论现象大有探讨的余地。④

---

① 叶德辉，《郎园书札·答人书》，页 23B—24A；杨树毂、杨树达记，崔建英整理，《郎园学行记》，《近代史资料》总 57 号（1985 年 4 月，以下径引书名），109 页。

② 王日记称："得吕生书，词甚诣阿，有似梁启超。"王闿运，《湘绮楼日记》，光绪二十四年四月十日，商务印书馆 1927 年，第 20 册，10 页。则梁可能曾"诣阿"王，唯尚未见实证。

③ 皮锡瑞，《师伏堂日记》，光绪二十一年十一月六日。

④ 其中一个重要因素，即在于新政既然由地方大吏推动，则伴随新政的社会资源的分配，常与时人对新政的态度直接相关。当湖南新旧之争表现为皮锡瑞与叶德辉的笔战之后，皮即注意到"大抵不得志于近日官绅者多归叶"（《师伏堂日记》，光绪二十四年四月八日）。这是一个关键，皮本人趋新即有谋"馆地"的明确企图，而其全家也都在新政中得到职位。当道的"近日官绅"对不紧紧追随新政者似太不重视，是致彼有怨的一个原因（当然，有些人如果让其参与，恐怕也要反对，但有所疏解终不一样）。这个问题牵涉甚广，只能另文探讨。

对新派冷落湘绮老人的做法，王氏弟子杨度甚感不平。他曾到时务学堂访梁，"欲闻康氏之学"。并就《春秋》的义理与梁"论辨甚多，词气壮厉"，至"昏暮方去"。梁突然遇到王门正宗，"初犹肆辩，后乃遁词"。杨度承认梁其人"年少才美"，但对其在湖南"以《春秋》骗钱"，甚觉"可惜可惜"！他感叹道："其学盖私受于廖平，而不曰王门者，欲为立名地耳。"[1]

其实王闿运自己也越来越不想过问世事，[2] 但他的被冷落仍从一个侧面提示着 19 世纪 90 年代对湖南来说似乎意味着两代人的转换。光绪十六年（1890）相继去世的湘籍达官有曾国荃、彭玉麟、杨岳斌、曾纪泽、黄彭年共五位，次年则先已退隐的郭嵩焘也去世。咸同时代的湘籍风云人物基本消失殆尽，仅剩一个已淡化家乡认同的刘坤一。两三年后湘军在甲午中日战争中的败绩，是又一个划时代的影响，提示着与湘军相关的时代之终结。湘人谭嗣同说："湘军与日本战，大溃于牛庄；湖南人始转侧豁悟，其虚骄不可向迩之气，亦顿馁矣。"[3]

一般而言，自边缘居中心者，最珍惜其来之不易的历史地位，决不肯轻易放弃。这一中心地位及在此基础上形成的湖南在全国的

---

[1] 几天后，杨度再至时务学堂，发现"卓如竟患疟症，陈君移檄，何如杨子《春秋》!"，对自己辩论的杀伤力颇感得意。杨度未刊日记，光绪二十四年一月二十三、二十六日，此日记承杨念群先生提供，特此致谢！

[2] 除湘省当道对他不甚重视外，颇懂霸、王之术的王湘绮之所以隐而不出，也因为他感到世事已不可为。戊戌新政期间，曾有朝旨"谕巡抚察看品学，是否可起用"。王以为："季孙矣。寻思世事，无处下手，又将为左季高耶？唯有藏拙而已。"《湘绮楼日记》，光绪二十四年七月二十八日，第 20 册，26 页。则其心态可见。

[3] 谭嗣同，《浏阳兴算记》，蔡尚思、方行编，《谭嗣同全集》（增订本），中华书局，1981 年，上册，174 页。

形象，应即是近代湖南区域文化的主流趋向。从曾国藩起在全国有地位提得起的湖南人除以"忠义"见长外，便是善于经世。而"经世"与"洋务"在晚清即使不是同义词，也越来越是近义词，这只要看各种《皇朝经世文编》及其《续编》《新编》《统编》等的篇目便可了然。近代湘籍名人基本在办洋务这一趋新的路向上，他们的形象是湖南在全国形象的主要组成部分。对此后来的湖南士人一直在努力维护，即或时有突破，也基本不取公然对立的姿态。

二、 后湘军时代湖南的守旧与趋新

随着咸同风云人物那一代人的离去，湖南士人在全国的整体地位和形象恐怕都大为下降，他们中一部分人的眼光也似乎出现内缩的倾向，其所注重者逐渐由全国而家乡。这样一种眼光的内倾，与因湘军之起而高涨的湖南绅权相结合，就给后来的湖南地方政治带来相当的影响（详后）。① 丁酉、戊戌年间在湖南喊得越来越响的"自立"口号，虽然主要是出于对全国的关怀，然转变中的湖南区域文化多少有些潜在的协助作用。同时，以趋新为基本倾向（程度容有不同）的咸同时代湘籍风云人物离开历史舞台，也多少为新一代湘绅提供了其他选择（包括"守旧"）的可能。

王先谦为自己定位说："平生愿为读书人，不敢貌袭名士；愿

---

① 湘军兴起与湖南绅权上升的关系，论及者已多。张仲礼对 19 世纪的绅士分省考察，发现他所谓的"新进者"（即第一代成为绅士者）比例最高的是湖南省，达到 65％。张认为这与湘军引起的地方绅士权力上升有关（见其《中国绅士》，李荣昌译，上海社会科学院出版社，1991 年，218 页）。目前尚未见有人将此区分应用于戊戌前后湖南绅权与新旧之争的研究。

为正人，不敢貌袭道学；愿为建言之人，不敢貌袭直谏。"① 叶德辉
也说："〔鄙人〕最畏居理学之名。平生言行之际，大德不逾。尝言
吟风弄月之时，须具有仁民爱物之量，此方是圣门第一等学业，天
下第一流人物。讲学而如楚囚相对，岂复有生人之乐哉。"② 两人都
明确其与"道学"或"理学"的距离，最可见其与曾国藩那一代的
明显差异。故老辈王闿运对叶氏的为人极看不惯："叶麻子来，躁
妄殊甚，湘潭派无此村野童生派也。"③ 而叶的弟子则记述他"平生
耻言高尚，以为高尚乃无用之别名"；其"为人磊落光明，欲言则
言，欲行则行。不知趋时，亦不知避谤"。④ 两说大致接近实际，不
过各从其身份地位立言而已。

　　王、叶大概都不太注重修养，叶尤其"率性"超过"作圣"而
稍带湖南民间的"痞"气，这可能是他们后来不时被人称为"劣
绅"的一个原因。叶德辉一向强调其学术独立，甚而敢于攻击乡
贤，这在当时极为少见。他自述说："鄙人生长湖湘，先辈如王湘
潭、郭湘阴，一时号为学者所宗，鄙人亦未尝依附。所谓士各有
志，学各有宗。"叶的年辈相对低，而能与二王并称，他也不以为
荣，反强调其学"迥与二王宗派不同"；他对当代大家如陈澧、俞
樾"皆有微词"，而"于湘绮之尤力"。更曾点名攻击魏源"晚病风
魔"，倡今文经学，结果几乎"尽灭全经以入于异室"。⑤ 这样的

① 王先谦，《复某君》，《虚受堂书札》，1932 年葵园四种版，卷一，页 11B。
② 叶德辉，《郋园书札·与罗敬则书》，页 37A。
③ 王闿运，《湘绮楼日记》，光绪二十一年一月九日，第 19 册，2 页。
④ 《郋园学行记》，144 页。
⑤ 叶德辉，《郋园书札·答罗敬则书、与戴宣翘书》，页 34B、19B—20B；《郋园学
　行记》，109、116 页。

"率性"之人，在素重"作圣"的传统中国社会里，是很难有美誉的。[①]

王、叶等人的不重修养，具有明显的后湘军时代的意味；而其之所以能这样特立独行，恐怕与湘军兴起带来的豪气也有一定关系。如果没有曾国藩那一代人对道德修养的强调，湘人在全国的边鄙形象恐难转变；但近代湖南由边缘而中央这一大转折又的确使许多旧有的特性都借此发挥到更高的程度，从而使包括读书人在内的许多湘人部分回复到原有的刚劲强悍。

咸同后湘人的敢作敢为颇受世人注目，无意中支持或助长了一些与湖南相关的迷思之形成（其中梁启超起的作用尤大）。陈宝箴已说，咸同中兴的"名臣儒将，多出于湘。其民气之勇，士节之盛，实甲于天下。而恃其忠肝义胆，敌王所忾，不愿师他人之长，其义愤激烈之气，鄙夷不屑之心，亦以湘人为最"[②]。梁启超也认为："发逆之役，湘军成大功。故嚣张之气渐生。"这大致是时人的认知，但梁随后下一转语"而仇视洋人之风以起"，则显然为信口开河（详后）。[③]

梁又说："湖南向称守旧，故凡洋人往游历者动见杀害，而全省电信轮船皆不能设行。自甲午之役以后，湖南学政以新学课士，于是风气渐开。而谭嗣同辈倡大义于天下，全省沾被，议论一变。"

---

① 从高远些看，人总要有"超我"才能区别于其他动物的基本只有"本我"。故中国文化一向甚重人禽之别，其行为准则尤讲究"作圣"，凡能韬晦者口碑多佳；而"率性"则常是修养不足的反映，稍过更可能被视为"无行"之人。参见罗志田，《"率性"与"作圣"：胡适少年受学经历与胡适其人》，《四川大学学报》，1995 年 3 期。

② 陈宝箴，《奏设时务武备学堂折》，《湘报》，第 25 号，页 97B。

③ 本段及下段，均见梁启超，《戊戌政变记·附录二：湖南广东情形》，130 页。

于是有陈宝箴等推行的新政。这些话也都只能说是半虚半实，将半带想象的诠释掺合于事实叙述之中。湖南电信轮船固难设难行，但洋人有几人被杀却是可以统计的。所谓"动见杀害"，不过是把描述全国排外的习惯模式（其实全国也未达此程度）套在已先定为"守旧排外"的湖南之上。同时，甲午后学政江标以新学课士颇有影响是实，但陈宝箴抚湘前谭嗣同等人的观念已沾被全省，使议论一变，又只能是想当然。①

　　大抵梁启超如其自述，"笔锋常带感情"，故立说较随便。但正因"梁笔"的感染力，其说最易为人接受。他在光绪二十二年致函汪康年说："十八行省中，湖南人气最可用。惟其守旧之坚，亦过于他省。若能幡然变之，则天下立变矣。"② 这里"若能幡然变之"只是一个希望，后来却成为一种习见的诠释。戊戌当年一位江苏人注意到："夫湘人，吾华之深闭固拒最甚者也。一朝丕变，咸与维新。"王尔敏引用此语后进而提出："甲午战后，湘省人士幡然改途，由守旧的中心，一变而为最积极维新的推动者。"③ 问题在于，甲午战争的失败对所有中国士人的刺激诚不可谓不深，但何以唯湖南人那么快就"幡然改途"呢？

① 按陈于光绪二十一年九月升任湘抚，那年除夕谭嗣同给他老师欧阳中鹄的信中说到他与强学会总会分会均无关系："己既不求入会，亦无人来邀。"（《谭嗣同全集》，下册，455 页）强学会集当时各种趋新人物之大成，而并无人注意及谭，大致可知他在全国的地位。而谭那时在湖南的革新影响主要在浏阳，也尚未及全省。

② 梁启超致汪康年，光绪二十二年，《汪康年师友书札》，上海古籍出版社，1986年，第 2 册，1843 页。

③ 王尔敏，《南学会》，收其《晚清政治思想史论》，台湾商务印书馆，1995 年，130页。本书承王先生赐寄，特此致谢！所引文在《皇朝经世文统编》，卷 106，页24A。

　　其实，梁本人在光绪二十二年仍说湖南守旧过于他省，则湖南人在甲午后的转变，显然是有一个过程的。《国闻报》戊戌当年五月说，"素称守旧"的湖南"近日丕变之急，冠于行省"。[①] 注意到其丕变在于近日，庶几近之。而梁启超和上引之江苏人已为湖南之变何以异于他省提供了答案。梁写信给汪康年是因为江标出任湖南学政，而汪与之厚，欲汪劝江"于按试时，非曾考经古者，不补弟子员，不取优等；而于经古一场，专取新学，其题目皆按时事（尝见建霞所命题，甚通）。以此为重心，则利禄之路，三年内湖南可以丕变矣"。江标果然以新学课士，两年后那位江苏人即注意到湖南的"一朝丕变"，其转折正在于"自我吴江建霞太史衔命视学，一以阐发新学为心，而澧兰沅芷之乡，无不知研求时务为当务之急"。[②] 这就是说，甲午战败的刺激是全国性的，而湖南却因学政自上而下地以"利禄之途"导引，所以出现异于他省的变化。

　　同时，说甲午前的湖南是"守旧的中心"，恐怕也有疑问，对此谭嗣同、梁启超等当年即感疑惑。谭说，中国十八省中，"湖南独以疾恶洋务名于地球"，然"闻世之称精解洋务，又必曰湘阴郭筠仙侍郎、湘乡曾劼刚侍郎，虽西国亦云然。两侍郎可谓湖南光矣，湖南人又丑诋焉。若是乎名实之不相契也"！梁也说："湖南以守旧闻于天下，然中国首讲西学者，为魏源氏郭嵩焘氏曾纪泽氏，皆湖南人。故湖南实维新之区也。"他提出的一个解释是："他省无真守旧之人，亦无真维新之人。湖南则真守旧之人固多，而真维新

---

① 《国闻报》，光绪二十四年五月十一日，转引自汤志钧，《戊戌变法史》，310 页。

② 梁启超致汪康年，《汪康年师友书札》，第 2 册，1843 页；《读湘报》（不著作者），邵之棠辑，《皇朝经世文统编》，上海宝善斋，光绪二十七年（台北文海影印），卷 106，页 23B。

之人亦不少。此所以异于他省也。"① 这话与不说实无区别。谭注意
到的"名实之不相契"说明湖南民风士风的守旧还是趋新,的确需
要仔细甄别,这也就回到了前面提出的近代湖南文化主流趋向的
问题。

关于湖南人的守旧,论者多引同治十一年曾国藩灵柩因用轮船
运回故乡受阻事为例。② 自胡林翼慨叹洋船在长江的疾速行驶以还,
轮船在近代中国就有相当程度的象征意义。但这一次轮船与曾国藩
灵柩的关联,很有可能是后之治史者读出的新意。湖南当时为之哗
然者是否从"新旧"立场出发思考和因应这一问题,迄今未见可靠
的依据,相当值得怀疑。其实那件事或者与今人所说的"迷信"及
相关习俗关系更大。曾纪泽在中国传统认为非常重要的事项中使用
了当时不习见的运输工具,这大概是问题的关键所在。假如他用先
民使用的木筏子运送乃父的灵柩,应属最"旧",恐怕仍会引起相
当程度的哗然(当然轮船可能更容易引起争议)。

湖南民风或有守旧一面(实则全国亦然,义和团事最足证明
之),而湖南士风则绝不守旧,反而明显趋新。咸同以后湖南的象
征人物是曾、胡、罗、左等,到那一代人影响式微时,魏源、郭嵩
焘、曾纪泽等在戊戌新政前后被新派提出作为正面的乡贤象征,借
重建湘学的地位以延续传统。重要的是,旧派实不能提出足以重建
湘学地位的其他人选,所以他们只能基本默认新派的主张。戊戌新
旧之争时除叶德辉因反对公羊学偶尔攻击到魏源外,所有旧派攻击

① 谭嗣同,《浏阳兴算记》,《谭嗣同全集》,上册,173—174 页;梁启超,《戊戌政
  变记·附录"湖南广东情形"》,130 页。
② 事见郭廷以,《近代中国史事日志》,同治十一年五月二十日,中华书局 1987 年
  影印本,上册,565 页。

的范围并不曾波及郭嵩焘与曾纪泽，则后二人的正面形象并未受到挑战。简单考察一下这一重建湘学传统及象征的过程，有助于认识湖南士风究竟是否保守。

陈宝箴在《招考时务学堂示》中说："湖南地据上游，人文极盛。海疆互市，内地之讲求西学者，湘人实导其先。"以下历数曾国藩送学生出洋、左宗棠建福州造船厂、曾纪泽使俄不辱君命、魏源编《海国图志》、郭嵩焘使西以还之著作，"皆能洞见隐微，先事而发，创开风气，尤为海内所推"。① 这一趋新的传承脉络极为清晰，而"为海内所推"一语尤能道出湖南在全国形象之所在。

皮锡瑞所拟的南学会第一次讲义就强调："粤匪之乱，中兴将相，多出湖南。"他在列举了曾、唐、罗、左等以学人出而戡乱的业绩后强调："乡先生流泽未远，学者当闻风兴起。即事权不属，如王船山先生，抗论古今；魏默深先生，纵谈海国；著书传世，亦足以教后学。"故倡立南学会的目的就是希望"将来风气大开，使我湖南再见曾文正、罗忠节、左文襄之伟人，再闻王船山、魏默深之伟论"。② 皮氏后来再论清代湖南说："船山、默深诸公，以文学开风气；曾、左、胡、江、罗、李，以武功致中兴。于是四方推重湖南为人才极盛之地。固由地气转移所致，亦由乡先生之善变也。如不变，则终如古南蛮而已矣。"③ 他不仅确立近代湖南讲学经世的传统在此，尤突出湖南风气正在于"乡先生之善变"。

---

① 陈宝箴，《招考时务学堂示》，《湘学新报》，台北华文书局影印，1966 年，第 1 册，204 页。
② 皮锡瑞，《师伏堂日记》，光绪二十四年一月二十九日。后来刊出的讲义甚短，不包括王、魏二人，不知是未讲或仅摘要刊发。参《湘报》，第 2 号，页 13A—B。
③ 《皮鹿门学长第十一次讲义》，《湘报》，第 72 号，页 285B；按皮日记原稿文字稍异，参皮锡瑞，《师伏堂日记》，光绪二十四年闰三月十九日。

这一观念显然传承下去，时务学堂学生林圭于戊戌当年写信向其过去的老师叙述省城新政举措后说："外人以吾湘为善变，斯言不虚。"① 时务学堂另一学生杨树达到 1935 年演讲"湖南文化史略"，仍说"自王船山先生以后，湖南人笃信民族主义，因欲保持自己民族，故感觉外患最敏、吸收外来文化最力，且在全国为最先。如魏默深之志海图，郭筠仙、曾劼刚之赞欧化，戊戌之办新政，皆其例也"。② 更把戊戌新政与这一传统接续起来。

而且，是否承认这一区域文化传统对判别湖南趋新还是守旧极为重要。《湖南时务学堂公启》说，因西人足迹不及湖南，"海内海外遂咸以守旧目湘士。然窃闻吾乡先辈，若魏默深、郭筠仙、曾劼刚诸先生，咸于天下不讲西学之日，受怨谤、忍尤诉，毅然决然以倡此义。至今天下之讲西学者，则靡不宗诸先生。乌在湘人之为守旧也"。③ 这段话当然是在"讲西学"已成正面象征时力图为湖南形象增光，同时也说明只要认同这一区域文化传统，湖南人就并不"守旧"。

可证明湖南守旧的还有一象征性事件，即郭嵩焘确曾因太"新"而为湖南士人"公拒"。但此事原委尚可细析：郭本与更具威望的另一湘人左宗棠有隙，且湘人拒郭是他在政治上失意后出现的举动。一般而言，湖南人不会轻易牺牲一个有希望为乡邦大争名誉的难得人才，而拒郭一事基本是个偶发事件。郭氏后来在湖南学界

---

① 林圭致黄奕叟，光绪二十四年三月二十八日，《湖南历史资料》，1981 年第 1 辑，38 页。
② 杨树达，《积微翁回忆录》，101 页。
③ 麦仲华辑，《皇朝经世文新编》，上海大同译书局，光绪二十四年（台北文海影印），卷 5 上，页 22A。

的地位仍甚高，那以后他不仅长期在书院中任山长（以山长在晚清的地位，一个真正被地方拒绝的士人绝不可能久任此职），且被认为是湘学的主要代表之一。实际上，戊戌时的新旧两派大致都是在郭的影响下成长起来的。前引叶德辉说"王湘潭、郭湘阴，一时号为学者所宗，鄙人亦未尝依附"，以示其"士各有志"，最能凸显郭嵩焘在湘学中的主流地位。假如郭氏真像有些论者所强调的那样不为湘人所容，叶氏这段话还有什么学术独立的意义呢?①

　　湖南人的乡邦意识本较强烈，对其缺乏全国性学者又心有所慊（前引王先谦叙述其编《皇清经解续编》时的苦衷即是显例）。在此情形下，既然近代湖南学术文化的主源流是趋新的，任何有学术地位并且希望维持其声誉的士人皆不能冒与前辈乡贤完全背道而驰的风险。后来被时势推上旧派领袖地位的王先谦，在郭嵩焘去世后曾领衔上奏请朝廷表彰郭，并为郭撰神道碑铭，这都是维护乡贤的明确表现。且郭是王的年长好友，王后来论"朋友之道"当"求直言"说："犹忆郭筠仙先生在时，每见先谦文，其以为可者，反复称美，又时时为人道之；其不可，则奋笔代定，无所假借。真能与人为善者也。"② 自认在学术上不追随郭的叶德辉在"平时与及门论文"时，于"湘人则取湘阴郭养知侍郎嵩焘，谓其充实在曾文正之上"。③ 戊戌时湖南最著名的两位旧派领袖的态度，足以表明"守旧"绝非湖南的风气所趋。

---

① 有意思的是，反倒是左宗棠因与郭、王为代表的湖湘学界颇有距离而在卒后受到冷落，"自国史立传外，其家子弟亦未求人为神道、行状之文；以郭公与公有宿嫌，湘绮又非公所敬也"。参见李肖聃，《湘学略》，186 页。盖彼时有资格为左写神道、行状之乡贤唯郭与湘潭王，长沙王先谦的资格还有些不够，余不必论。

② 王先谦，《复王泽寰书》，《虚受堂文集》卷 14，页 17A。

③《郋园学行记》，119—120 页。

魏源、郭嵩焘、曾纪泽三人被重新"发现"或被正式确定在近代湖南文化传统主流之中，固然体现出世风的转移，这一修改历史记忆的有意尝试终是以历史事实为基础的。不论前此湘学湘风以保守还是趋新为主，到甲午戊戌之间，自魏、郭、曾确立为正面形象并与以前曾、左一辈的趋新形象一结合，就确立了以趋新为表征的近代湖南文化统系。湘人要维护乡谊，就不能不沿"善变"之路而有所新。近代湖南区域文化这一主流趋向决定了守旧在那里是不甚可取的，湘籍士人要维持已处下降趋势的湖南在全国的地位和形象，实难完全选择"守旧"的认同。

三、 近代湖南排外的实际与迷思

另一方面，对近代湖南人著名的"排外"形象，也还值得稍作界定。王尔敏观察到，湘军的成就，坚定了湖南人的"自信心与责任心，形成极端热忱的救世观念，为后日政治运动的动力源泉"。但他又提出："因为自信心的增强，卫道的意识横亘胸臆；遂构成极深度的守旧的顽固势力，含有强烈的排外思想，而对所有的新事物新观念，无不深闭固拒，态度坚决，甲于各省。"① 自信心与责任心何以会及怎样与趋新或保守发生逻辑联系，却未见说明。通常自信者既可守旧，也可趋新。张朋园先生就观察到："湖南的保守派，其成就感与使命感决不亚于维新派。"②

---

① 王尔敏，《南学会》，101 页。王先生此文的观念颇影响了后来台湾一些史学研究者。如林能士就几乎完全采用了这个观点及前引"幡然改途"一说，参林能士，《清季湖南的新政运动》，2—3 页。
② 张朋园，《中国现代化的区域研究——湖南省》，351 页。

有意思的是，多数时人和后来的研究者都一面说因湖南人排外，故对西方事物所知甚少；同时又说湖南封闭，故当地士人对外事了解不足，所以排外特甚。这在逻辑上多少有些问题。历史当然不是逻辑地发展，士人的行为也并非总是理性的。但一般读书人的言行，总不能太出常轨。试想湖南人既然基本不知外事，何以要排外？而且排得那样厉害？同时还值得考究的是，湖南人究竟排的什么"外"？这个问题大概要以专文才能彻底解决，以下仅以与近代排外联系最密切的教案和涉教事件为例略作分析。

吕实强综合咸丰十年至同治十三年（1860—1874）十五年间"中国官绅反教有关大事"约五百余条，湖南仅占六条，分别在咸丰十一年、同治元年（4条）、同治十三年。① 据陈银崑的统计，1860—1874 年间，全国共发生教案 284 起，而湖南仅有 5 起，居第 13 位；在 1875—1884 年间，全国共发生教案 199 起，而湖南仅有 7 起，与江苏并列第 11 位；在 1885—1899 年间，全国共发生教案 328 起，而湖南有 15 起，与其余四省并列第 6 位。总计从 1860 到 1899 年，中国共发生教案 811 起，而湖南仅有 27 起，居第 11 位。② 可以看出，湖南教案的确呈增长趋势，但总体说来，在全国尚不能算特别排外者。尤其是 1860—1884 年间湖南教案数量并不算多，实看不出湘军兴起导致湖南人排外的联系。

如果稍换视角，从涉教文件的数量（应能大体反映出涉教事件

---

① 参吕实强，《中国官绅反教的原因（1860—1874）》，"中研院"近代史所，1985 年 3 版，202—260 页。

② 陈银崑：《清季民教冲突的量化分析，1860—1899》，台湾师范大学历史研究所 1980 年硕士论文，35—37 页。张朋园统计的同期湖南教案总数尚更低，参见其《中国现代化的区域研究——湖南省》，106—107 页。

的多寡）来考察，仍可见与上述研究接近的结论。台北"中研院"近代史所据清总理各国事务衙门档案编有《教务教案档》，涉及戊戌年以前的凡六辑，共一万二千余页，其中"湖南教务"篇幅不过四百页，不论是与总量或与他省篇幅相较，都不能算特别多。下表更能具体说明之：

咸丰十年至光绪二十五年湖南与各省涉教文字数量比较①

年代	各省总页数	涉及省区	各省平均页数	湖南页数	湖北页数
咸丰十年至同治五年	1553	18	86	71	60
同治六至九年	1741	18	97	0	48
同治十年至光绪四年	1981	21	94	9	49
光绪五至十二年	1992	20	100	122	74
光绪十三至二十一年	2318	26	89	178	125
光绪二十二至二十五年	2133	24	89	21	51
平均值	不计	不计	93	67	68

从表可以看出，在《天津条约》准教士入内地传教开初那几年间，湖南人大约不甚适应新形势，涉教事件偏多，但仍低于各省平均数（早期的涉教事件多受地方官鼓励，不一定代表民风）。此后

---

① 本表依据《教务教案档》，第 1—6 辑（咸丰十年至光绪二十五年，"中研院"近代史所，1974—1980 年）数据所制；其中"各省总页数"不包括"通行教务"文件，但包括"京师教务"。

直到光绪初年的十余年间湖南基本没有涉教事件，与其他省区涉教事件比前更有上升的情形适成反比。与前引吕、陈的统计数据参看，可知湖南这段时期确不以排外显。故说湘军兴起造成湖南人排外的说法，大致可确定为不根之谈。

约到 19 世纪 80 年代，湖南涉教文件开始激增，从不及各省平均数的十分之一到超过平均数，其中光绪十三至二十一年间超过平均数一倍。不过那正是周汉反教事件之时，档案文件主要为相关的揭帖。据张朋园的统计，这段时间湖南教案共五起，案件数似不能算高。[①] 甲午后湖南涉教事件可见明显回落，又大大低于各省平均数。

总体考察，在 19 世纪最后四十年间，湖南涉教文件数量与各省平均数的比值为 1：0.72，与全不以排外著称的湖北持平而实际数字稍低。涉教文字的多少不一定完全反映是否排外的实际（比如湖北这段时期共有教案 43 起，就比湖南 27 起高得多，而文字的数量却非常接近），也有可能湖南民风的悍烈起了威慑作用，使传教士望而却步（这至少不适合于耶稣会士，盖成为殉道的烈士正是他们所向往的理想。同时，教案最多的四川省传教事业远比湖南发达，也表明此说难立），也许更主要的是交通不便造成湖南的中外交往不多。总的说来，除周汉案这一特例外，从湘军兴起到戊戌变法时，统计数字似不支持湖南排外明显甚于他省这一习惯说法。

但湖南以排外著称又的确是当时许多人的共识。要到 1897 年底，才第一次有外国人获准正式在湖南的常德府居住，衙门张贴的保护告示说，奉旨保护传教士，今有两名美国传教士江爱德

---

① 张朋园，《中国现代化的区域研究——湖南省》，107 页。

（E. D. Chapin，其华名提示着他约是江戴德即 Lyman D. Chapin 之子侄）和卞良臣（F. B. Brown）在西门外赁屋居住，签有租约。故此沿街布告，本府子民勿得骚扰生事。美国驻华代办就此报告说："这是外国人在湖南定居的第一例，因此颇值得注意。湖南的面积约与堪萨斯州相等，其居民向以强烈仇外著称。"① 皮锡瑞也指出，耶教发展遍及全世界，并"及于中国，惟湖南省城无教堂，外府州县亦多有之"。②

可以说，在甲午前的一定时期内，湖南确以排外著称，其排外的名声很可能因周汉事件而鹊起；且因为湖南反教活动以揭帖等文字方式表述为多，流传各省，故实际影响或大于其他一些省区。③但周汉反教案有其特殊性，传教事业在湖南并不发达，与周汉等反教的激烈，似乎提示着反教是否厉害与当地的开放程度及传教事业的发展不一定成正比。林能士注意到，与他省比较，湖南反洋教揭帖"以整个中国为对象时居多，并且处处显示湖南与中国命运的关系"。④ 这最能说明湖南人的排外和反洋教活动以基于传闻的想象为主：正因为湖南本身几乎没有定居的传教士，故其反教只能以全国为对象，体现出一种强烈的防患于未然的意味。这与士人的文化忧

---

① Charles Denby to Mr. Sherman, Dec. 16, 1897, U. S. Department of State, *Papers Relating to the Foreign Relations of the United States 1898*, Millwood, N. Y.: Kraus Reprint, 1983(hereafter as FRUS 1898), pp. 210 - 211. 两人汉语名见《教务教案档》，第 6 辑，1173 页。

② 皮锡瑞，《师伏堂日记》，光绪二十四年二月二日。这是皮第二次讲学的草稿，此话在实际演讲时改为"今十八省都有天主教（他当共指基督教新旧两派），湖南省外府亦有之"。《湘报》，第 6 号，页 22B。

③ 参见吕实强，《周汉反教案》，《"中央研究院"近代史所集刊》，第 2 期（1971 年 6 月）。

④ 林能士，《清季湖南的新政运动》，1 页。

患意识有很大的关系。正因其注重文化竞争，故特别为外国人所关注。

实际上，湖南排外守旧的形象，很大程度上是外国人协助形成的。《湖南时务学堂公启》说"海内海外"咸以守旧目湘士，[①] 即揭示出外人参与了这一形象的塑造。以汉口为中心长期在两湖地区传教的杨格非（Griffith John）于1891年底说："湖南排外运动的领袖是所有进步事业不共戴天的死敌，他们决心反对引进每一项新事物，不管其多么有利于中国。"[②]《万国公报》说："湖南省人向未知西法为天下良法，更未知新法为今日之要法，是以逞其私见，悉力拒之。其至奉旨设立之电杆，竟敢拔而投诸火。种种乖僻，皆自困之道也。"《国闻报》也说："湖南士民向来勇于守旧，故中国通商数十年，而洋人之车辙马迹，于湘省独稀。即一切泰西利国新法，亦丝毫不能举行。"[③]

前引江苏人关于湖南由旧变新的描述，也极有可能自西人处转手而来。他说："湘中向不与外人通，读书积古之儒，几至耻闻洋务。西人所谓守旧之党，莫湘人也。"[④] 连"守旧党"的称谓，也是西来。该文后面屡引西人西报之说，可知作者相当熟悉西人言论。其称湘人"丕变"，也不排除转自西人。盖湖南人从守旧"幡然改

---

① 麦仲华辑，《皇朝经世文新编》，卷5上，页22A。

② *North China Herald*, Dec. 18, 1891, p. 846, cited in Lewis, "The Hunanese Elite and the Reform Movement, 1895 – 1898," *Journal of Asian Studies*, 29: 1(Nov. 1969), p. 36.

③ 《三湘喜报》，《万国公报》，第90卷（光绪二十二年六月）；《湘抚被劾》，《国闻报》，光绪二十四年四月四日，均收中国史学会主编，《戊戌变法》，上海神州国光社，1953年，第3册，376—377、379—380页。其中《国闻报》于光绪二十四年三月已为日本人所接办，一般论者常将其作为中国舆论引用，未必可靠。

④ 《读湘报》（不著作者），《皇朝经世文统编》，卷106，页23B。

变"为趋新，同样也为上引《万国公报》和《国闻报》消息所道及，似已成为在华外国人的共识（两报均承认地方官的作用，其中《万国公报》又特别强调教会印刷品的功能）。杨格非也于 1897 年 5 月发现"长沙的一些学生显现出对西方知识的真正渴望"，并相信湖南地方官"倾向于支持引进西学和每一种类的西方改良措施"。①

前已述及，湖南的开放与否，与排外似不构成正或反比例的关联。与本文关系更重要的是，一个地区的开放或排外与否，与新政是否推行的直接关联也并不紧密。湖南常德府的情形很能说明这一点。卞良臣报告 1897 年末那里的情形说，当地"一切都非常平静地继续，人民友善，而官吏为保证我们平安甚为尽心。衙门走卒（Yamen runners）每日仔细地照料我们"。他确信将保护传教的告示沿街张贴，是"这一封闭的省份以一种前所未有的方式向福音和外国人开放的象征"。②

到 1898 年初，江爱德进而报告说："这里的居民对外国人比省内几乎任何其他地区的人对外国人更友善。过去的一年中，可见甚大的觉醒［awakening，此词有明确的宗教含义］及对西方知识和事物的新需求。"其表现是"该城的士人正在组织学习英语的班级，并要求提供外国书籍，而更进步的人士已在讨论开通一条常德与汉口之间的轮船航线"。他认为："所有这些都是一个巨大变迁和进步运动［forward movement，此语带有明显的价值判断］的证据。我们高兴地看到，这一变迁和运动并不仅仅与贸易和科学相关，因为同时也出现了对基督教的新兴趣。已有少数人受洗而皈依成为教

---

① *North China Herald*, May 7, 1897, p. 834, cited in Lewis, "The Hunanese Elite and the Reform Movement, 1895 – 1898," p. 36.

② F. B. Brown to Consul Child, Nov. 12, 1897, <u>FRUS</u>, 1898, p. 211.

徒，其他人也表现出兴趣并在探询关于主的意旨。毫无疑问，不论就贸易还是传教事业的目的而言，常德府都是一个最重要的中心。"①

但常德人在新政期间似乎未表现出比其他地区更积极的态度，而省城的新派官绅在将新政往地方州县推进时，也并不特别考虑常德的特殊性。这很能说明开放与否与新政推行的直接关联实不紧密。在甲午战败的全国性大刺激下，以闭塞和排外著称的湖南独能努力推行新政，而开放得多的湖北便不如湖南那么热烈，号称更开放的广东和其他沿海省区大多未推行新政，已充分证明一个地区是否实行学术和政治改革，更重要的毋宁是地方官吏的态度。

四、余论：官绅的互动与竞争

过去对湖南新政的研究似有低估地方官吏作用和高估士绅作用的倾向，其实湘省主要官吏的趋新才是新政得以推行的主导力量，湖南各州县新旧不一的情形也基本因此。广而言之，晚清绅权在地方的作用或不如许多研究者想象的那样有力。刘铮云在其对咸丰年间浙江南部民间小会党金钱会的研究中发现，清中叶以后的地方政治运作中，士绅在地方事务上的自主性和活动余地均甚有限，其有多大作为通常取决于地方行政官员的态度。② 湖南新政的发展情形相当支持这一论断，别的许多地方亦然。

甚至在政变之后，当朝旨明令停罢学堂而各省书院照旧办理

---

① E. D. Chapin's report, about January or February 1898, FRUS, 1898, p. 212.

② 刘铮云，《金钱会与白布会——清代地方政治运作的一个侧面》，《新史学》，6 卷 3 期（1995 年 9 月）。

时，两江总督刘坤一立即上奏代为诠释说："夫书院与学堂，诚如懿旨，名异实同。各书院肄业士子，自应讲习天文舆地以及兵法算法，未可专尚训诂词章。礼部所谓照旧办理，亦即此义。"他据此一面遵旨"考试仍用制艺试帖"，同时咨行所辖各省，命"各书院于制艺试帖外，兼课经史掌故时务，以成经济之才"。更对"禀求仍旧专课时文"的地方生监，予以"严行申饬"。① 这一诠释与一般理解的朝旨意谓几乎完全背道而驰，参以戊戌前江标主持湖南学务造成与他省大不相同的变化可知，那时各地士人究竟读什么书，主要视督抚学政的态度而定。

刘坤一对科考的复旧取表面遵奉实际违背的态度，且公开申明之，这当然与咸同后督抚地位升高有关，但仍提示晚清政治的中央集权程度或不如我们过去认知中那样强。再参以晚清各地督抚和州县官员对行政教育等大事可以态度不一，而在相当程度上仍为上级所容忍，揭示出"人治"社会中每一负治理责任之官吏个人有多么大的回旋余地。

戊戌湖南新政的推行即特别体现出地方官的作用，新旧之争的最后"胜负"实因中央政府突然发生政变而决定，如果没有北京的突变，戊戌时期湖南的政教大致会基本按照地方官的意旨发展。由于趋新而非守旧是近代湖南区域文化的主流趋向所在，湖南的所谓旧派不少都赞同某种程度的改革，只不过各有不可逾越的最后准则（各人又不尽相同，所以参与程度不一，退出的先后也不一）。他们能在一定程度上参与新政，既因上有朝旨号召，更为地方官所

---

① 刘坤一折，光绪二十四年十月三日，国家档案局明清档案馆编，《戊戌变法档案史料》，中华书局，1958 年，488 页。

推动。

王先谦是湖南初期新政的积极参与者，他在已领衔上呈反对时务学堂后仍说："国家以西学导中人，亦是于万难之中求自全之策。督抚承而行之，未为过也；绅士和之，未为过也。故从前火柴机器各公司，先谦与闻其事，确系中心之诚，以为应办，至今并无他说。"① 此最能说明士绅的参与自有其对时势的思虑，但附和督抚是一重要因素。

另一方面，因湘军兴起而已大张的湖南绅权，在戊戌新政期间确可见进一步的提升。那时任江西布政使的翁曾桂在读了《湘报》后，即谓"湖南抚台难做"。当皮锡瑞恭维翁"将来必升湘抚"时，翁表示"有此事即告病"。皮甚叹其"畏湘人如虎"。稍后曾入陈宝箴幕的欧阳中鹄也说"湖南官难做，自夔师〔王文韶〕后皆不讨好"。皮锡瑞对翁曾桂怕到湖南为官，乃有进一层的理解。②

唯湖南绅权在戊戌新政期间的提升，却是由于湘抚陈宝箴等大吏的鼓励和提倡，而陈等有意提升士绅对地方政事的参与程度，又是出于晚清地方官调动太频繁因而导致其实际作用锐减这一思虑，这是很值得注意的。这个问题牵涉到时人对官权、民权和议院等方面的认识与思考，只有专文讨论才说得清楚。但绅权的提升在很大程度上是因大吏的主动放权，当无疑问。别处大吏不放权即官"好做"的地方，绅权就不一定大。这仍归结到"人治"社会中负治理责任之官吏个人所起的作用。

有意思的是，士绅方面也并非人人都愿意自己的权力得到提

---

① 王先谦，《复吴生学蛴》，光绪二十四年六月上旬，《虚受堂书札》，卷一，页35B—36B。

② 皮锡瑞，《师伏堂日记》，光绪二十四年七月四日、九月二十五日。

高。新政的积极参与者皮锡瑞对陈宝箴提升绅权的做法即颇感疑虑。他被告知将以南学会"为议院规模,利权尽归于绅。即右帅去、他人来,亦不能更动"。便觉"似此举动,未免太怪。中国君主国,绅权太重,必致官与绅争权。且恐洋人来,愚民无知,与之争斗,难以调停"。结果会是参与"学会议院诸人,必受其咎"。①

君主国的改革应自上而下还是从下到上(这里的下指士绅,当时读书人不会想也不愿去发动群众),这是皮早就在思考的问题。他于光绪二十三年九月读黄遵宪的《日本国志》时,即对日本变法成功究竟靠什么人领导推动感到疑问:"《志》并未言其主英武。拟倭之强,非尽由其君所致?而其创议变法者,西乡隆盛以叛诛,大久保利通被刺。其能一变致富强者何人?岂皆井上馨、伊藤博文之力耶?"② 黄书实强调日本维新"志士"的作用,但皮却注意到黄不言其主英武。则他不主张"绅权太重"应是一个持续的看法。

与其他参与新政的湖南官绅一样,皮锡瑞对因主持新政之大吏如陈宝箴、黄遵宪的可能调职而造成新政难以为继甚感忧虑。皮日记中各方面人此类言论甚多,均担心陈、黄离湘则"无人护法",不仅"湖南新政如何举行"难以逆料,更恐"维新党将为人"。③ 说明湖南新派主要靠地方官支持,官吏换则一切均可能变。

正因为此,新派官吏在外患日亟的特殊情形下,特别希望通过强化士绅对地方学术、治安、工商等各项事务的实际参与来维护新

---

① 皮锡瑞,《师伏堂日记》,光绪二十三年十二月一日。

② 皮锡瑞,《师伏堂日记》,光绪二十三年九月十五日。蒲地典子已注意到皮的疑问,参见 Noriko Kamachi, *Reform in China: Huang Tsup-hsien and the Japanese Model*, Cambridge, Mass.: Harvard University Press, 1981, p. 216.

③ 皮锡瑞,《师伏堂日记》,光绪二十四年二月七日、闰三月九日、四月十七日、四月二十七日、五月三日。

政的持续性。黄遵宪在南学会将此意明白讲出，他强调，晚清实行的任官避籍和三年一任的制度使官如过客，并不甚知地方事务，也难以有稍长远的计划。故只有期望士绅起来"自治其身、自治其乡"，将一切利弊兴革视为"己忧"，并"先事而经画，临事而绸缪"。简言之，"此皆诸君之事"。黄明确说，他这一主张，"誉之者曰启民智，毁之者曰侵官权"。① 其对未来所寄予之希望，仍透露出当时绅听于官的现实。

当然，咸同以后许多湖南士人自身也确实特别主动地感觉到其对天下的责任，并多少认识到中国在列强环伺下的危局。光绪二十三年皮锡瑞返湘后，某日拜访经学家胡元仪，两人所谈并非学术，却是"时事"。胡云："外夷以湖南为射之鹄，英法德皆觊湖南铁路。意以湖南强悍，先将此地收伏，以外皆传檄定矣。"皮颇以为然。② 从经师对时局的关注及对局势的分析，可知湖南士人确颇自信，认为本省在全国地位重大。而皮氏同意此分析，说明趋新的他其实与胡元仪一样对外国人的观念所知甚少（故能有想当然的诠释）。但正因为并不熟知外国人真意图，又有这样的自视，湖南人在外患压迫下的危机感确可能会比其他一些省的人更强。③

---

① 《黄公度廉访南学会第一、二次讲义》，《湘报》，第 5 号，页 17B—18A。
② 皮锡瑞，《师伏堂日记》，光绪二十三年十一月九日。
③ 许多论者常引"湖南兴则天下兴"一类言说来证明湖南人的自信自尊，这类慨叹的确最能反映时人心态，却不必视为实录。否则也有湖南人说"孔教不亡则已，亡则将自湖南始；黄种不灭则已，灭则将自湖南始；中国不波兰印度非洲则已，波兰印度非洲则愈将自湖南始"（张翼云，《论湖南风气尚未进于文明》，《湘报》，第 57 号，页 225B）。其视湖南甚重的关怀全同，而所申论则迥异。若据以说湖南人无自信且自卑，可乎？

有此自信和对时局的忧虑，再加上湘人固有的强悍风格，湖南士绅本不待提倡就可能自动参与和干预地方事务。黄遵宪在"启民智"时考虑的只是官绅的对应关系，但士绅却不是一个观念一致的社群。当士绅真的响应黄的号召起而"自治"时，他们中一些人对时局的认知及其因应之对策却未必与官方同。后来湖南事态的发展，正展现出这样一种具有诡论意味的结果。由于新派实际是以地方官为主导，湖南新旧之争在相当程度上体现出官绅之争的蕴涵（从这个角度看新派士绅的参与反被淡化）。后来北京的政变不在新旧双方的预计之中，但造成旧派在湖南新旧之争中实际获胜。这一结局并未反映出湖南官绅权力强弱的实际对比关系，故虽是现实却带有虚拟意味，唯湖南绅权复因巡抚、学使、盐道的败落这一半带虚拟的真实而进一步趋重。

张朋园注意到，后来王先谦等挟戊戌"战胜新政派的余威，使主张开放社会的官僚派一筹莫展"[1]，实有所见。叶德辉的弟子后来记述："湖南绅权过重之谣"和"王、张、叶、孔四大绅士把持省政之谤"渐成固定认知，"以致外来官吏不由湖南起家者，往往误听人言，先谋应付之策"。[2] 不过官绅间的持续竞争是晚清的共相，似不必也不能全从新旧角度观察；湖南后来也曾出现绅新官旧的现象，更多时是官绅之新旧相近，仍存在竞争。

但戊戌时的"战胜"却有明显的促进作用：戊戌当年的旧派士绅基本还是被动反击，到后来则气焰真有点嚣张不让人。在戊戌的第二年，新巡抚俞廉三即又与地方绅士易顺鼎起矛盾。而前旧派要

---

① 张朋园，《中国现代化的区域研究——湖南省》，370 页。
②《郋园学行记》，136—137 页。

角孔宪教敢与张之洞争，也颇使原来偏向旧派的俞颇感为难。孔"自云不避权贵，俞中丞甚畏之，日趋其门"。一向不主张绅权太重的皮锡瑞对此慨叹道："湖南绅士太霸，祸未已也！"①

俞本"出身佐贰"，没有功名，又不以应变之才见长，所以不得不既尊上级又对士绅退让。庚子年唐才常等的自立军（富有票）事发，俞廉三"为张文襄函电所迫，穷治不免株连"。叶德辉乃为进言，说"此辈书生无非受人诱惑，文襄貌似风厉，实欲嫁祸邻抚，自居解网之仁"。俞有所悟，遂渐宽放，"是案全活之人无数"。② 这是叶德辉弟子的记载，或不免有夸大老师作用之嫌。但据皮锡瑞日记，当时湖南对此事确甚宽松，极少株连，因参与者多官绅子弟也。俞本人在审讯汪某时，即明"饬勿援他人"。③ 故此事虽不必全因叶德辉维护乡人而致，然上既有令，且富有票人中多戊戌时的新派少年，倘若叶等旧派不主张放松，俞未必能宽放。

总体观察，戊戌后湖南的官绅关系基本仍视巡抚个人背景与个性而定，官强则绅弱，官弱则绅强。光绪二十九年，素称强硬且明显趋新的巡抚赵尔巽奉朝廷兴学诏旨，改岳麓书院为高等学堂，山长王先谦等虽不满意，也只能敢怒不敢言。一年后赵他调，温和的陆元鼎署湖南巡抚，王先谦等立即反击，以纪念曾左胡罗等前岳麓学生为名，禀请另建岳麓景贤堂，该校定额三百名，其规模为长沙所有新式学堂的总和。此事经陆元鼎上奏而获朝廷批准。在戊戌变法后几年间，湖南学界应该说为旧派所把持，但陆元鼎到光绪三十

① 皮锡瑞，《师伏堂日记》，光绪二十五年五月七日。
② 《郋园学行记》，130 页。
③ 皮锡瑞，《师伏堂日记》，光绪二十六年八月八日。

年仍感到湘省教育的弊病之一正是"以激烈为宗旨"。① 这固然与近代湖南文化主流不无关系，也当与趋新的赵尔巽任湘抚有关。赵在则湖南新，而绅亦不多事；赵去即不然。可知湘省事务的主动权仍在官吏一方。

范文澜说："湖南新旧两派长期猛斗，直到庚子年（1900 年，光绪二十六年）唐才常自立军起义失败后，顽固派屠杀维新派一百余人，才暂时取得了可耻的胜利。"② 这样从较长的时段观察湖南新旧之争，眼光比就事论事者高远得多，颇给人以启发。唯如前所述，当时"顽固派"并不特别想要"屠杀维新派"，而其"胜利"也是短暂的。湖南的新旧之争因与清季逐渐明显的官绅之争纠缠在一起，到 1900 年仍未完全结束。要到 1910 年的抢米事件，官与绅两败俱伤，均遭严厉处罚，特别是戊戌时的旧派主将王先谦、叶德辉等悉被贬斥，这一持久的斗争才基本完结。

叶德辉在 1923 年为王先谦的《虚受堂书札》作跋时指出，他本人和王在宣统庚戌米荒狱中，"同为当事罗织挂吏议"的原因，就在于他们在戊戌变法时"同持正义，触忤异己"。当时"虽幸免于祸，至是十三年，卒罹党锢"。可知他们在抢米事件后的被黜，确伏因于戊戌之时。这一官绅与新旧的斗争，持续了十三年。此事既了结，而清廷的统治也于次年随之结束。此后湖南当然仍有各种新旧之争，但与戊戌前后那一次从人员组合到思想路向都已没有很

① 《署湖南巡抚陆（元鼎）奏湘绅建立岳麓景贤堂折》《谕折汇存·光绪三十年十一月十日之陆奏》，转引自张朋园，《中国现代化的区域研究——湖南省》，177、194—195 页。
② 范文澜，《中国近代史（上册）》，人民出版社，1955 年，302 页。

直接的关联。只是从民初湖南省治运动的汹涌澎湃之中，还依稀可见戊戌前后官绅讲求"自治"的片羽余光。

（原刊《近代史研究》1998 年 5 期）

思想观念与社会角色的错位：
王先谦、叶德辉与戊戌前后湖南新旧之争

一百年前的戊戌变法无疑是中国近代史上一个具有转折意义的象征性事件。变法本身虽以"失败"而告终，但中国许多事情的确从此而转、因此而变。其中一个长期影响此后历史的转变，就是新旧之分的明显确立与新旧之争的持续进行。"新党"与"旧党"等群体认同词语在近代中国获得较有共识的明确指谓，大约即在戊戌变法前后。① 故时人有"自六烈士杀，而新旧泾渭于是分"的说法。② 而在新政推行较早的湖南，新旧之分在戊戌前一年即已基本确定，唯新旧两派尚不到水火不相容的程度而已（详后）。故研究戊戌变法时期的新旧之争，最宜首先考察湖南的情形。

一、引言

关于戊戌变法前后的湖南新旧之争，最早的著述，开始于当事

① 这也可见西方的影响，"守旧党"的称谓，即可能是西来。戊戌年有人描述湖南的情形说："湘中向不与外人通，读书积古之儒，几至耻闻洋务。西人所谓守旧之党，莫湘人也。"参《读湘报》（不著作者），邵之棠辑，《皇朝经世文统编》，上海宝善斋光绪二十七年（台北文海出版社影印），卷106，页23B。
② 李群，《杀人篇》，《清议报》88期（1901年），转引自张枬、王忍之编，《辛亥革命前十年间时论选集》，卷一上，生活·读书·新知三联书店，1960年，23页。

人梁启超在戊戌政变当年的记述。[1] 而有些迷思（myth），也就起源于梁。近几十年来，学界对此已有相当数量的论著刊布。这些论著多数发表在六七十年代，近年也仍有颇具分量的文章。[2] 百年的研究澄清了不少史实（特别是黄彰健的研究，对新政和新旧之争的史实逐日重建，有可能时更尽量厘清同一天内事件发生的先后，其严格的态度颇值取法），对理解这一事件打下了较好的基础。近年又有一些新的史料刊布，这个题目本身也还大有探讨的余地。

实际上，过去已发表的资料仍未得到充分的利用，这部分因为多数研究者都带有明显的先入为主的倾向。[3] 其一个表现是大量依据当事人如梁启超和熊希龄当时争辩的文字，而较少加以必要的甄别。如熊希龄说，梁启超初来时王先谦等均甚热情，而叶德辉与梁

---

[1] 梁启超，《戊戌政变记·附录二：湖南广东情形》，《饮冰室合集·专集之一》，中华书局，1989 年影印，129—146 页。

[2] 如邓潭洲，《十九世纪末湖南的维新运动》，《历史研究》1959 年 1 期；黄彰健，《戊戌变法史研究》（“中研院”历史语言研究所专刊，1970 年）中的数篇长文；林能士，《清季湖南的新政运动，1895—1898》，台湾大学文学院，1972 年；小野川秀美，《戊戌变法与湖南省》，李永炽译，《大陆杂志》39 卷 9 期（1969 年 11 月）；Charlton M. Lewis, "The Hunanese Elite and the Reform Movement, 1895 - 1898," *Journal of Asian Studies*, 29: 1 (Nov. 1969); Noriko Kamachi, *Reform in China: Huang Tsup-hsien and the Japanese Model*, Cambridge, Mass.: Harvard University Press, 1981, chap. 8; 汤志钧，《戊戌变法史》（人民出版社，1984 年）的第 4 章及《戊戌时期的学会和报刊》（台湾商务印书馆，1993 年）的第 5 章；周秋光，《熊希龄与湖南维新运动》，《近代史研究》，1996 年 2 期。

[3] 这一倾向也始于梁启超，他在 1924 年撰《近代学术之地理分布》，论湖南时最后已述及皮锡瑞和谭嗣同（《饮冰室合集·文集之四十一》，77 页），却只字不及叶德辉。其实若从民国湘学反溯晚清，则民国湘籍学人最有成就者或当推杨树达和余嘉锡，杨固从叶氏学，而余所长的目录学也正是叶最为人称道者，皆恰好接续在叶氏一途。传人当然不是衡量学术的唯一标准（谭早逝不必论，皮却长期授学于乡，其学似未见承续），但能有大成就者皆出一途，至少说明叶的学术地位实被忽视。

交往尤多。这大致属实，盖先参与新政而后来转成旧派的士绅如王先谦曾任国子监祭酒、龙湛霖曾任刑部侍郎、汤聘珍曾任山东布政使，且年辈亦高；唯叶始中进士数年，官不过吏部主事，与梁年辈最为接近。但熊说叶要他的学生从梁学《公羊》，则最多不过是叶的客气话，更有可能是熊兴之所至的发挥；与叶平日观念，全不相符。① 稍做甄别，当知不足据。而这几句话因对叶形象不利，恰为人引用最多。

　　另一个特点则是非常关注激进的死难者如谭嗣同和唐才常，却较少注意即使在新派一边却不那么激进的陈宝箴、黄遵宪、徐仁铸、熊希龄等，而对实际参与新政甚力的陈三立、皮锡瑞、蒋德钧和欧阳中鹄等更基本忽视。这一倾向直接导致关于新政和新旧之争最为详尽的史料，即已摘选刊发的《皮锡瑞日记》，却几乎最少得到使用（黄彰健除外）。而旧派方面在当时即已积累的大量资料，更是除了摘取其有助于说明新政的一些字句外，对其自身的观念和言论，几乎都是以点到为止的方式偶尔摘引（且大家所引都是差不多的几句），余则较少理会。②

　　所以，迄今为止的研究，虽然已对此事的认识与理解做了很多重要工作，仍基本是只给新派一边以发言权，而很少予旧派以申述的机会。这无疑是先入倾向极强的单方面历史诠释，与原本的史实恐怕有相当的距离。实际上，即使仅仅想要了解新派的观念和行为，也必须给对立面以发言权，然后可得到接近原状的认知。只有对新旧双方的心态、观念和行为及其互动有比较深入而接近原状的

① 熊希龄致陈宝箴，《湘报》，中华书局，1965 年影印本，第 112 号，页 446A—B。
② 一个例外是陈錱的《戊戌政变时反变法人物之政治思想》，《燕京学报》第 25 期（1939 年 6 月）。

认识，我们才能对戊戌变法这一近代中国极为重要的政治事件有更进一步的了解。①

何况旧派的言行本身就非常值得关注：戊戌变法时的湖南旧派并不能预知我们今日已知的后来变化，故他们在相当时期内是冒着直接与皇帝及其在湖南的代表巡抚作对的政治风险。除非我们认为晚清政治运作相当自由和开放（多数人显然不同意），否则就必须深入分析是什么因素促使这些读书人有这样的大胆表现。由于旧派在现存研究中基本处于程度不同的"失语"（voiceless）状态，我们对湖南旧派人物的认知大致不出近代"顽固派"或"保守派"的固定形象，在此基础上产生出的既存诠释似难以解释旧派人物何以能有这样的政治胆量。而这一问题又与晚清的政治运作、中央与地方的关系、朝野关系及官绅关系等一系列重要面相密切相关，实不容忽视。

可以说，一个比较全面的丁酉、戊戌时期湖南新政及新旧之争的动态历史图像还有待于重建。这样的重建至少需要一组立足于实证的系列文章，本文只是其中一个不大的侧面，希望能尽量减少研究者先入为主的成见，采取朱熹所说的"虚其心"（open mind）的态度来对待当时湖南一些旧派代表人物的言行；并尽可能将他们在丁酉、戊戌期间的言行置于此前此后较长时段内他们观念与行为的脉络以及与当时新派人物的互动这一纵横框架中进行考察，庶几对

---

① 以今日的后见之明看，戊戌变法前后湖南乃至全国的所谓"新派"并不全新，他们对"新政"的参与和接受有不同程度的区别。而"旧派"也并不全旧，他们大都支持甚至提倡某种程度的革新。但对当时人来说，新旧两党的人员分野基本是清晰的，新旧之争的存在也的确是时人的共同认知（新与旧正是当时人使用的语汇），故本文使用新派、旧派这样的词语，主要指谓他们不同的群体身份认同，而并不意味着他们在思想及行为上都截然对立。

其"不得不如是的苦心孤诣"（陈寅恪语）得出一个比较贴近史实的认知。不敢言拾遗补阙之功，仅期收抛砖引玉之效。

从全国语境看，甲午中日战争后真正纯粹的守旧派几乎已不存在。即使是恶西学如仇雠、据说主张"宁可亡国，不可变法"的徐桐，也强调中国自己应"一意修攘，图自强"。徐以"顽固"著称于史书，他使用的"话语"固有传统如"修攘"者，到底也包括流行不久的"自强"一类，最能体现旧中有新的时代现象。陈鹫和汤志钧早就注意到，甲午后，连"握有军政实权的后党官僚"如王文韶、荣禄等均提出了改革的主张。两人都在戊戌变法前后得到重用，后者尤被视为反对新政的核心人物。而这两人恰是新政的重要推动者湖南巡抚陈宝箴的先后荐主，特别陈任湘抚正是荣禄举荐；陈后来能仅受革职的处分，大约也因此。所以汤先生说陈"原属后党"。①

再往上考察到最高层次，如果没有长期实际主政的慈禧太后的首肯，从咸同时开始推行并在后来得到进一步推进的洋务或自强活动，以及在士林中连带而起的趋新思潮，应该说几乎都难以发展。其实慈禧太后对外国人和外国事物的态度并不像一般认知中那样仅有"保守"一面。就在戊戌变政后不久，她也曾对外国人表示友好。西历 1898 年 12 月 13 日，慈禧太后首次接受了七国公使夫人面贺她 64 岁万寿。主政的太后有此姿态，必然影响余人的态度。正如美国公使的报告所说："在中国历史上，这是皇后或太后第一次接见外国夫人们，故可期望由此将产生某种善果。可以相信，这

---

① 陈鹫，《戊戌政变时反变法人物之政治思想》；并参见汤志钧，《戊戌变法时满清统治阶级内部各派系的分析》，收汤著《戊戌变法史论》，上海群联出版社，1955年，9—12 页。

一接见将在皇宫内引起观看和了解西人和西方事物的愿望；而当广大中国人民普遍得知太后本人愿意接见并招待外国人时，他们［对外国人与事］的反感会部分减轻。"①

如前所述，19 世纪后期中国朝野的"守旧"都是相对的。当然，由于近代中国思想社会发展有明显不同步的特征，存在一些区域性的例外也是可能的。过去不少人将近代湖南区域文化的守旧和排外视为导致一些士人守旧的基础因素之一，这当然不全是无根之谈；但以曾国藩那一代人镇压太平军起义而导致"湘运之起"为转折，湖南在全国的地位可见一个从边缘到中心的明显过程。而那一代湖南人又恰是推动中国洋务或自强运动的核心人物，他们形成的湖南在全国的形象，也就是近代湖南区域文化的主流趋向，显然是趋新而不是守旧。故近代湖南的区域文化不应该是导致部分湘籍士人守旧的重要因素。②

在晚清的"人治"社会中，一个地区是否实行政教改革，地方官的态度至为重要。可以说，甲午后湘省主要官吏的趋新是新政在那里得以推行的主导力量。既然趋新而非守旧是近代湖南区域文化的主流趋向所在，而实行新政又上有朝旨支持，更为地方大吏所推动，湖南的所谓旧派不少都赞同某种程度的改革，并在一定程度上参与新政。同时，他们中相当一部分人也还有更为深远的关注和思虑。

---

① E. H. Conger to Mr. Hay, Dec. 14, 1898, U. S. Department of State, *Papers Relating to the Foreign Relations of the United States 1898*, Millwood, N. Y. : Kraus Reprint, 1983 (hereafter as FRUS 1898), pp. 223 - 224.

② 本段与下段参见罗志田，《近代湖南区域文化与戊戌新旧之争》，《近代史研究》1998 年 5 期。

清季湖南旧派并不全旧这一点不少人都已论及，唯其内心世界和真实思想及其对国情的实际认知，迄今未得到足够的关注。对这些人在多大程度上是内心愿意参与新政，还是因学堂等本是诏书规定办且由现任巡抚主持故必须适当表明支持的态度，应有更细致的区分。同时，他们中相当一部分人显然有一个始新而转旧的过程，何以会如此，更应做认真的考察。其实旧派诸人也有很大的不同：其中最受瞩目的王先谦与叶德辉就有所不同；以学术名的王、叶后来虽与那些学问不深的旧派士绅结为反新同盟（并因其学术地位而为该同盟提供了有力的正当性），其心态和思虑也有相当大的区别。全面分析旧派诸人的观念异同只能另文为之，以下仅以王、叶为例，简略考察当时湖南士绅的新旧异同。

二、　旧中有新：　王先谦与叶德辉对国情的认知

王先谦半属自强或洋务运动时代之人，从光绪初年起，他长期主张加强海军、对外通商而内兴工艺；始终强调强国在富，富靠工商，特别要中国学习引进西方的器物工艺，以建立自身的工艺与外国竞争，从而抵抗西方的"经济侵略"（他未用此词）。盖"中土工艺不兴，终无自立之日"。但他与所谓洋务派观念也有所区别，而认为发展工业是军事的基础，反对"言制造以火器为先，而工政与军政不辨"的观念。[①]

当时包括张之洞在内的维新派的基本思路是：甲午一战表明仅

---

① 王氏这方面的言论在其书札和文集中比比皆是，本段中引文在其《复毕永年》，《虚受堂书札》卷一，1932年葵园四种版，页33A；《工商论》，《虚受堂文集》卷一，葵园四种版，页10A。

仅学习西洋的工艺已不足以救国，亦即以注重"制造"为标帜的自强运动已被证明为"失败"，则注重学习工艺的取向不是中国正确的选择。所以张明确提出西学中"西艺非要，西政为要"。[①] 但王先谦则认为不是学习工艺的取向有问题，而是根本没有把西方的工艺学到手。换言之，注重"制造"的取向并不错，错在贯彻得不够深入彻底。甲午战败也并不证明以前建设海军的错误，只表明海军建设得不够。特别是战后几年竟不再加强海防，正在于没有弄清列强并非仅仅"志在通商"，其实别有他图这一要害。[②]

王先谦素主变法，他到民国时仍指出：晚清"外患纷乘，群思变法，可谓有大顺之机矣"；可惜清廷"任非其人"，方法也不对，终致覆亡。盖"政不一端，安民而已。未有民本安而行一政以使其不安者"。如果"必吐弃一切政令，事事效法西人，以为如是则自强；恐强之效不章，而安之象已失"。实际上，中国之所以"纷纭廿年，一无所得，即师法泰西成效章著之日本，憯不知亦趋亦步"；即在于自己号称"事事考求西法，兼能自出新意"。随意变革西法以见自出之"新意"，结果是连西法也学不到手，反生破坏的效果，这才是最可怕的。[③]

由于其一贯的思想，王先谦是湖南初期新政的积极参与者，包括时务学堂在内的许多新政机构，都是以王领衔禀请开办的。故他曾被更"僻陋"的旧派视为新政要角，王后来自述说："从前学堂

---

① 参见罗志田，《西潮与近代中国思想演变再思》，《近代史研究》1995 年 3 期。
② 王先谦，《海军论》，《虚受堂文集》卷一，页 8B。按此文作于戊戌年，约在政变之后。
③ 王先谦，《太息论》，《虚受堂文集》卷一，页 20A；《复岑中丞》，《虚受堂书札》卷二，页 73A；《五洲地理志略序》，《虚受堂文集》卷三，页 40B—41A。

之事，外人以为先谦主持，群相指摘。"直到他又领衔签署反对新政的《湘绅公呈》后，王仍认为"湘人俨分新旧二党"并非因为"趋重西学"所造成。盖"所谓西学者，今日地球大通，各国往来，朝廷不能不讲译学。西人以工商立国，用其货物，朘我脂膏。我不能禁彼物使不来，又不能禁吾民使不购，则必讲求工艺以抵制之，中国机庶可转。故声光化电及一切制造矿学，皆当开通风气，力造精能。国家以西学导中人，亦是于万难之中求自全之策。督抚承而行之，未为过也；绅士和之，未为过也。故从前火柴机器各公司，先谦与闻其事，确系中心之诚，以为应办；至今并无他说"。①

从当时已具新旧象征意义的轮船公司的兴办，也可见王先谦比一些主要新派人物的观念还要更"新"。他领衔的《湖南绅士请办内河小火轮船禀稿》说："从前湘人恐因轮船致引外人入于内地，又恐民船尽失生涯"，近来已"风气日开"，对轮船见惯不惊。且新条约已准西人货物通行各省，"与其本地利权全付他人，孰若本地之人自立根基。或可免异日喧宾夺主之患。是以从前不愿举办轮船者，兹皆极称轮船有利无害，宜速无迟"。《禀稿》强调，兴办此事是因"目击时艰，冀维桑梓；怵他人之我先，懔利权之宜挽"。②

张之洞一开始反对此事，他说："闻比年以来，湘中士大夫讲求洋务，考究机器，专立书院，研究西法，辄为之神王眉飞，颂祝劝赞，以速其成。"但他认为："此事行于下江一带，固属有利而无弊，行于湘中则尚有不尽然者。西人觊开湘省口岸久矣。徒以风气

---

① 王先谦，《复吴生学兢》，光绪二十四年六月上旬，《虚受堂书札》卷一，页35B—36B。

② 《湖南绅士请办内河小火轮船禀稿》，《湘学新报》第1册，台湾华文书局，1966年影印本，190—192页。

未开，若远人麋至，易滋事端。故每婉谢彼族，冀缓岁月。"且"湘中民情，见异族异教如仇"。虽说"近年风尚，渐见转移。然湘中士气素坚，民习素强。其持迂论守旧说者，恐仍不少。虽有通达时务之荐绅先生，恐亦不能遍行劝导阻止。设一有衅端，必致牵引大局"。① 张之洞对湘情显然有所了解，他知道湘人趋新者已日众，但王等号称众人"皆极称轮船有利无害"，恐不无夸张成分。

陈宝箴电复张，指出如今"外夷来与不来，不在我引与不引"。新派皮锡瑞最同意这一观点，视为"破的之论"。盖"恐轮船铁路引洋人来者，此前一二十年情形。今中国已不国，彼欲来则来，何须人引"！后来皮在南学会讲学中也反复申明：对于洋人，"既不能阻之不来，惟有讲求抵拒之法"；如果"我不亟行轮船，彼将来立码头；我不急行火车，彼将来开铁路；我不急兴保卫，彼将来设捕房。与其待彼来办，权柄一切属人，何如即早举行，将来尚可自固。若事事疑滞，人人阻挠，他人先我，追悔何及！"。② 其与王先谦等一样的急迫心态，跃然纸上。

可以说，主动先变则法操在我是当时许多湘士的共识，少壮新派如罗棪也说："湘省地接长江，英人尤为觊觎。……我今默运全筹，预争先著；防太阿之倒授，握固有之利权。"③ 进而言之，类似观念在全国许多地方都可见，说明这一共识的范围还更广泛。梁启超在大约同时就说："今日非西学不兴之为患，而中学将亡之为患。

① 张之洞，《与陈右铭》，光绪二十二年十二月二十八日，《张文襄公全集》第 4 册，中国书店，1990 年影印本，848—849 页。

② 皮锡瑞，《师伏堂日记》（1897—1900 年的皮锡瑞日记分四次选刊在《湖南历史资料》1958 年第 4 辑、1959 年第 1—2 辑、1981 年第 2 辑，以下仅引年月日），光绪二十三年十一月二十四日，光绪二十四年闰三月二十九日。

③ 罗棪，《论湘鄂创办小轮公司之益》，《湘报》，第 46 号，页 181A。

风气渐开，敌氛渐逼，我而知西学之为急，我将兴之；我而不知，人将兴之。事机之动，在十年之间而已。"① 王先谦和皮锡瑞也都分享着相似的见解，但皮氏的出发点在于被动地"讲求抵拒之法"，似尚不如王氏积极主动。

在一定程度上，轮船等西来新生事物在当时对中外双方以及中国的新旧双方恐怕都是象征意义大于实际意义。传教士江爱德（E. D. Chapin）在 1898 年初报告说，常德府居民"在过去的一年中可见甚大的觉醒及对西方知识和事物的新需求"，那里"更进步（the more progressive）的人士已在讨论开通一条常德与汉口之间的轮船航线"。② 将"讨论开通轮船航线"作为"更进步"的表征，轮船在这里的象征意义是很明确的。

对轮船这一涉及"西方"的关联象征，各方的态度颇不相同：传教士在其中看到"进步"，湖南新派中的唐才常、熊希龄等也多看到其正面价值；而张之洞和皮锡瑞等则甚虑洋人之来与不来。一则以喜，一则以忧；对这类事物的态度，最能判断是真新还是真旧，或到底在多大程度上新与旧。通观皮锡瑞的日记，可以说他在对轮船铁路等新事物的态度上，不仅比主办此事的熊、蒋等更旧，甚至比王先谦等也不见得更新。王虽与皮观念相类，至少比皮更主动（按张之洞的划分，王正是"通达时务之荐绅先生"，乃负有"劝导"之责的先知先觉者）。

后来成为旧派另一主将的叶德辉要年轻得多，洋务或自强运动在他身上的影响不特别明显。但他对西方和学西方的认识也与我们

---

① 梁启超，《西学书目表后序》（光绪二十二年），《饮冰室合集·文集之一》，126页。

② E. D. Chapin's report, about January or February 1898, FRUS, 1898, p. 212.

平常认知中的守旧派颇有距离。叶在戊戌争辩时颇重"夷夏之防"，大概出于一种防卫意识。其实他后来教弟子时并不以夷狄视外国。如对修《清史》，他就以为，虽然"前史皆有《外夷传》，此亦当有变更。自海西棣通，列强已成。彼国从前即修职贡，并非藩服称臣。此当名实相孚，易名《外国》"。庚子时尽驱教士的"朝旨日数至"，湖南巡抚拟奉谕张贴。叶随即进见，谓："告示一出，捣毁教堂之案必纷纷而起，无论战事利钝，终归于和，彼时赔偿之费将何所取？"故他建议湖南暂不奉诏。① 说明叶氏实不主张胡乱排外。

叶德辉对西方文化也不轻视，他认为天理人心，中西皆同。故尤其不欣赏"自来中国之士攻彼教者失之诬，尊彼教者失之媚"的现象。那些"谓西人无伦理者，浅儒也；谓西教胜孔教者，缪[谬？]种也"。他对中西文化竞争尚有信心，相信"孔教为天理人心之至公，将来必大行于东西文明之国"。故"孔不必悲，教不必保。忠信笃敬，可以达于殊方；魑魅罔两，可以消于白昼。汉制虽改而不改，民权不伸而得伸，由乱世而升平而太平"。②

最后两句尤其值得注意：叶氏不仅暗中也受公羊家三世说的影响，且实际上把改汉制（这里的"汉"是针对"西"而言）和伸民权视为长远的努力目标。他曾说："中国自同光以来，亦颇采用西艺，要非全不变法者。何以中东一战，遭此奇变？则以军械不备，上下离心故也。"而"凡人有自私自利之心，不足与议国事；人具若明若暗之识，不足与论民权"。很显然，叶并不排斥民权本身，

---

① 杨树毂、杨树达记，崔建英整理，《郋园学行记》，《近代史资料》总 57 号（1985年 4 月，以下径引书名），118、131 页。

② 叶德辉，《郋园书札·明教》，长沙中国古书刊印社 1935 年《郋园全书》汇印本，页 39A—43B。

不过因为戊戌前后的中国国情是上下离心、一般人多心自私而识不明，故尚"不足与论民权"。①

叶德辉已认识到："今日之时局，法诚弊矣：士不知学，民不知兵；百里之外，风俗不通；九州以内，地利未尽。制造兴则仕途多无数冗员，报馆成则士林多一番浮议。学堂如林，仍蹈书院之积习；武备虽改，犹袭洋操之旧文。凡泰西之善政，一入中国，则无不百病丛生。故鄙人素不言变法，而只言去弊。弊之既去，则法不变而自变矣。"可知他本承认泰西有善政，中国应变法。所谓制造、报馆、学堂、武备等，本身都不错，只是中国人自身弊重而未能运用得法。

从根本言，叶认为"古今无百年不变之学"，故"不通古今，不得谓之士；不识时务，不得谓之俊杰。班固欲人通万方之略，马迁蔑儒者博而寡要、劳而少功。此二者当互观其通，各救其失。今之视西艺若仇雠者，一孔之儒也；借时务为干进者，猥鄙之士也。深闭固拒，问以环海各国之政教，茫然不知谓何，所谓不通万方之略者也；袭高邮王氏之颓波，理仓山主人之旧业，所谓博而寡要、劳而少功者也"。因此，"于学之有益于己者，当博观而约取之；于学之有用于世者，当兼收而并蓄之。用夏变夷，则必入穴以探虎"。②则他不仅不反对西学，实主张入西学之穴以探虎，兼收并蓄"学之有用于世者"。

叶德辉注意到，当时江南学界大讲颜回、子贡，湖南时务学堂则传授"公羊、孟子之教"，这都是"所学非所用"。盖"西人之胜

① 本段与下段，参叶德辉，《郋园书札·答人书》，页22A—22B。
② 叶德辉，《郋园书札·与石醉六书》，页3A。

我者，轮船也、枪炮也、制造也"。① 他强调："中国欲图自强，断非振兴制造不可。"甚至对于维新人士所谈的"易服"问题，他也主张"衣冠服色，能否划一，则不可知。顾世宙日进于文明，则人情日趋于简易。衮冕之烦重，且变为大清之冠裳。则自今以后之文章，何不可以臆断。惟是谈时务者以为变法必先变服，则又昧本之谈"。中华乃堂堂秉礼之国，不必袭彼族之皮毛。关键在于，"若舍此［制造］不顾，非独易服色不能强，即不缠足亦岂能强"。② 叶氏把中国传统看得极重的服色也视为皮毛而可以易换，然一再强调当学西方所长的"制造"；这已非是否"旧"的问题，而是已"新"得超出一般儒生的见解了。

当然，与王先谦一直侧重工商层面的中外竞争并长期身与制造业不同的是，叶德辉更重视中西文化竞争（详后），而基本未直接涉入工商层面。只有在光绪二十八年时，他曾应洋务局总办蔡乃煌之邀，为涉及奥商开采矿产之合同签字作证。③ 熊希龄直到光绪三十二年还在攻击叶串合外商，偷卖矿产。④ 则叶虽未直接参与矿业经营，到底表现出一种认可的姿态。若对比山西举人刘大鹏到民国初年为谋生而不得已"弃儒就商"经营小煤窑，仍认为大失"耕读

---

① 叶德辉，《郎园书札·与刘先端黄郁文两生书》，页 7A。
② 叶德辉，《郎园书札·与俞恪士书》，页 32A—32B。
③ "中研院"近史所编，《中国近代史资料汇编·矿务档》，台北近史所，1960 年，第 4 册，2503—2507 页。按叶于此事的卷入程度现存湖南矿务档案不详。张朋园据此称叶"更进而与奥商订约开采锑矿"（参见其《中国现代化的区域研究——湖南省，1860—1916》，"中研院"近史所，1983 年，130 页），不知是否有进一步的依据。
④ 熊希龄，《奏为湖南劣绅把持新旧攻击恐酿事变折》，1906 年 6 月，周秋光编《熊希龄集》，湖南出版社，1997 年，上册，131 页。

为家"的身份，宁愿以"老农"为其身份认同的心态，① 王、叶都是名副其实的新派。

过去中国有一句流行的话：不见其人观其友。从交游看，王先谦和叶德辉本都不全与旧派来往。他们与久宦湖南的陈宝箴皆有旧交：陈初到任，王即曾献练兵之策，劝陈学曾、胡自为统将。他后来说："弟为此言，亦稔知义宁立体尚正，驭下颇严，果能如此练兵，湖南营务，可望起色。然义宁未能用也。"在陈未任湘抚前侨寓湘中时，叶德辉"即与相识"，并因与其子陈三立"同官吏部，往来亦颇相亲"。只是后来陈主张变法自强，"二三新进少年遂乘隙而入"，南学会、时务学堂中"学说乖谬，湘中耆旧皆不谓然"，叶才开始著文反对新政。②

攻击新派最力的叶德辉，其交游实兼新旧。他于 1922 年写《壬戌感逝诗》共怀十三亡友，序中说："此十三人者，为文章道谊之交，不可以寻常声气论。"他们是：杨锐、陶觐仪、张祖同、皮锡瑞、孔宪教、黄自元、李辅耀、俞廉三、庞鸿书、叶昌炽、朱益濬、沈瑜庆、易顺鼎。其中皮、易二人是戊戌时著名的湖南新派，再加上与张之洞关系密切的新派杨锐和沈瑜庆两位，则其特别注重的交游中明显的新派人物相当不少。叶怀张、孔、黄诗均不及戊戌事，可证他们当时基本只是署名表态而已（表态当然也很重要）。只是怀俞廉三诗中说："公初秉节来湘日，正值妖氛未扫除。"而怀皮诗对其讲公羊学仍有非议，但也说他"师承歧路缘先误，党锢终

---

① 参见罗志田，《科举制的废除与四民社会的解体——一个内地乡绅眼中的近代社会变迁》，《清华学报》（新竹），新 25 卷 4 期（1995 年 12 月）。
② 王先谦，《与陈子元观察》，《虚受堂书札》卷一，页 29A—30A；《郋园学行记》，130 页。

身亦可伤"，对皮因戊戌事被参革，其所受处分终身未完全注销尚表同情。①

如果说这是晚年恩怨已淡的情形，则反观戊戌当年，叶氏仍不是完全亲近旧派。他的弟子记述道：戊戌时新派的易顺鼎，因"遇事儿戏甚，或狎侮老成，戊戌己亥间领湖南榷场，凡省绅皆凶隙而散，独吾师善交久敬"。而湘籍翰林院编修陈鼎，"颇负乖戾之名，同乡罕与之来往，独与吾师交好，终身无间言。戊戌朝变，为掌院徐桐诬参，交原籍监禁。吾师言于俞公，待之极优异"。其实陈遭贬斥确因趋新，有其上书为证，绝非受人"诬参"。② 而叶却不以新旧之分便不亲近旧友，可知当时新旧区分的影响是有限的。

更能说明问题的是，时务学堂的西学总教习李维格就与叶的关系特别好，直到政变后学堂改组，李仍未被解职。皮锡瑞明确指出是因"此人与叶厚，故不去"。③ 作为西学教习的李氏而能与叶交厚，提示了一个过去备受忽视的现象：旧派诸人基本不甚反对西学（当然他们对西学或有其自己的界定）。前引叶德辉指责湖南只讲公羊、孟子而不讲西学的看法，已知他根本认为时务学堂的课程是"新"而不够"西"。

类似的观念在旧派的主要文献中表述得非常清楚——岳麓书院学生宾凤阳等在给王先谦的信中说，中丞"合中西为学堂，原欲以中学为根柢，兼采西学之长。堂中西学，自有教习订立规模，与中学不相涉也"。但"梁启超等自命西学兼长，意为通贯，究其所以

---

① 叶德辉，《浮湘集·壬戌感逝诗》，1935 年《郎园全书》汇印本，页 4B—11A。
② 《郎园学行记》，144 页；陈鼎事参见孔祥吉，《晚清知识分子的悲剧——从陈鼎和他的〈校邠庐抗议别论〉谈起》，《历史研究》，1996 年 6 期。
③ 皮锡瑞，《师伏堂日记》，光绪二十四年九月十九日。

立说者，非西学实康学耳"。《湘绅公呈》再申此意："原设立学堂本意，以中学为根柢，兼采西学之长。堂中所聘西学教习李维格等，一切规模俱属妥善。"而"梁启超及分教习广东韩叶诸人，自命西学通人，实皆康门谬种"。故"伏乞大公祖严加整顿，屏退主张异学之人，俾生徒不为邪说诱惑；庶教宗即明，人才日起，而兼习时务者不至以误康为西，转生疑阻"。①

王先谦本人更进而总结说："康梁今日所以惑人，自为一教，并非西教：其言平等，则西国并不平等；言民权，则西主实自持权。康梁谬托西教，以行其邪说，真中国之巨蠹。不意光天化日之中有此鬼蜮！"② 他们都强调梁启超在时务学堂所授并非真西学，说明所谓旧派实不反对真西学，也不反对引进西学。观旧派主将王、叶二人的书札文章，可知他们的西学知识尚称丰富（就当时水准言），且远超过许多趋新人物（比如皮锡瑞）。这进而提示出西学知识的多寡与趋新和守旧的态度之间也没有成比例的逻辑关系（详另文）。特别是旧派担心兼习时务者"误康为西，转生疑阻"这一点至关紧要，盖其不仅指出康梁非真西学，且康学的存在根本可能对学习西学产生疑阻，必去之而后西学可得倡。

实际上，王先谦对于"帘听之朝"，早有所不满，也认为非变不可。他不过认为朝政并未坏到不可救，故不主张大变。他在约光绪五年时已说："两宫垂帘以来，开诚布公……即果如外间揣测，以为未必乐闻说言，亦断无全不顾惜政体之理。"后来王任江苏学政时又说："今日朝政大纲，尚能支持不坏"，但已"不及雍乾以前

① 《宾凤阳等来书》《湘绅公呈》，均《虚受堂书札》，卷一，页53B、54B—55B。
② 王先谦，《复吴生学兢》，《虚受堂书札》，卷一，页36A—36B。

极盛"之时；盖"帘听之朝，谨守成宪，不轻变更，故利弊不免参半。见在急应设施者，端绪甚多。弟曾妄论列一二，而事会所值，扞格难行，以此知建言之难"。① 可知他早已认识到朝廷"未必乐闻谠言"，后更亲身体会到"建言之难"，不过朝政尚未坏到"全不顾惜政体"的程度而已。

王的"建言"主要即加强办工商和海军以图富强，故他对甲午战败后朝廷改革的缓慢极有意见：戊戌年清廷行新政至裁冗员并衙门时，叶德辉以为"薄海臣民，无不颂圣明之乾断"（这是一般认为导致政变的一个重要原因，时间也已距政变甚近，此时叶的赞同态度尤其值得注意）；他并引王先谦的话说："曩闻葵园先生言，近日新政，若早行于中日讲和之后，至今必粗具成效。外人不敢轻视，胶州、旅大之患，可以隐消。今又以康梁之故，使天下哗然不敢言新，恐终难收自强之效。盖忧时之君子，未有不知法之宜变者。惟是朝廷不言而草茅言之，未免近于乱政。"②

此最能体现湖南所谓守旧派之心声，他们何尝不思变，且已虑及因变法议出自康梁，反影响变法的推行。即使到政变之后，王先谦仍不赞同恢复八股考试，对此事"以乱党倡言之故而复其旧"，表示"非吾辈所敢议矣"。他公开撰文反对复八股，说不敢议，偏又指出为什么不敢，意思十分明显。对于时人"言变法以乱党为戒，而忠谋与邪谋不辨。视国计民生如秦越肥瘠之不相涉焉，徒思

---

① 王先谦，《复某君》《与吴筱轩军门》，《虚受堂书札》，卷一，页 9A、25A—25B。
② 叶德辉，《郎园书札·与俞恪士书》，页 30A。皮锡瑞于几乎同时有同感，他注意到朝廷举措"似有维新之机，将来必有效验，特患迟耳。若十年前能如此，局面断不致坏到此等田地！"（《师伏堂日记》，光绪二十四年七月二十日）。新旧两派的感触竟如此一致。

快其口舌，而不悟患之已迫于肌肤"的现象，王至感痛心。① 可知
担心因乱党而阻变法推行是其一贯见解。

　　对八股时文的态度是当时区别新旧的一个标准。在这方面，王
实属新派而叶在新旧之间（叶不欣赏时文但也不强调废八股，详另
文）。且王、叶有一点是一致的，他们都认为当时士风已出现严重
的避实就虚现象。王指出："中国学人大病在一空字：理学兴则舍
程朱而趋陆王，以程朱务实也；汉学兴则诋汉而尊宋，以汉学苦人
也。"此风到晚清尤盛，"近日士大夫多不读书，乃至奏牍陈词，亦
皆肆口乱道"。故他认为："方今通弊，在虚词多而实际少。"有意
思的是，王注意到许多谈"新学"者实仍守中学："新学兴又斥西
而守中，以西学尤繁重也。"故"日本维新从制造入，中国求新从
议论入。所务在名，所图在私。言满天下，而无实以继之；则亦仍
然一空，终古罔济而已"。② 叶也说："天下事必有真识力而后有真
是非，必有大学问而后有大文章。今日士习游惰，目不知书，是以
邪说横流，人人丧魂夺魄。"他强调："中国之事，无不误于空谈。
不求立学，徒以策论易时文；不求考工，徒以枪炮易弓马；法则变
矣，其如弊之未去何？"③

　　他们所指谓的"实际"，通常多指晚清言说中的"制造"，但也
与学术密切关联。叶德辉知道在新学堂里可以"通晓万方之略，周
知天下之情"，这符合"一事不知，儒者之耻"的传统主张，故他
并不反对其弟子进入时务学堂。更重要的是，他已依稀认识到"旧

---

① 王先谦，《科举论下》《工商论》，《虚受堂文集》卷一，页 5A—5B、10A。
② 王先谦，《复毕永年》《复某君》，《虚受堂书札》卷一，页 34A—34B、8B、
　 11A—11B。
③ 叶德辉，《与段伯猷书》《与皮鹿门书》，《郋园书札》，页 25A、12A。

学改新学"恐怕已成不得不为之势："时局如此，尚欲三尺童子坐以待毙，虽至愚至陋，计不出此。"①

　　有这样的观念，且生活于趋新的近代湖南文化主流之中，王、叶等人在一定程度上支持和参与新政是合乎逻辑的发展。前引熊希龄说梁启超初来时王先谦等均甚热情，而叶德辉与梁交往尤多，基本属实。故新政初期的举措，王先谦均是领衔请办之人。他对新政的态度是"共观其成，共防其弊"；且对新政颇有"长虑"，主张"起势总宜慎重"。盖"湘人锐气挫不得，一事失利，即事事不肯向前"。② 从其一贯思想和态度看，王初期参与新政显非勉强，实出主动。在他领衔《湘绅公呈》后，有旧派人以为原本趋新的他"已有悔心"。王氏立即辩称，此语虽"誉我实以毁我也。先谦依然先后一人，并无两样面孔、两样心肠，果有何事应改应悔乎？"③

　　皮锡瑞曾对叶德辉说："湘人无乡谊，好自相攻击。见《时务报》则誉之，见《湘学报》则毁之。"盖《时务报》本是王先谦要求岳麓书院学生阅读者。叶氏也承认："《时务报》初出一二册，见者耳目一新，非独湘人爱之，天下之人爱之。迨其后，阅时既久，讪笑朝政，呵斥前贤，非独湘人恶之，天下之人恶之。"此最可见在前后不长的时期之内有一风向转变的过程。其实《湘学报》也经历了类似的转变。叶德辉就将先出的《湘学报》与后出的《湘报》区别看待，他说："《湘学报》外间指摘者，大抵吾邑易生之类，初

① 叶德辉致熊希龄，光绪二十三年十二月一日，《湘报》，第 112 号，页 447B。
② 熊希龄致陈宝箴（光绪二十四年五月），王先谦致熊希龄（光绪二十三年八月十日），均《湘报》，第 112 号，页 446A—446B、447B。
③ 王先谦，《复吴生学兢》，《虚受堂书札》卷一，页 36B—37A。

尚未及其余。《湘报》谬论既多，宜乎召人攻击。"① 皮、叶两人观念各异，但皆认可《时务报》甚而《湘学报》都曾为主要旧派人物所欣赏，则不少旧派人物曾一度趋新这一事实本不为时人所隐讳。

实际上，即使在政变后时务学堂改为求是书院时，所设六分教仍是"三中学、二算学、一方言"。此时该书院已在旧派掌握之中，虽中学教习稍多，"新学"仍占一半。② 政变后几年间，湖南学界应该说为旧派所把持，但署湖南巡抚陆元鼎到光绪三十年仍感到湘省教育的弊病之一正是"以激烈为宗旨"。而比较趋新的继任巡抚端方也于光绪三十一年奏称，据他在江苏、湖南所见，后者教育不弱于前者；湖南教育的内容与精神，"均不后于各行省"。这里所谓的先后，当然与新旧直接相关。③ 这一现象或者与趋新的赵尔巽此前出任湖南巡抚有关，但赵任职时间仅年余，似不足在短期内完全转变全省之教育风气，则湖南教育在旧派把持期间仍保留了不少一般认为是趋新之地才具有的成分，大致仍揭示出旧中有新的时代共相。

三、 由新转旧：旧派人物反戈一击的关注所在

那么，曾经趋新的旧派何以要中途反戈一击？过去的诠释因多忽视许多旧派人物曾经历过一个由新转旧的过程，且不甚关注其内心世界与真实思想，尚嫌不够全面。关键在于，旧派一度是在逆朝

---

① 叶德辉，《郋园书札·答皮孝廉书及所附皮锡瑞来书》，页 15A。
② 皮锡瑞，《师伏堂日记》，光绪二十四年十二月一日。
③ 两奏均转引自张朋园，《中国现代化的区域研究——湖南省》，195 页。

廷的意旨而行，冒有直接的政治风险。这就牵涉到一个更大的问题：晚清政治是否开放和自由到使地方绅士完全可以公开逆朝旨（在湖南更包括当地抚宪的意旨）而行呢？对这一问题的肯定答案恐怕没有多少人能够接受，则这些人的勇气从何而至？他们最担心的是什么？这是认识戊戌湖南新旧之争的一个关键。

今人皆知变法的结果，但湖南新政的反对派当时并不知道。他们也许了解一些帝后之争的信息，却不会很清楚。至今没有什么具体的证据表明湖南旧派与京中的"后党"有什么直接的联络（实际上他们与"后党"大员的关系完全比不上湘抚陈宝箴），也未见证据表明湖南旧派与偏向旧派的湘籍京官有电报联络，而书信联系在当时根本无法跟上事态的发展。更重要的是，直到政变前夕，帝后党争的不可调和性才较为人所知；在那之前，一般京官也实难预见事情的结果。所以即使偏旧的湘籍京官与湖南旧派有密切而频繁的联系，后者所得的信息也应该不足以支持他们公然与朝旨对着干。特别是前引叶德辉在政变前夕还歌颂裁减机构罢黜冗员的举措，既说明他们与帝党的一些观念本接近，也表明他们或不了解京中的帝后党争，或了解也并不据此来调节其行为。

戊戌时湖南旧派敢于逆朝廷的意旨而行这一行为，应该有更具说服力的诠释。

美国学者刘易斯曾提出一个新颖的观点：守旧的湖南士绅指斥康有为的思想为异端，是要想通过此举维护一直在他们控制下的社会秩序。但因其将自身的特权置于国家利益之上，他们的道德权威有所削弱。当一个陈腐的价值体系开始失去效用时，他们转而越来越多地投入经济实业，借以维持其社会地位并抵制西力的入侵。①
这一观点太偏于理想型，除了发展工商业以抵制西方的经济入侵这
一点外，其余均难从时人言说中找到明确的依据。实际上，直到戊
戌后的相当一段时间里，经营实业在湖南仍是得不偿失的。湖南旧
派士绅对工商业的社会效益（即保持其社会地位的功能）是否能具
有那样的理论性前瞻眼光，恐怕还需要进一步考证。

　　至于说湖南新旧之争"是维资本主义之新还是护封建主义之旧
之争"，② 就有明显拔高昔人的倾向。未受马克思主义熏染的湖南新
旧两派那时是否有明确甚至隐约的"主义"意识，尚未见任何人引
用直接的证据。即使确认新政是资本主义性质的（我尚存疑），主
义之争的观点仍难解释何以旧派多一度参与新政然后才反戈一击这
一事实。特别是旧派多在政变前后持续参与工商方面的建设（这应
与资本主义最直接相关），却激烈反对显然更接近"封建主义"的
公羊学这一现象，似乎提示着截然相反的诠释，即旧派尚能接受某
些资本主义事物，却不能容忍"封建主义"中对既存政治和社会秩
序可能造成破坏的因素。

　　皮锡瑞的学生李肖聃曾提出一个具地方意识的思路，他在为苏
舆的遗集作序时说：丁酉时"湘学始衰，粤人来教。素王改制，托
齐学之微言；赤乌传书，张纬候之异说。时长沙祭酒主持楚学，郋
园吏部抵斥康生。君奉手从师，低头事友。哀其辨学之作，都为异

---

① Lewis, "The Hunanese Elite and the Reform Movement," pp. 35, 42. 此观念在其
　专著 *Prologue to the Chinese Revolution: The Transformation of Ideals and
　Institutions in Hunan Province, 1891 - 1907* (Cambridge, Mass.: Harvard
　University Press, 1976)中有进一步的阐述。

② 汤志钧，《戊戌变法史》，305 页。

教之编。自叙简端，述其作意。欲守西湘之学统，遏南海之狂流"。① 杨念群最近提出一个近代儒学区域模式，也从湘学和粤学的角度讨论发生在湖南的新旧之争，说颇新颖。② 但其观点不好解释与粤人梁启超等共同奋斗的还有数量多得多的湘籍士人（若以湘学本位论，何以西学总教习江苏人李维格及分教习安徽人杨自超便基本不受攻击？），尤其是另一粤人朱一新的观念正被湖南旧派视为思想资源。恐怕时务学堂被排斥的各中文教习主要因其与康有为的关联，而不过恰好皆是粤人而已。

当年叶德辉积极参与公禀请辞退各中文教习，熊希龄即攻击叶"不过乘鹬蚌相持之际，欲收渔翁之利"。③ 意谓叶觊觎时务学堂中文总教习一职，这一观点后人多引用之。近年更有人从"地盘"之争考察整个湖南新旧之争，④ 不免稍小视昔人。余人不必论，争议的中心人物叶德辉家境颇富而不喜约束，似无出占馆地之欲。据说大约同时张之洞曾聘叶主讲两湖书院，其致湘抚俞廉三电称："明知叶某境地从容，决不处馆，但此是匡扶正学、津逮后进之事，想必乐为。"叶辞不就。光绪三十一年湖北设存古学堂时再聘，叶仍以病辞；张复电说："执事坐拥百城，徜徉山水，其乐何极，自不愿为臬［皋］比所困。"故其弟子说他"平生未尝充山长、作馆师"，正以出任此类职务则"事多拘束"，反不自如。⑤ 这些记载与

① 李肖聃，《湘学略》，201 页。

② 杨念群，《儒学地域化的近代形态》，生活·读书·新知三联书店，1997 年，第 8 章。

③ 熊希龄致陈宝箴，光绪二十四年五月，《湘报》，第 112 号，页 446B。

④ 邝兆江，《湖南新旧党争浅论并简介〈明辨录〉》，《历史档案》1997 年 2 期。

⑤ 《郋园学行记》，136、145 页。

叶一生的实际作为大致相符。

查《湘绅公呈》确有为教习而上之意，其中两次点到尚属温和的皮锡瑞之名（其余被两次点名的仅有梁启超和樊锥），先说"虽以谨厚如皮锡瑞，亦被煽惑，形之论说，重遭诟病"，又说"今皮锡瑞不为珂里所容，樊锥复为邵阳所逐，足见人心不死，率土皆同"，最后揭示其上呈之意："从前士绅公议，拟俟梁启超此次来湘，禀请钧夺。昨闻其留京差委，学堂自必另聘教习。窃以为本源不清，事奚由治。伏乞大公祖严加整顿，屏退主张异学之人。"则《公呈》的确意在教习，但并非叶欲出任教习，乃惧皮为总教习而使业已涣散的时务学堂复兴。后来戴德诚告诉皮氏说，叶等攻皮，乃"因粤人去，学生欲散。公度谕以另请良师，如某某〔谓皮〕学问通达，可聘；尔等勿以为虑。彼恐我至，遂为先发制人之计"。①

当然，由于新政为地方大吏推动，则伴随新政的社会资源的分配，常与时人对新政的态度直接相关。原参与新政的一些士绅后来成为旧派，其一个重要的具体过结确实与新政各项举措之间的分工有关；特别是初期拟设的湖南机器制造公司和时务学堂的资金及管理权限等的分配，颇造成不少问题。前引熊希龄信已说得较多，王先谦后来也数次论及于此，他特别认为陈宝箴"不免偏向"于熊希龄、蒋德钧等，而陈所任命的工师曾昭吉也"挟上宪以自重，不复受绅士商量"。②

另外，陈宝箴和黄遵宪在重城市治安即保卫局而轻乡间团练这

---

① 《湘绅公呈》，《虚受堂书札》卷一，页 55A—55B；皮锡瑞，《师伏堂日记》，光绪二十五年十一月二十三日。

② 王先谦，《致俞中丞》，《虚受堂书札》卷一，页 66A—66B；《与陈佩蘅》，《虚受堂书札》卷二，页 67A—68A。

一点上，显然也疏远了强调团练重要性的湘省巨绅龙湛霖、张祖同
（达官张百熙之兄）和汤聘珍。[①] 当湖南新旧之争后来表现为皮锡瑞
与叶德辉的笔战时，皮即注意到"大抵不得志于近日官绅者多归
叶"。[②] 王、龙、张、汤都曾是初期新政的主要参与者，后来皆转为
旧派，说明当道的"近日官绅"对不紧紧追随新政者的重视不够是
致彼有怨的一个重要原因。

但社会资源的分配及地方官的重视不够等均不足以使湖南旧派
敢于逆朝廷的意旨而行，故不应是他们反戈一击的主要原因。湖南
旧派诸人的非常规行为提示着他们显然还有更深远的思虑。这些士
绅必定已感到某种强大的压力，使其不得不甘冒危险而抗旨行事。
或可以说，他们的忧患意识一定已相当深重，应是真感到不吐不足
以救国家、种族、文化于危亡；相比之下，个人进退似可暂时置于
第二位。

一般治史者均承认，与历代亡国之君相比，清季实际执政的慈
禧太后无论有多少不足之处，其所作所为的荒谬程度尚未到足以亡
国的地步。但清季的一个特殊之处是遭遇到外力的入侵，而且是从
政治军事到经济文化的全方位冲击。当时朝野士大夫越来越意识到
问题的严重性，"数千年未有的大变局"渐成时人言说中的流行语
就是一个明证；而大家也都在思考因应的方策。

与湖南及全国新派一样，王先谦和叶德辉等人也认识到西潮冲
击对中国直接和潜在的巨大影响，并思有以因应。他们与新派的区
别主要在于双方对西方冲击影响所及的面相、严重性以及迫切的程

---

① 参皮锡瑞，《师伏堂日记》，光绪二十四年一月二十六日，三月二十日、二十一
　　日，闰三月三日，四月六日、七日。
② 皮锡瑞，《师伏堂日记》，光绪二十四年四月八日。

度之上。可以说，当时全国性新旧之争的一个关键，即忧患意识的侧重点不同，从而导致可能是根本的策略分歧。大家的心情其实都不轻松，都面临强烈紧迫的压力。这个问题太大，只能另文探讨，以下仅简略言之。

陈宝箴之孙陈寅恪说："当时之言变法者，盖有不同之二源，未可混一论之。"其一即所谓"历验世务欲借镜西国以变神州旧法者"如郭嵩焘等；另一源则"南海康先生治今文公羊之学，附会孔子改制以言变法"。两派"本自不同"，故陈宝箴见朱一新《无邪堂答问》"驳斥南海公羊春秋之说，深以为然。据是可知余家之主变法，其思想源流之所在矣"。① 这是非常值得注意而迄今为人忽视的洞见，尤其朱驳康的文章，正是作为旧派的思想武器收在《翼教丛编》中的。换言之，在湖南新旧争辩的学理层面，新政主持人陈宝箴的思想反与旧派同源。故实有必要简单考察一下朱、康之争的关键所在。

朱、康争辩事在甲午之前，其牵涉甚宽，从汉宋学、今古文之辨到中西文化竞争，而最后一点是核心问题。朱一新说，康有为"托素王改制之文，以便其推行新法之实"，其实质就是"用夷变夏"。如果康的著作流传，"适为毁弃六经张本"。他强调："有义理而后有制度。戎翟之制度，戎翟之义理所由寓也。义理殊，斯风俗殊；风俗殊，斯制度殊。今不揣其本，而漫云改制。制则改矣，将毋义理亦与之俱改乎？"制度为文化之载体，故不能轻言变。至于"百工制器，是艺也，非理也。人心日伪，机巧日出。风气既开，

---

① 陈寅恪，《读吴其昌撰〈梁启超传〉书后》，《寒柳堂集》，上海古籍出版社，1980年，148—149页；并参见陈之《寒柳堂记梦·清季士大夫清流浊流之分野及其兴替》，《寒柳堂集》，170—172页。

有莫之为而为者，夫何忧其艺之不精？"但如果"以艺之未极其精，而欲变吾制度以徇之，且变吾义理以徇之"，则欲救而实毁，决不可为。①

他进而申论说："治国之道，必以正人心、厚风俗为先。法制之明备，抑其次也。况法制本自明备，初无俟借资于异俗；讵可以末流之失，归咎其初祖，而遂以功利之说导之哉？"当世一些人"以为圣圣相传之诗书礼乐，果不足以应变也，而姑从事于其新奇可喜者，以为富强之道在是。彼族之所以富强，其在是乎？其不在是乎？抑亦有其本原之道乎？抑彼之所谓本原者，道其所道，而非吾中土能行，且为天下后世所断断不可行者乎？"

康有为宽慰朱一新说："西人学艺，与其教绝不相蒙也。以西人之学艺政制，□[?]以孔子之学，非徒绝不相碍，而且国势既强，教借以昌也。"他先说"彼国教自教，学艺政制自学艺政制耳，绝不相蒙。譬之金元入中国，何损于孔子乎"，但接着又转而强调"今之西夷"与昔之魏、辽、金、元、匈奴、吐蕃大不同，而今之中国已是"地球中六十余国中之一大国，非古者仅有小蛮夷环绕之一大中国"。西人数十年来，"尽变旧法，日益求精"，而"中国则尚谨守千年之旧敝法"。一旦开衅，"诸夷环泊兵船以相挟制，吾何以御之"？鸦片战争以来的中外冲突，皆以中国失败告终。若正视实际，"必不肯坐守旧法之虚名，而待受亡国之实祸"。所以，"使彼不来，吾固可不变"，既然已是"数十国环而相迫"，就非变不可。②

---

① 本段及下段，参朱一新答康有为第四书，《康子内外篇（外六种）》，中华书局，1988 年，163—165 页。
② 本段及下段，参康有为答朱一新，光绪辛卯（1891），《康子内外篇（外六种）》，168—172 页。

　　康有为虽然否认西人学艺政制与其教相关，却主张文化竞争全凭"势"之强弱："教既交互，则必争长；争之胜败，各视其力。"而"势"之强弱，又落实在舟车器艺之上。"若吾力强，可使吾孔子之学、中国声灵，运一地球；吾不自立，则并其国与其教而并亡之。"今之西夷与金、元等夷狄更有一大不同，即其是"奉教之国"。一旦战败，中国将面临"国亡教微"的局面："彼使臣执吾之政，以其教易吾之教，且以试士。"西人既然"以国力行其教，必将毁吾学宫而为拜堂，取吾制艺而发挥《新约》；从者诱以科第，不从者绝以戮辱，此又非秦始坑儒比也"。故他"急急以强国为事者，亦以卫教也"。这当然绝非孔子的微言大义，而是从西人那里贩来的新说。

　　如果稍翻检戊戌时湖南新旧人物的议论，可知旧派中的王、叶二人与朱一新的关怀略同而稍更趋新。有意思的是，他们的许多思虑其实又和康有为相近，甚或暗中接受了康的观点。而新派人物不仅陈宝箴赞同朱一新，包括皮锡瑞在内的其他一些人其实也暗中分享不少从朱到王、叶等旧派的观点。

　　叶德辉最重中西文化竞争，且这一认识是受西人的启发。他说："人持异教也愈坚，则人之护教也愈力［按这与康说相近］。西人之言曰'争自存'，理固然也。"他因而注意到，西人来华之目的在"传教于中国也，非通商者也。通商之士，一其心以营利，不能分其力以传教"。而西人则不但以其医疗为传教方式，且"以最强之兵力行教"，这与"孔教行之三千年，未尝以兵力从事"是根本不同的。王先谦也注意到这一个区别，他曾指责徐仁铸以学使之地位急急推行康教，不啻"以威势强人服从，则与西国以兵力胁持行教”无异。①

西人以力行其教，其实是康有为先注意到的，则王、叶等实受康说影响。但康氏观念的逻辑发展是国强则教兴，这一点叶德辉不能同意，他说："中西异教，近今不无强弱之分。《劝学篇》言保国即以保教，国强而教自存，此激励士夫之词。其实孔教之存亡，并不系此。"叶已注意到张之洞与康的观念是一致的，这最足反驳后来那些视张为"保守"的研究者。② 康有为、张之洞与当时不少人实际都已接受西人以力之强弱分教之文野的观念，故出现"甲申之役，法败而中胜，则中国进于文明；甲午之役，中溃而日兴，则中国沦于半教"的现象。叶氏据中国传统观念指出，春秋之教，主张夷狄而中国则中国之；不仅不排斥夷狄，而"正欲其进而同教耳"。但中国文化不"以兵力从事"，更不主张"以强弱大小定中外夷夏

----

① 叶德辉，《郋园书札·明教、西医论》，页 40A—43B、页 44；王先谦，《与徐学使仁铸》，《虚受堂书札》卷一，页 62B。

② 后人常说张善逢迎，大约不差。但又说其急印《劝学篇》以图免祸，则似未必。前引陈鳌文已指出《劝学篇》刊于《湘报》时距改变尚早。彼时光绪方亟亟于改革，后之结果尚难逆料，张氏恐无此远见。张著《劝学篇》本有意从学理层面维护新政，该书能起到免祸作用，实因慈禧太后无意广为株连，乃借是书为由放张一马，张遂无事。若慈禧太后有意黜张，该书中原颇有可议处，戊戌当年已有人指出："近年以来，嗜西学者恐专言西学之难进指斥也，因诡言中学为体，西学为用；中学为本，西学为末；以中学兼通西学者乃为全才。此欺人之谈也。"而新创各学堂"类皆以中学饰为外观，掩人耳目，而专致志惟在传布西学；以洋人为宗主，恃洋人为护符"（高赓恩折，光绪二十四年九月十八日，国家档案局明清档案馆编，《戊戌变法档案史料》，中华书局，1958 年，484—485 页）。几年后徐桐仍指斥"《劝学篇》尽康说"（参张謇日记庚子年二月十三日，张謇研究中心、南通市图书馆编，《张謇全集》第 6 卷，江苏古籍出版社，1994 年，432—433 页）。可知真旧派已看破张之洞真意，其所攻也早已直指张。这个问题牵涉甚宽，非简单讲得清楚，但颇能说明真旧派与王先谦等的区别。

之局"。①

正由于接受夷夏以强弱定的思想，故"近世时务之士，必欲破夷夏之防，合中外之教"。他们实"借保护圣教为名，以合外教"，这是叶"断断不能苟同者"。所以，"人之攻康梁者，大都攻其民权平等改制耳。鄙人以为，康梁之谬，尤在于合种通教诸说"。梁所著《孟子界说》和《春秋界说》，"有进种改良之语"，又"隐援西人《创世记》之词，反复推衍。此等异端邪说，实有害于风俗人心。苟非博观彼教新旧之书，几不知康梁用心之所在"。②

故"今之公羊学，又非汉之公羊学也。汉之公羊学尊汉，今之公羊学尊夷"。康梁等"仿礼拜堂仪注拜孔子庙"，其"猥鄙"正类民间淫祀；而其思想资源，则耶稣教之仪式。盖康本"隐以改复原教之路得自命"，故"其貌则孔也，其心则夷也"。叶德辉强调"战国之世，患在杨墨，孟子辟之；八代以降，患在佛老，韩子朱子辟之；今日之世，患在摩西，无人辟之，且从而魅之，以至异说横流，谬论蜂午；衣冠世族，廉耻道亡；我生不辰，吾为此惧"，故必挺身而出。③ 其当仁不让之意表述得非常清晰。

前已述及，所谓旧派并不甚反对引进真西学，他们反康主要是反其搅乱了中学。叶德辉看到了问题的严重性：康的《新学伪经考》使"六经既伪，人不知书，异教起而乘其虚，岂非孔子之大祸"？从学术传承的角度看，这的确不无所见。王先谦也指出："康

---

① 叶德辉，《郋园书札·与俞恪士书、与皮鹿门书、答人书》，页31A、9B—10A、23A。
② 叶德辉，《郋园书札·与皮鹿门书、与俞恪士书》，页9A—9B、30B。
③ 叶德辉，《郋园书札·与石醉六书、与刘先端黄郁文两生书、与戴宣翘书》，页2A、5B、19A。

梁诸逆，既借西学为摇惑人心之具。无识之流，知西之有学而不能辨其为何学。盈廷交口，请立学堂，直以为西学当兴、中学可废。诏旨一下，疆吏从风，行者不必知，知者又不敢言，如此虽遍天下谓之无学可也。"①

中学既乱，则中国的大是大非也随之而转变。叶注意到，自梁启超主讲时务学堂，"以《公羊》、《孟子》教授湘中弟子。数月之间，三尺童子皆知言改制、言民权、言秦始皇不焚书、言王安石能变法。千百年之事［是？］，一旦得而非之；千百年之非，一旦反而是之"。②

其实新派也知道，以当时的授学方法，真有可能未得西学而先亡中学。皮锡瑞在戊戌年闰三月招复时务学堂考生时，发现考卷皆不佳。那次的题目是"孟子兼师伊尹之仕论"，而学生中"通晓者少"。他不禁想起梁启超的话："今之学者，未得西学，而先亡中学。"再"观诸生言洋务尚粗通，而孟子之文反不解，中学不将亡耶？予非守旧者，然此患不可不防也"。③ 可见湖南时务诸生当时真已出现邯郸学步、反失其故的现象，并引起湖南新派中人的注意。持此观念的新派还有人在，后来张百熙奉诏筹设学部时，戊戌新政参与者邹代钧即向张上书，再次提到"当此新旧交接之际"，实有

---

① 叶德辉，《郋园书札·与皮鹿门书》，页 12B；王先谦，《复万伯任》，《虚受堂书札》卷二，页 21A—21B。

② 叶德辉，《明辨录序》，转引自邝兆江，《湖南新旧党争浅论并简介〈明辨录〉》，109 页。

③ 皮锡瑞，《师伏堂日记》，光绪二十四年闰三月十六日。按梁启超确实在光绪二十二年曾说，"吾不忍言西学"，盖"今日非西学不兴之为患，而中学将亡之为患"。梁启超，《西学书目表后序》，《饮冰室合集·文集之一》，126 页。

"新知未浚，旧学先亡"的可能。①

新派中不少人既已虑及中学可能先亡，则他们又何尝不知弊之所在。唯其立场在趋新一边，故不能公开申言。虽然他们也并不知道怎样才能防此患，但在国势危急的紧迫心态之下，有时明知可能得不偿失，也不得不破釜沉舟、一意向前。康有为的基本观点是文化竞争的胜败"各视其力"，后者又落实在舟车器艺之上。且中外之局是西人主动，而其实行的正是"以国力行其教"，国亡则教微。故中国不能不变，且必须落实在"取彼长技而用之"，靠"强国"来"卫教"。在教之文野寄托于国力之强弱这一观念的基础上，国家危亡的忧患意识促进了新派诸人明知有"亡学"的可能仍义无反顾的言行。

旧派诸人同样见到国势的危迫，但朱一新观念的核心是制度为文化之载体，制度变而后文化也会随之而变。至于器艺，则可以变从西人，但尚不如正人心之重要。既然不能"以强弱大小定中外夷夏之局"，则独侧重于物质方面的国力不仅不一定能解决问题，有时反可能造成混乱。

这样，湖南的新旧之争已触及了不久即渐趋热烈的保教与保国孰先孰后的争论。新派皆深感瓜分和亡国的临近，即中国这一政治和地域的实体面临生死存亡的压力，必须当下做出策略方针的选择；他们的选择即是激烈变法，以为不如此不能救中国。他们的思维逻辑实即梁启超后来说的国不能保则教亦不能保。② 而旧派则更

①　转引自钱基博，《近百年湖南学风》，岳麓书社，1985 年，70 页。
②　梁启超，《保教非所以尊孔论》，《辛亥革命前十年间时论选集》，卷一上，164—166 页。

多看见文化竞争的长远威胁，对于瓜分的紧迫感不如新派那样急切，似乎对中国的"地大物博"存有相当的信心。他们注意到西方文化的进逼，且并不反对变法及在一定程度上引进西学，但特别强调站稳中学的立场：只有中学阵脚不乱，才足以控制西学的引进并能恰当地运用引进的西学；如果中学自乱阵脚，则从最根本的文化上不能与西方竞争，必然因文化的混乱导致政治秩序的紊乱，其结果当然是既不能保教也不能保国。

当时湖南以外尚有更守旧者。① 改归知县的翰林院庶吉士缪润绂认为，新政的西来性质使其根本没有群众基础：海禁开放以来，"民教相雠，甚于水火"。一般百姓"心目中但知有圣朝；其雠视西人也，殆如鸷鸟猛兽，时时而欲得甘心者。恶其人因并及其法，亦固其所"。他以为："皇上采西法、立庶政，穷乡僻壤，亦幸不闻耳。"如果"刊刻誊黄，遍行晓谕，恐纶音一降，率土惊惶；新政未行，先受变法之害"。缪虽有明显的偏见，然对国情实不无所见。老百姓仇教恶西，并及其法，正是后来义和团事发的历史语境。故他指出，久积的民教冲突加上新政造成的大量失业人员会产生国内的大乱，此时"欲责效于铁路、机器、工艺、兵、商、农、矿、茶、蚕桑诸学，并以缓不济急，而一无可用，甚且半途而废。此时人心已去，皇上孤立无助，外洋诸国乘我之敝，借词保护，长驱大进；拱手奉献，其不为五印度之续者几何？"②

---

① 按湖南之内也有更守旧者如曾廉，当于另文中探讨。

② 改归知县庶吉士缪润绂折，光绪二十四年八月七日，《戊戌变法档案史料》，462—463 页。有意思的是，铁路机器等缓不济急并不仅是旧派的看法，新派谭嗣同即有完全相同的认知。参其《上陈右铭抚部书》，蔡尚思、方行编，《谭嗣同全集》（增订本），中华书局，1981 年，上册，276—277 页。

这就凸显了旧派与新派的一个根本区别：新派害怕不行新政则瓜分之祸亟，外患又必引起内乱，从而造成亡国；旧派则认为人心不固将先生内乱而招外侮，然后亡国。虽然祸乱的总根源都是西力东渐，但在可能发生的当下祸源方面，新派以为外患已迫，而旧派认为内乱更急。可见当时湖南以至全国的新旧两派心情其实都不轻松，都面临强烈而紧迫的压力。在此心理压力下，行为便容易趋于激烈甚至走向极端。权力之争特别是帝后党争当然是戊戌政变一个至为重要的因素，双方政策取向的分歧也绝不可忽视，但因国家内外交困而引起的心态紧张或者是导致政变流血的一个更隐蔽但也更根本性的原因。

且当时的新旧分野实有无数层次，以本文所及诸公而言，缪最保守，朱次之，叶近朱而王在朱康之间（叶同意康学实质在乱儒学而坏人心，提倡但不强调"制造"；王也反对变制度，却强调物质层面的富强已成为必须）。在新旧之间徘徊的张之洞主张"西艺非要，西政为要"，比王更激进而已接近于康（不过张又强烈反对公羊学）。此外，彼时已接近主张全盘西化（所用语汇不同）的严复以《国闻报》等为阵地在言论界初露头角，虽尚不特别引人注目，其观念又比康更进一步。

要言之，忧患意识的侧重点不同是当时新旧之争的一个关键，这一区别导致了双方对当务之急的策略分歧。但即使守旧如缪润绂也担心人心混乱会使铁路机器等"半途而废"，说明他只是强调"正人心"的首要位置，并不反对走富强之路。他所使用的"缓不济急"一语，再次凸显了时人的急切心态。

假如富强是急需的而又必须落实在物质上，农业的改进已知不能应急，则富强确实只能依靠工商业（且在列强环伺之时恐怕最后还真要落实到军事工业之上）。这样，问题的实质就在于，是不是只有彻底改变"大经大法"甚至改变文化观念才能发展工商业？是否存在不改变基本的纲常名教而又发展工商业以臻富强的可能性？

康有为等认为只有从观念到制度的全面改革才能推动"制造"而达富强，他在公车上书中已说："今之为治，当以开创之势治天下，不当以守成之势治天下；当以列国并立之势治天下，不当以一统垂裳之势治天下。盖开创则更新百度，守成则率由旧章；列国并立则争雄用智，一统垂裳则拱手无为。言率由则外变相迫，必至不守不成；言无为而诸夷交争，必至四分五裂。"① 所论皆两分相对，仿佛只能在生死之间择一，并无中间道路可寻。而张之洞、王先谦与皮锡瑞等则主张"中学为体，西学为用"这样一种表面折中式的取向。虽然其"用"又各不同，张重政治，王重工艺。皮态度不及王主动，但愿意接受更广泛的变法。②

从根本言，新旧两派的目标与最终落实的手段（即发展工商业）都是一致的，其歧异只在于选择什么样的取向才能发展工商业以臻富强。以今日的后见之明看，晚清的"制造"到戊戌年确实不能说已经有大成就，且其运行实未达到足以判断该取向之成功与失

---

① 康有为，《上清帝第二书》，中国史学会编《戊戌变法》，上海神州国光社，1953年，第 2 册，140 页。
② 从忧患意识这一关注点的分野看，皮锡瑞实际是一个矛盾的中间派。他在讲学中一再主张中学为体、西学为用的观点，这与湖南旧派中许多人及在湖北支持新派的张之洞是相通的，但他所积极追随的康学却不能为上述两方面接受。皮同时看到国与教受到的严重威胁，也可以接受激烈的变法。但他在西方事物的引进方面比王先谦并不见得更"开放"：他关注着每一件外国人及外来事物与湖南的接触，实际上几乎对所有这些接触都持怀疑的态度，因为都可能引发湖南的内乱；而他也只是在无法抵制的现实情形下被迫接受外国的入侵。在皮氏眼中，所有的新政措施都是为了防止或预备外国事物的强行进入湖南（这也是其他新政推行者的一个重要考虑，但似乎不到皮所强调的程度）。这些内容只能专文探讨了。

败的程度。但在举国都有急迫情绪之时，康有为一边的论点似乎更有吸引力。戊戌变法确以维新派失势告终，但庚子后的新政虽基本是张之洞取向的体现，却实际容纳了康有为几乎全部的改革主张，甚或有过之。①

忧患意识的侧重不同在湖南也很明显。咸同以后湖南士人特别主动地感觉到其对天下的责任，也认识到中国在列强环伺下的危局。故甲午战败对一些湘人来说刺激或更深，谭嗣同即因此悟出旧不能守，不得不"舍己从人，尽变西法"。他说，以前"于中外事虽稍稍究心，终不能得其要领"；甲午"创巨痛深，乃始屏弃一切，专精致思"，并"详考数十年之世变，而切究其事理。远验之故籍、近咨之深识之人；不敢专己而非人，不敢讳短而疾长，不敢徇一孔之见而封于旧说；不敢不舍己从人、取于人以为善。设身处境，机牙百出。因有见于大化之所趋、风气之所溺，非守文因旧所能挽回者。不恤首发大难，画此尽变西法之策"（按此具体指兴算学）。②

不过湖南情形似有些两极分化，即"开通者自开通，锢蔽者自锢蔽"。皮锡瑞在戊戌年四月初三的讲义中说，去年胶岛和今年旅顺被德、俄占据事，已见明文，而闻见较少的湘人对此"皆不知。有问洋人在何处，已到湖南否者。此如桃源中人，不知魏、晋"。也有人因这些消息来自外国报纸遂不信其为实，然"外国之报，并非谰言。中国之报，即从外国之报译出，亦非空抱杞忧"。关键在于，"今日割五城，明日割十城，中国尚堪几割？分割渐尽，湖南

---

① 有意思的是那时康梁师弟间对保国与保教的问题反生歧异，这只能另文探讨了。

② 谭嗣同，《上欧阳中鹄书》，《谭嗣同全集》，上册，167—168 页。民初新文化运动在观念上的先驱主要是严复，而在实践层面尝试从文化学术上"以夷变夏"则或开端于湖南。

岂有独存之理"？皮发现湖南有两种对国事不急之人：一是不知者不急，"到今日局面，犹以为太平无事，不必先事预防"；另外一些人则"挟十年前湘军之余威，以为洋人必不敢入湖南境"，也不急。①

以为国势尚不甚危急是湖南旧派中许多人的共相，大绅汤聘珍不属于没有见闻者，他也"以为天下未必有变，即有变，吾辈有钱，尽可安居，何必多事"！② 事既不急，法就可逐渐改，自不必"尽变西法"。汤对国势的漠然说明，前引陈寅恪对变法派的二分观念同样可以运用于湖南守旧派中一些人。王、叶与汤这类绅士及上述那些真正不急的士绅都很不相同，他们的急迫虽不如新派那样甚，但其内心的危机感与新派实相同。而他们也恰好是旧派中以学问著称者，皮锡瑞即注意到，列名《湘绅公呈》的十人中，"惟王、叶两人颇通古今，其余刘、汪、蔡、孔、郑、黄、严、张并不知孔子改制出何书，乃亦攘臂其间"，不过"如傀儡然"。③ 当时新旧分野真有无数层次，如果从力学的作用与反作用角度看，学问与急迫感的比例关系或提示着西力冲击的受力点到 19 世纪末年已更多落在学术文化之上，而这也正是湖南新旧之争的焦点所在。

一般研究者论及湖南新旧之争，大都说始于光绪二十四年春。其实新旧之分在光绪二十三年末已基本确定，不过到次年春天才变得显著起来。叶德辉在光绪二十三年十二月给熊希龄的信中，已明确有"旧党与新党"的提法。④ 可知新旧两党的分野已经出现，不过那时双方似均未感觉其对立已达势不两立的程度而已。

---

① 皮锡瑞，《师伏堂日记》，光绪二十四年闰三月二十九日。
② 皮锡瑞，《师伏堂日记》，光绪二十四年三月十日。
③ 皮锡瑞，《师伏堂日记》，光绪二十四年七月十七日。
④ 叶德辉致熊希龄，光绪二十三年十二月一日，《湘报》，第 112 号，页 447B。

　　叶所提到的梁启超与公羊学，大致可以所谓"康学"概括，正是不少由新复旧的湖南士人所特别关注者。然而，戊戌时康有为的实际政治主张与其在湖南的形象，及旧派人眼中康学的可怕之处，其实都有想象或误读的成分，值得专文深入剖析，这里只能稍作勾勒。康、梁等在政变后对其所作所为的自我诠释并非全是实录，后人对其误读与此直接相关。但时人也曾误读康、梁的思想，却更当予以注意。

　　康有为在光绪二十七年给赵必振（曰生）的信中，曾说他原主张开议院兴民权以救中国。到戊戌年四月觐见光绪帝，"乃知圣明英勇，能扫除旧国而新之"，故愿为皇上效死。此后康即更强调利用君主的专制威权实行自上而下的政治改革。① 与康其他许多回忆文字一样，此说在多大程度上是实录，还须细考。但康有为在戊戌时政治改革主张的核心是晚清人所谓的"开明专制"（这里的"开明"是指政策的内容，其"专制"的实质并未稍减），与"民权""平等"本无甚关联。其弟子在湖南偶亦道及"民权"和"平等"（实不多，不过后之研究者较喜欢引用），是否因与康联络不够所致？抑或有意采取梁启超取法乎上、以得其中的"过两级"宣扬方式②，以期得"开明专制"之实施？甚或不过兴之所至，顺口言及，都尚可考。但"民权""平等"之说与康本人当时（而非以前或此后）的政治改革主张完全相背，应无疑义。

　　这就颇有些诡论的意味：一方面，康被湖南旧派视为大逆不道的众矢之的，虽主保教，却被认为最威胁到"圣教"，而西学反不足虑；另一方面，康氏弟子在湖南所传播的一些"有害"内容如"民

---

① 黄彰健的《论康有为"保中国不保大清"的政治活动》（《戊戌变法史研究》，1—54 页）一文论之转变甚详，极有参考价值，但黄先生立论也时有牵强处。
② 关于这一点，参见罗志田，《西潮与近代中国思想演变再思》，17 页。

权"与"平等"，却有不少属于被康氏"伪托"的西学，且多与康氏本人当时的政治主张相违背。这样经曲折纠葛而产生出的"康学"在湖南的形象（image），曾引起轩然大波，却未必是货真价实的康学。当梁启超等不再空言"民权""平等"于湖南，而转往京师搞实际的"开明专制"时，其在湖南的言说却成为旧派的主要攻击目标（而实际更激烈之谭嗣同，其学说观点受到的直接攻击似反较少）。对这样的诡论现象，过去似乎注意得不够充分，还大可进一步探讨。

其实，当时人言说中的"民权"和"议会"一类词语，都有其特定的指谓。这些词语当然是西来，但当时西书翻译不多，且其中许多还是编译，更有不少人恐怕只是看到或听到转手多次的申说，不免从中文字义去反推其义。如当时湖南人言说中的"议会"或"议院"，就特别注重其"议政"的功能。这与西方议会的原初意义即集会论政或更接近，与我们今日提到议会总先想到三权分立和选举等便颇不同。

而旧派对这些词语的不满也是首先联想到其相关的中国含义，如见"民权"则思"君臣之分"，见"平等"即虑"父子之别"，这才是他们所关注的。用今日的话说，这些人担忧的是对既存政治和社会秩序当下及潜在的冲击。① 他们恐怕很难想到"资本主义"和

---

① 民权和平等观念影响到政治和社会秩序的稳定，这是关怀国是的士大夫都不能不虑及的，故对其有疑虑不一定就表明"守旧"。1897 年已在思考"西洋人人有自主之权"（彼时已思及此当不算旧）的杨度就认为"人人有权则父不能使子、君不能使臣，至于人人无自主之权矣"（转引自杨念群，《儒学地域化的近代形态》，534 页）。这与宾凤阳等的思路甚接近，后者也说："今康梁所用以惑世者，民权耳、平等耳。试问权既下移，国谁与治？ 民可自主，君亦何为？ 是率天下而乱也。平等之说，蔑弃人伦，不能自行，而顾以立教，真悖谬之尤者。"《宾凤阳等来书》，《虚受堂书札》卷一，页 52B—53A。

"封建主义"的先进与落后，也并不了解"民权"与"平等"后面那一整套系统学理（且这些概念本身在近代西方也是变化中的而非固定的）。简言之，当时新旧两派对这些概念的理解与我们今日认知中后起而系统的西方意义有相当大的歧异，研究者只能据当事人的时代理解（也各不相同）去谨慎考察分析。

而时人在引进这些观念或体制时更有其当下的思虑，这样的"今典"尤须特别注意。谭嗣同说得很清楚："言民权于此时，非第养生之类也，是乃送死之类也。"所谓"送死"，即谭所说的"亡后之想"。在胶州湾事件后列强瓜分中国的严重威胁之下，谭等以为中国难逃亡国命运。而据其对西方的虚拟认知，若中国成立国会并以国会而非君主政府与列强议和，或能使列强不瓜分中国；即使不行，在战而亡国之后，因中国是"有民权之地"，列强便不会像对待其他殖民地那样对待中国。同样，亡国之后，国家之"公产"会被入侵者据为己有，而以公司形式存在的"民产"则可保留。① 据我们今日对近代西方帝国主义的了解，谭对西方的认知中悬想的成分远大于实际，然彼时新派正是在这样的语境和心态下据其对西方的虚拟认知来提倡民权。若说新旧双方都很少从民主与专制的对立层面去思考和因应民权一类主张，大致属实。

虽然时务学堂和南学会的言论中"民权"与"平等"并不多，却越来越成为旧派攻击的目标（这也有些区别，叶德辉等师辈攻击公羊学为主，宾凤阳等学生则反击"平等"更力）。有些言论也的确已针对及君主制甚至满汉歧异（已为多人引用，此不赘）。当此之时，原来在不同程度参与新政的一些士大夫即面临一个是否要与

① 谭嗣同，《上陈右铭抚部书》，《谭嗣同全集》，上册，276—280 页。

这样的"维新"划清界限以脱身的问题。不论他们内心对新政举措有怎样的观感（比较接近的大约是一种"半肯半不肯"的态度），他们都不得不在当下违背朝旨和将来可能牵涉入"犯上"之罪这两害之中做出选择。

当《湘报》第 20 号于光绪二十四年三月初刊出易鼐的《中国宜以弱为强说》后，张之洞即知这种悖谬言论会引起"海内哗然"，而"有识之士，必将起而指摘弹击"。张本人的一个反应即是立即停止其在湖北代传播《湘报》之举。而湖南也确有士绅联名请在京湘籍官员奏请干预湘抚之新政事宜（先后有御史徐树铭和黄钧隆上奏，均奉旨留中）。据《国闻报》称，湘绅函中有谓陈宝箴"紊乱旧章，不守祖宗成法；恐将来有不轨情事，不能不先事预防"等语。① 从张之洞和这些湘绅的言辞中，似不难看出他们选择的是一个最为两全的方式：既不直接反对新政，又表明了对一些新派言论的不认同，为以后可能的"秋后算账"预留了余地。

但使旧派最觉尴尬而难以应付的是光绪帝在六月二十三日和七月二十九日上谕中对陈宝箴进行表彰鼓励，尤其六月二十三日上谕指示对"有意阻挠、不顾大局"之缙绅"必当予以严惩"。在此情形下，旧派能做出何种持续的反应实难逆料。据南学会佐办黄膺七月二十四日给皮锡瑞的信，上谕使湖南"新党之气大伸，旧党已如爝火。闻中丞、学使有合参叶之说。新党有长沙大痞王麻、湘潭大痞叶麻行状，院试散给考生"。可知湖南新派得上谕支持后确曾有大干一场之意，然未及动手，朝局已变。皮接此信时已获悉政变消

---

① 这些文献在黄彰健文中已详细引述，参见其《戊戌变法史研究》，371—390 页。黄先生已注意到，两次反新政的奏折（前折未见全文）中尚未见涉及民权等敏感言论。

息，预感到"大局既翻覆"，则"旧党必死灰复然［燃］"。①

　　但新派未能及时利用上谕做出有力反击的一个原因是那时中下层新派先已因各种原因而实际瓦解，主要人物中梁启超、皮锡瑞、谭嗣同、黄遵宪等先后离湘。② 造成新派实际瓦解的原因甚多，其中新派自身的策略调适是一个重要因素。许姬传后来回忆说，在湖南地方实力守旧派的掣肘下，推行新政遇到了阻力。湖南学政徐仁铸乃请其父徐致靖（翰林院侍读学士）保荐康、梁、黄、谭等，"改变方针向中枢发展"。③ 按许姬传是徐致靖的外孙，自幼随其外祖读书，且自称与许多当事人交谈过，其说当有所本。

　　当初谭嗣同曾说"海内能兴民权者"唯陈宝箴，故新派的"亡后之想"计划中一直希望能在湖南建立一个基地，以作为复兴中国之本。④ 如果新派转往京师发展是实，则意味着湖南新派在思想上有一个大转折，即不再留湖南一隅为国家民族的复兴之地，而转认为可以自上而下地救中国于不亡。是因为列强瓜分的威胁有一度的松懈，还是因为其他人也像康有为一样突然发现光绪帝贤明，或者是康的观念影响了其他人？ 这个问题还值得细考。但这一策略调适对湖南新旧力量的对比发生了相当影响大致是不错的。新派的星散大约也给旧派以鼓励，使其并未完全放弃争斗的努力。结果，旧派

---

① 皮锡瑞，《师伏堂日记》，光绪二十四年八月十日。

② 参阅黄彰健，《戊戌变法史研究》，398—405 页。但黄氏称旧派因抓住新派"悖逆"的把柄而有恃无恐，恐怕太低估了上谕在那时的威力。具体的史实重建只能俟诸另文。

③ 许姬传，《许姬传七十年见闻录》，中华书局，1985 年，18—19 页。

④ 谭嗣同，《上陈右铭抚部书》，《谭嗣同全集》，上册，279 页。黄彰健已多次述及湖南在新派"亡后之想"计划中的重要地位。参见其《戊戌变法史研究》之前三篇长文。

虽或不过再坚持一下而已，却适逢北京政变，终在新旧之争中偶然取胜。

余波

或可以说，戊戌前后湖南新旧人物的社会分野与其思想观念并不完全成比例：社会分类上的旧派中人有颇具新意识者，而新派中人也有不少旧观念；两派以及各派之中不同人物的思想、心态与社会行为均可见明显的相互参伍及错位。且这一现象的纵横范围尚不仅限于戊戌时期的湖南，大致为此后中国一个相当普遍的共相。从19世纪后期开始，新旧之争成为近代中国一个持续的现象，但新与旧的区分标准以及不同时期的新旧社会分野却随时而变。

民国代清后，随着时代的变迁，戊戌时湖南的新旧分野渐失意义。民国的新旧已另有区分的标准，而前此新旧角色又有所转换。当年变法时鼓吹开议会的梁启超，到民初乃助当局解散国会。对梁这一反复作为，戊戌时湘抚陈宝箴的后人陈寅恪颇不满，特别指出梁本在戊戌时主张开议会，"自戊戌政变后十余年，而中国始开国会，其纷乱妄谬，为天下指笑。新会所尝目睹，亦助当政者发令而解散之矣"。①

而中国的实际政治也在变化。1913年湖南都督汤芗铭与叶德辉起争执而逮捕叶，时任总理的熊希龄明电申救，而梁启超也为叶

---

① 参陈寅恪，《读吴其昌撰〈梁启超传〉书后》，《寒柳堂集》，149—150 页。按陈语含蓄，看似指斥民初国会的"纷乱妄谬"，其实是说梁的行为反复"为天下指笑"。

"致书芗铭兄化龙［时任众议院议长］，恳切责问"。① 据说这一事件最后导致在各省设置文职的巡按使，部分实施军民分治。则在实际政治中，文武之争渐有取代原来的新旧竞争之势。在此新兴的文武之争中，戊戌时与叶德辉对立特甚的熊、梁两人，却已与叶站在同一条阵线之上。前后十五年间，时代的变化不可谓不巨大。

大约又十五年后，新旧更有新的区分。熊、梁、叶又发现他们都已不同程度地落伍，大致偏向于前此对立的北洋军阀，而共同站在新兴的北伐军的对立面一边。叶德辉在戊戌当年谈到湖南特别受粤人康有为的"流毒"时说："湘人尚志节，粤人尚忠义；地本接壤，风气多同；唇齿之依，当在异日，而断非一二浮薄少年所能联属，此可据理以断者。"② 到北伐时，叶的预言部分实现，广东和湖南共为北伐军重镇。然湘粤之联属，恰为叶氏更不齿的"一二浮薄少年"所为；叶本人也终不为其所容，死于北伐少年枪下。彼时反思，或者时务学堂之人尚属可以接受的了。

到 1931 年 6 月，胡适应叶德辉的学生杨树达之请，为叶的遗墨题了一首追悼诗说：

> 郋园老人不怕死，枪口指胸算什么！
> 生平谈命三十年，总算今天轮到我。
>
> 杀我者谁？共产党。我若当权还一样。
> 当年誓要杀康梁，看来同是糊涂帐。

① 《郋园学行记》，141 页。
② 叶德辉，《郋园书札·与戴宣翘书》，页 20B—21A。

　　　　你们杀我我大笑。我认你们作同调。

　　　　三十年中是与非，一样杀人来"翼教"。

　　胡适对当年的"是非"是有明确立场的，他指出："戊戌变法时代，叶德辉与王先谦代表湖南的反动思想，攻击康梁的革新运动。"① 三十年后，新旧的载体固已大变，而"是非"却仿佛仍依其旧。在当时已开始"落伍"的新派胡适看来，康、梁、王、叶都是过眼烟云，无疑都已甚旧。然而他眼中"反动"的叶德辉与"革命"的北伐少年之异曲"同调"，虽然提示着他对国民党"清党"时因思想而杀人甚为不满这一今典，似乎还隐约透露出一层更深的忧虑：

　　假如三十年来中国政治真是并无大的进步，以前固可归咎于各时期的"反动思想"或各种不彻底的"革新思想"，然胡适这批新文化人"讲学复议政"也已十余年，他们个人多已得大名，其政治的参与却不曾给中国政治带来什么大的改进。特别是北伐时"新派"的社会行为竟然落入三十年前旧派思路的窠臼，则新文化运动在国民性的改变方面不仅没有多大的成绩，反而显出有所退步。作为新文化运动的主要提倡者，胡适必然是别有一番滋味在心头。

　　"退化"的观念是那时相当一部分读书人持续的共识。杨荫杭在 1920 年底曾说："今日中国新文化，有'逆水行舟，不进则退'

① 胡适，《胡适的日记（手稿本）》，台北远流出版公司，1989—1990 年，1931 年 6 月 18 日（原书无页）。按叶德辉被杀时湖南国共并未分家，实不能肯定其为共产党所杀；不过那时胡适刚与新当政的国民党结束其不小的纠纷（参阅罗志田，《前恭后倨：胡适与北伐期间国民党的"党化政治"》，《近代史研究》1997 年 4 期），所以姑以那时人人可攻击的共产党为标的。

之势。他国学生出全力以求学问，尚恐不及。中国学生则纷心于政治，几无一事不劳学生问津，而学殖安得不荒？则知今日中国新学风，有江河日下之势。"① 又二十多年后的 1945 年，陈寅恪在思及戊戌变法时也感到："验以人心之厚薄、民生之荣悴，则知五十年来，如车轮之逆转，似有合于所谓退化论之说者。"②

　　一般而言，中国近代明确的新旧之分，即在戊戌变法之时。从长远看，在整个近代中国的新旧区分上，杨、陈、胡等人大体都曾属于偏新的一边，而又不免相继"落伍"。尤其是不少曾经趋新的人物在不断更新的时势下虽然心存"落后"观念，却"迫于事势，嗫不得发"这一现象，提示我们对近代中国尊新的程度及新旧之分和新旧之争的曲折微妙还可作更多面相和更深层次的探索。过去对不同时期新旧人物社会角色的更替之所以认识不足，或者正基于我们对戊戌前后新旧之分初起时各类人物在思想观念和社会角色等方面的错位与互动仍缺乏深入的理解。不仅湖南，整个戊戌变法时期的新旧之争应该还可以在史实重建的基础上做进一步的探索、解读和诠释。

（原刊《历史研究》1998 年 5 期）

---

① 《申报》，1920 年 12 月 20 日，收杨荫杭，《老圃遗文辑》，长江文艺出版社，1993 年，163 页。
② 陈寅恪，《读吴其昌撰〈梁启超传〉书后》，《寒柳堂集》，149—150 页。

过渡时代的天下士： 张謇与辛亥革命

> 有亡国，有亡天下。亡国与亡天下奚辨？曰：易姓改号，
> 谓之亡国；仁义充塞，而至于率兽食人，人将相食，谓之亡天
> 下。……保国者，其君其臣肉食者谋之；保天下者，匹夫之
> 贱，与有责焉耳矣。
>
> ——顾炎武《日知录》[①]

按照胡适的看法，近代中国历史上有几个"关系一国的生命"
的"重要人物"，张謇是其中之一。"他独力开辟了无数新路，做了
三十年的开路先锋"；具体"造福于一方，而影响及于全国"。[②] 张
謇的影响不仅当年及于全国，他的榜样还一直影响着后人。我们都
知道张謇是科举考试中了状元然后经商的，现在上级也希望到外国
念书的人回来不必进大学去教书或做研究，而是去创业，这或许就

---

① 顾炎武著、黄汝成集释，《日知录集释》，栾保群、吕宗力校点，上海古籍出版
  社，2006 年，中册，755—757 页。
② 胡适，《〈南通张季直先生传记〉序》（1929 年），《胡适全集》，安徽教育出版社，
  2003 年，第 3 册，782 页。

是张謇精神一点小小的"时代意义"吧。①

我们当然不能仅言其小，毕竟张謇是一位在近代中国起过多方面作用的重要人物。关于张謇的研究，不说汗牛充栋，也已相当丰富。② 过去较多关注张謇在做生意方面的成就，近两年学界开始更多注意到他和辛亥革命的关系。的确，张謇在辛亥鼎革前后的作为和思虑，能反映更大的时代转变，或许还有可探索之处。我们这些身处所谓民族国家之中的后人，对一位天下士怎样在天下崩散之时，以知其不可而为之的态度履行澄清天下的责任，并不容易理解。

其实张謇正好身逢武昌起事。他在 1911 年 10 月 10 日武昌革命爆发当晚登船离开武昌，亲见城中燃起的大火。10 月 14 日到南京后，张謇急忙趋见江宁将军铁良，"说军、督合力援鄂，奏速定宪法"。铁良让他去和两江总督张人骏商量。次日往见张人骏，"申昨说"，但张人骏"大否之，谓我自能保"，让张謇慨叹"其无心肝人哉"！③ 武昌事发本仓促，假如他们都接受建议立刻出兵援鄂，同

---

① 本文是为张謇专项基金管理委员会和《文化纵横》杂志社在江苏南通举办的"现代化进程中张謇精神的时代意义"论坛（2017 年 3 月 17 日）所作，我要特别感谢杨平兄提出的修改意见。

② 入张謇幕的刘厚生就写了《张謇传记》（上海书店出版社，1985 年），张謇之子张孝若也写了《南通张季直先生传记》（南通张謇研究中心 2014 年重印），章开沅师更写过不止一本关于张謇的书（如《开拓者的足迹·张謇传稿》，中华书局，1986 年；《论张謇》，经济日报出版社，2006 年；《张謇》，团结出版社，2011 年），英文书好像也不止一本（如 Elisabeth Koll, *From Cotton Mill to Business Empire: The Emergence of Regional Enterprises in Modern China*, Cambridge and London: Harvard University Asian Center, 2003; Qin Shao, *Culturing Modernity: The Nan Tong Model 1890 – 1930*, Stanford: Stanford University Press, 2004）。

③ 《张謇日记》，1911 年 10 月 10、14、15 日，李明勋、尤世玮主编，《张謇全集》，上海辞书出版社，2012 年，第 8 册，728 页。以下凡引用《全集》，标点或略有更易，谨此说明。

时上奏请速定宪法，说不定历史就此转变，而张謇也就立下了"敉平大乱"的奇功。

按铁良和张人骏与弃武昌而逃的湖广总督瑞澂不同，此后都还为保朝廷而与革命军作战，却在危难时选择坚守自保的途径，固属于军事上无全局观念，也可见张謇自己此前参与推动的"东南互保"事件的持续影响——当国家遭受外来侵略之时，旧观念是朝廷有难则疆吏应率兵"勤王"，新观念则是疆吏须立刻带队伍参与"反侵略战争"。无论新旧，都应有所行动。而"东南互保"时的封疆大吏却可以不与中央保持一致，把"守土有责"落实在自己管辖的范围，这是古今中外极为罕见的现象。后因朝廷自己觉得政策有错误而对疆吏不予追究，无意中就给守土者以"自保"的鼓励。他们未必是"无心肝"，恐怕是其"心肝"已随时代发展而别有所在。

清王朝在武昌事发后迅速土崩瓦解，当时就使张謇感慨"自古迄今，丧国未有若是之易者"。[①] 尤其张謇主张立宪而未必欣赏革命，对朝廷失望而又看着清廷被轻易推翻，他怎么对待以及怎么看待那次革命，就有一些特别的意义。

一、 革命乃朝廷促成

尽管对辛亥革命的轻易成功有些吃惊，张謇对这场事变还是有一定思想准备的。他在1913年对儿子说，自己在十余年前就已认为"中国恐须死后复活，未必能死中求活"。[②] 如果说这最初只是私

---

① 张謇，《致铁良函》（1911 年 11 月 8 日），《张謇全集》，第 2 册，281 页。
② 张謇，《致张孝若》（1913 年），《张謇全集》，第 3 册，1537 页。

见，到 1909 年他对杨士琦说了老实话。那时张謇仍为立宪开国会努力，但对他来说，"亟求立宪，非以救亡"；不过"立宪国之亡，其人民受祸，或轻于专制国之亡耳"。到辛亥年正月，他再遇杨士琦于上海，杨提及他前年的话，"问今视昔何如"？张謇答曰："今视我社会动作，恐人民经不得亡，亡后担不得恢复。"①

借用谭嗣同所说的预为"亡后之想"②，当初以立宪为减轻国亡后人民的痛苦，已明显是一种"亡后之想"。但在"亡后之想"还可以说的时候，或许还未必就亡国。从两年前尚可"强说愁"到辛亥年的"欲语还休"，局势更加恶化，已到不忍言也不可言的程度了。这还是在辛亥年正月，没人预知到下半年的事变，但在张謇心目中，亡国似已近在咫尺了。且此时的问题不仅是朝廷方面是否"易姓"，而是人民是否经得起这样的亡，以及亡后是否担得起恢复。

这揭示出张謇当年强调立宪的另一个重要思虑，即因近代"有外交之关系，与昔不同"。清季很多人对革命的担忧是，如果革命引发"动乱"，则可能因列强武装干涉而亡国，至少也被瓜分。这样设想，革命就更加可怕。"不若立宪，可以安上全下，国犹可国。"另一方面，西潮东渐也带来了新的思想资源，"革命者仇视立宪甚，此殆种族之说为之也"。③ 如果广义地理解，西来的"种族之说"，多少也是"外交关系"的一种不同表现。

---

① 《张謇日记》，1911 年 2 月 18 日；张謇，《啬翁自订年谱》，《张謇全集》，第 8 册，714、1026 页。

② 谭嗣同，《上陈右铭抚部书》，蔡尚思、方行编，《谭嗣同全集》（增订本），中华书局，1981 年，上册，276—280 页。

③ 张謇，《啬翁自订年谱》，光绪三十一年八月条，《张謇全集》，第 8 册，1021 页。

　　清末与历史上各次改朝换代的最大不同，即"外国在华存在"（the foreign presence in China）内化为中国权势结构的一部分，使中国政治处于一种全新的语境之中。① 在清季立宪与革命的竞争中，便处处可见"外国"的影子。张謇在 1909 年就强调：

> 　　有形之亡国，国亡而民不尽亡。今世界列强之亡人国，托于文明之说，因时消息，攘人之疆域、财政而尸其权，而并不为一切残杀横暴之劳扰，使亡国之民魂魄不惊而耆服于其威权之下。故无形之亡国，国不必遽亡而民亡。至于民亡，而丘墟宗社之悲，且将无所于托。此其祸，视我昔时一姓覆亡之史何如？诸君则既心知之矣。②

　　此文的撰写与前述张謇对杨士琦说亡国大致同时，文中亡国和救亡已成为频频出现的关键词，颇能代表张謇那时的思虑。他所担忧的"无形之亡国"背后就是"世界列强"，虽"托于文明"，却比"有形之亡国"更可怕。后者是国亡而民不尽亡，前者却可能是民先于国而亡。由于西来国家意识的引入，晚清人或不像顾炎武那样区分"亡国"和"亡天下"，而更多诉诸"国"。但所谓"民亡"当然不是指肉体，借用顾炎武的区分，"有形之亡国"是"易姓改号"，而"无形之亡国"则是"亡天下"，更多指向是今人所说的"文化"，即丘墟宗社之所托。

---

① 关于近代"外国在华存在"，参见罗志田，《帝国主义在中国：文化视野下条约体系的演进》，《中国社会科学》2004 年 5 期。
② 张謇，《送十六省议员诣阙上书序》（1909 年 12 月），《张謇全集》，第 6 册，347—348 页。

实际上，任何一种"亡后之想"，多少都已超出了一姓之国的范围，而带有某种"天下"的意味（包括表述为"民"）。宪法和"天下"那无形之中的关联，或是认识张謇在辛亥革命前后言说和作为的一个解码关键。更由于"世界列强"的存在，立宪则"国"与"天下"俱可保，不立宪则双双俱亡，甚或不"亡国"而先"亡天下"。

张謇在武昌事发后指出："枢密、疆吏，皆政府而代表朝廷者也。"但"自先帝立宪之诏下，三年以来，内而枢密，外而疆吏"，所作所为，皆"违拂舆情，摧抑士论，剥害实业，损失国防之事。专制且视前益剧，无一不与立宪之主旨相反"。这在当年是一个具有新意的表述，昔年"政府"基本指军机处即"枢密"，而张謇则明确了疆吏也是政府，同为朝廷的代表。问题在于除了光绪皇帝想立宪，其余朝廷的代表反一致表述出不欲立宪的意思。结果是"人民求护矿权、路权无效，求保国体无效，求速国会无效，甚至求救灾患亦无效"，似乎不革命都不行。①

所以，正是朝廷自己的作为促成了革命。这在当年是相对普遍的说法，如梁启超在 1906 年已说："革命党何以生？生于政治腐败。"而"现政府者，制造革命党之一大工场也"。② 稍后《申报》进而说，政府"近日所执行之政策，无一非构造革命之资料，无一非构造乱党之资料，亦无一非构造外交之资料"。若"革命既起，各国又乘之，则吾国殆矣"。③ 革命、乱党和外交的共同被"构造"，

① 张謇，《致袁世凯电》（1911 年 11 月），《张謇全集》，第 2 册，286 页。
② 梁启超，《现政府与革命党》（1906 年），《饮冰室合集·文集之十九》，中华书局，1989 年，45—46 页。
③ 《论政府之制造品》，《申报》1908 年 2 月 10 日，1 张 3 版。

最能表现时人思虑的交集。张謇应基本同意这样的说辞，他后来便明言："致此革命者，非他人为之也。"①

其实张謇在 1909 年即已警告朝廷，外国能立宪而有国会，其"人民或以身命相搏"。中国是礼教之邦，故民间对立宪和开国会，是"秩然秉礼，输诚而请"。但若朝廷一定要"负我人民"，使民间"诚终不达"，就会出现"不得请而至于不忍言之一日"。② 当年都察院颁布新章限制士民上书，张謇即认为是"欲塞天下之口"。若因此而使下情不能上达，"恐内外将有不美之观念。一二激烈之士，将以为国家负我，决然生掉头不顾之心；和平之士，将以为义务既尽，泊然入袖手旁观之派"。③

两皆言及下之输诚不能上达的严重后果。的确，一旦和平之士灰心而旁观，"不美之观念"就取得了正当性，世风将就此扭转，而激烈之士自然走上主宰之道，"不忍言"之事也就应运而生了。

且在张謇看来，清末朝廷用人也有些问题。先是主张立宪的赵凤昌等设法使所刻《日本宪法》"径达内廷"而引起慈禧太后关注，主持军机处的瞿鸿机赶紧派人到上海托赵凤昌选购宪法书，竟然不知道赵就是参与刻、送《日本宪法》之人。张謇不由得慨叹："枢臣奉职不识古义，莅政不知今情，以是谋人家国，宁有幸乎?"④

如果说瞿鸿机是"不知今情"者，那些"知今情"的能人，却

---

① 张謇，《四川忠县秦太公墓表》（1924 年），《张謇全集》，第 6 册，510 页。
② 张謇，《送十六省议员诣阙上书序》，《张謇全集》，第 6 册，348 页。
③ 张謇，《请速开国会建设责任内阁以图补救意见书》（1909 年），《张謇全集》，第 1 册，187—190 页。
④ 张謇，《啬翁自订年谱》，《张謇全集》，第 8 册，1020 页。

也可能恰是误国之人。盛宣怀就是一个显例。辛亥年的事情，在时人口中常称为"川鄂事变"①，而川事起因就是盛宣怀提出的铁路收归国有政策。辛亥年五月，度支部大臣载泽约张謇和盛宣怀讨论四川铁路收为国有的方法。盛宣怀以为"铁道工款中为川绅所亏者三百余万，政府不应受此亏数"，应在给还川人数额中扣出。张謇则主张可以"一面查追绅士"，一面将全款按原数还给川人。因为"收民路归国有"是政府的政策，政府与人民的关系与"甲商与乙商"不同，政府不宜"与人民屑屑计利"。②

张謇自己那时也以绅为商，在他创办实业过程中，因其特殊的身份，大概也比一般纯粹的商人更能利用"政策"提供的便利。但在商可以言商，若为国家办事，就要以大局为重。1903年他在日本调查时就注意到，日本的"工商之业，官为民倡，有利则付之商。不止不夺也，而维护之"，充分体现其"官智之程度高"。③

这是一个很重要的见解。按梁启超在1898年已把"开官智"视为"万事之起点"④，但至少在后人的研究中，当年读书人更看重的是"开民智"。而张謇不仅注意到了"官智"的重要，且他所说的"官"，大体就是后来所说的"国家"（state）之意，故此"官智"非彼"官智"。有智之"官"，有利当付之民，绝不应与民争利。如果以国家的地位而与民争利，民固然不是对手，而有国者离易姓也就不远了。

---

① 如《江苏咨议局致各省咨议局电》（1911年10月），《张謇全集》，第2册，279—280页。
② 张謇，《啬翁自订年谱》，《张謇全集》，第8册，1027—1028页。
③ 《张謇日记》，1903年6月11日，《张謇全集》，第8册，548页。
④ 梁启超，《论湖南应办之事》（1898年），《饮冰室合集·文集之三》，45页。

且国家不仅不应与民争利，更应以人民之利为国家之利。这个道理也不是没人懂，如袁世凯同在辛亥年五月与张謇论治淮，就说"此等事国家应做，不论有利无利。人民能安业，即国家之利"。① 不过那时袁世凯赋闲家居，而盛宣怀则在位拿主意，且其建议为朝廷所接受，使朝廷直接推动了自身的灭亡。

据张謇后来的总结，辛亥革命的基本原因就是"晚清朝政之乱"，其"始于宫廷一二人离异之心，成于朝列大小臣向背之口"。最终"因仇生杀"——"戊戌仇帝，仇小臣，卒仇清议；庚子杀大臣，杀外人，卒杀无辜之民"。② 一个能与民争利的朝廷，自然也能杀无辜之民。正是在此意义上，他认为清末革命"非他人为之"，实朝廷自身有以助成之。

根据这样一种对晚清朝局的观察，不论是说出的还是未曾说出的，张謇很早就开始了两手准备，逐渐从"救国"向"救天下"（或"救民"）倾斜。

二、 预作"亡后之想"

前已引述，张謇在辛亥前十年就已认为中国有"死中求活"和"死后复活"两选项，后者可能性更大。而"求活之法，惟有实业、教育"。③ 此乃一语双关，即不论出现哪种可能，都只有走实业、教育之路。也就是说，大约在清季新政刚开始推行之时，张謇已经预感到革政（即今人所谓改革）未必能成功，革命恐难避免。但政治

---

① 张謇，《啬翁自订年谱》，《张謇全集》，第 8 册，1027 页。
② 张謇，《四川忠县秦太公墓表》，《张謇全集》，第 6 册，509—510 页。
③ 张謇，《致张孝若》（1913 年），《张謇全集》，第 3 册，1537 页。

革命成功的可能，恐怕也与革政一样渺茫，故只能立足民间，尝试实业和教育。

借用谭嗣同的话说，这既可能是"亡中之图"，也可以是"亡后之想"。如果革政成功，这就是自上而下的"死中求活"；如果出现鼎革局面，就转为自下而上的"死后复活"了。

在张謇心目中，这样一种双向可能与选择似乎是持续的。还在1904年，朝廷任汤寿潜为两淮盐运使，张謇与朋友讨论汤之进退时就提出两种选择：一是"力辞朝命，使人主知士大夫有气节"；一是"天下将沦，唯实业、教育有可救亡图存之理。舍实业官不为，设至陆沉之日，而相怨吾辈当日不一措手，则事已无及"。他自己明显倾向于后者。① 这时张謇大概还认为可以走"得君行道"之路，主张赞助朝廷以救亡图存。

稍后立宪之议起，当大家就立宪缓急议论纷纷时，张謇提出"立宪大本在政府，人民则宜各任实业、教育，为自治基础"。与其争论缓急，"不如人人实行，得尺则尺，得寸则寸"。② 这时他已把希望建立在民间的努力之上，多少放弃了"得君行道"的想法。尽管他对人民也是有些失望的。据他的观察，那时"众心希望立宪也，实则知立宪之利益者无几人"。③ 不过，众人思虑的不足，正表明了张謇心目中新教育的重要。

那时张謇观察到朝野间已无多少互信，故对朝廷颁布的"立宪之谕，人以为假"。而他却主张"天下之人当咸认为真"。因为只有

---

① 《张謇日记》，1904年1月24日，《张謇全集》，第8册，576页。

② 张謇，《啬翁自订年谱》，《张謇全集》，第8册，1022页；《张謇日记》，1906年10月28日，《张謇全集》，第8册，636页。

③ 《张謇日记》，1906年7月27日，《张謇全集》，第8册，632页。

"认真而后有希望，有希望而后有精神，有精神而后有思虑，有思虑而后有学问，有学问而后知要求，知要求则真真矣"。[1] 在公开发表的文字中，他同样主张不能以"逆诈亿不信之心亵视朝廷，以为欺我者以欺应之"。即使朝野间已乏互信，下面的人民还是要"立于诚"，而希望此诚能动朝廷。[2] 这是一个很重要但少为人所注意的态度，即以欺对欺不如以诚对欺，只有信以为真而付出努力，立宪才可能有希望。

同在 1909 年，有人觉得以当时"政府、社会各方面之现象观之，国不亡，无天理"。但张謇仍主张："我辈尚在，而不为设一策，至坐视其亡，无人理。"[3] 就当时人的观念言，以"人理"对"天理"，已经相当无奈，充满了知其不可而为之的意味。而且，此前说"吾辈"当措手以救陆沉时，还是去做朝廷的实业官；此时不能坐视国亡，已更多倾向于民间的努力了。

先是张謇已因不可抗拒的机遇而走向民间——他甫中状元即因父逝而丁忧回籍，从仕途的眼光看是甚为不利的，然而从今日的后见之明看，仿佛命运把他从正走下坡路的朝廷拉开，让他很早就有了"看破时局"的机缘。不久他受两江总督张之洞命办理团练，开始以绅的身份在家乡做事。后更以绅为商，创办实业，但也不忘士之本业，大力创办新型教育事业。

还在 1903 年赴日本调查实业、教育时，张謇就曾综合评估政、

① 张謇致袁树勋，收入《袁氏家藏近代名人手书》，台北"中研院"近史所，2001年，35 页。

② 张謇，《送十六省议员诣阙上书序》，《张謇全集》，第 6 册，348 页。

③《张謇日记》，1909 年 11 月 3 日，《张謇全集》，第 8 册，690 页；张謇，《啬翁自订年谱》，《张謇全集》，第 8 册，1024—1025 页。

学、业的关系，并对读书人在其间的定位有了清楚的认识。在他看来：

> 政者，君相之事；学者，士大夫之事；业者，农工商之
> 事。政虚而业实，政因而业果，学兼虚实为用，而通因果为
> 权。士大夫生于民间，而不远于君相。然则消息其间，非士大
> 夫之责而谁责哉？①

与我们后来不少学者区分君权与相权不同，张謇是把他们放在
一起的，或近于范仲淹所说的庙堂，而读书人则更靠拢范仲淹所说
的江湖。在这样区分的基础上，读书人的作用，是在人民和君相之
间沟通，并协调政、学、业三要素。如果说这是基本道理，在晚清
救亡图存变得迫切之时，尤当重温孔子所说的"以不教民战，是谓
弃之"的教诲。因为：

> 不教之民，宁止不可用为兵而已，为农为工为商，殆无一
> 可者。然则图存救亡，舍教育无由。而非广兴实业，何所取资
> 以为挹注？是尤士大夫所当兢兢者矣。

孔子向来主张"富而后教"，从宋代开始，中国读书人已经开
始尝试一种"觉民行道"的取径②，形成一套以厚生为正德之基的

---

① 本条与下条引文，皆出《张謇日记》，1903 年 7 月 27 日，《张謇全集》，第 8 册，
　　565—566 页。
② 参见蒙文通，《宋明之社会设计》，《儒学五论》（1944 年），广西师范大学出版社，
　　2007 年，131—148 页；余英时，《宋明理学与政治文化》，台北允晨文化公司，
　　2004 年，297—332 页。

模式。①　张謇的思路，大体延续了这样的取向。而把"业"上升到与政、学并列，进而提出不教之民也不能从事农工商业，则是他的新知（这里的教，已含有几分今人所谓知识技能的意思在）。张謇的另一创新，是以救亡图存为近期目标，把厚生更多落实在"实业"之上，实际搁置了农为本业的传统思路。

以教育为救亡图存之本，以实业为教育的基础，以读书人为运行的枢机，这或许就是"觉民行道"取向的近代翻版。不过需要特别注意的是，张謇虽然侧重工商，却是希望农工商三业兼顾的，其他人（后之研究者尤甚）似较少注意及此，就带来一些问题。三业被隔断，而农被忽视，甚至损农以兴工商，是近代寻求富强取向的一大弊端。其负面影响，迄今犹在。

所谓"觉民行道"，本是一条配合"得君行道"取向的道路，却也可以是独立推行的自下而上之路。从前引张謇的一系列的言说看，他在反复提及教育、实业之时，基本是指非官方的民间努力，主张人人为之，得尺则尺，得寸则寸。这既可看作为官方分担救亡图存的责任，恐怕更多是把救亡图存的责任担负在士绅的身上。

前面说过，宪法与"天下"的关联是理解张謇此时言行的一个关键。从顾炎武对"亡国"和"亡天下"的区分（"亡国"是肉食者谋之，而"亡天下"则匹夫有责）看，正是朝廷主张立宪"进我人民于参预政权之地，而使之共负国家之责任"，遂使"天下兴亡，匹夫有责"的旧说衍化为"国之兴亡，匹夫有责"。这样，即使人民以诚动朝廷的请愿不能实现，"亦足使天下后世知此时代人民固

---

① 说详罗志田，《地方的近世史："郡县空虚"时代的礼下庶人与乡里社会》，《近代史研究》2015 年 5 期。

无负于国家，而传此意于将来，或尚有绝而复苏之一日"。①

这里的"国家"，已兼有一姓之国和今日所谓"中国"的双重含义。所谓将来的"绝而复苏"，正是典型的"亡后之想"。在这一种知其不可而为之的努力中，张謇心目中的"救亡"，越来越从"救国"向"救天下"倾斜，即越来越侧重民间的努力。用他自己的话说，就是要做到即使国亡也不能民亡。这一发展中的思虑，大概是他在鼎革后快速转向清廷对立方面的一个重要因素。然而在后来的岁月中，张謇对民国的政象和世风皆不满意，也影响到他对辛亥革命的反思。

三、　赞助共和与事后反省

或因对亡国易姓已有一定的思想准备，且早已在预作"亡后之想"，张謇对革命的反应很快从试图挽救转到参与新机构的筹设。11 月 8 日，武昌事起不足一月，他已赴上海参与临时议会的筹组。十天后报载朝廷派张謇为江苏宣慰使，并任命他为农工商大臣，但他以为"理无可受"，发电辞职。② 在正式发出的电文中，张謇基本是站在清廷以外的"第三者"立场上讲道理，不复以人臣的身份说话了。③

任何以天下为己任的士人，在"天下"不靖之时，都不能不"挺身而出"。张謇在武昌事发后一个月曾对人表明心迹："若多一

① 张謇，《送十六省议员诣阙上书序》，《张謇全集》，第 6 册，348 页。
② 《张謇日记》，1911 年 11 月 17、18 日，《张謇全集》，第 8 册，730 页。
③ 张謇，《致袁世凯电》（1911 年 11 月 19 日），《张謇全集》，第 2 册，286—287 页。

日蹉跎，则多一日糜烂。外人起而干涉，瓜分之祸，即在目前。"①
瓜分即前述"无形之亡国"，正是张謇素所担心的。稍后他在给沈
曾植的信中表明了自己的态度："对于立宪之旧君，不能无礼；对
于共和之新军，不能无义。酌礼、义之通，则不愿为甫易时代之行
政官，不敢辞原同性质之议会长，故与一切人坚明约束。"②

这里的"立宪之旧君"是有意思的，若不立宪甚且倒行逆施的
当局，自可不必以礼待之。到 12 月 14 日，张謇正式剪去辫发寄回
家中，彻底与清廷决裂了。③ 几个月后他给袁世凯的电文说："苟世
之外尚有世也，孰不愿逃而避焉？既无可逃，乃不得不为佛入地狱
救度众生之事。"盖"稍有人心之士，皆以不忍全国人民糜烂之故"
出而努力，复因"不共和不足以免人民糜烂之故"而不能不赞助共
和。④ 这应是实话实说，可以看到他从一个清之臣子迅速转向朝廷
对立面的心迹。

黄远庸在 1911 年革命前曾说，张謇是"新旧过渡时代之一天
桥，彼若稍偏一隅，则桥折矣，其本身价值亦必全失"。⑤ 他所推测
的未必很准确，然实有所见。我们要记得，在张謇的逻辑里，正是
先帝主张立宪而使包括士人在内的人民被"进"而"共负国家之责
任"；当立宪成为泡影时，这个责任也就随之而去，则弃一姓之国

---

① 张謇，《致张绍曾函》（1911 年 11 月 15 日），《张謇全集》，第 2 册，285 页。
② 张謇，《致沈曾植函》（1911 年 11 月 27 日），《张謇全集》，第 2 册，294—295 页。
③ 《张謇日记》，1911 年 12 月 14 日，《张謇全集》，第 8 册，731 页；张謇，《啬翁自
订年谱》，《张謇全集》，第 8 册，1030 页。
④ 张謇，《致袁世凯电》（1912 年 2 月 25 日），《张謇全集》，第 2 册，320 页。
⑤ 《黄为基致李盛铎》（1911 年），《李盛铎档案》（一），中国社科院近代史所编，
《近代史所藏清代名人稿本抄本》（第一辑），大象出版社，2011 年，第 136 册，
370 页。

而救天下，也是名正言顺的。

不过，身处从天下到民族国家的新旧过渡时代，"国"既可以是今日所说的中国，也可以是爱新觉罗一姓之清国。张謇更多是一位旧日意义的天下士，而未必像今人一样自视为民族国家的国民。尽管在革命后迅速调整政治态度，可以自认是站在民心一边，甚或可以自视为接受了"历史的选择"，但毕竟张家已"食毛践土"很多世代，他自己也的确身受"皇恩"，久读圣贤书的张謇，心里其实仍存紧张。

革命发生后不久，张謇就把革命上升到学理层面来探讨。他1912年1月11日的日记说当天"作《革命论》上下篇"①，但他儿子张孝若编的《张季子九录》把《革命论》一文系为民国二年作。现在《张謇全集》的编者又将此文改系为民国元年作，号称从日记②，有些荒谬。因为今存《革命论》不分上下，当为后来的定稿，应从《九录》。无论如何，张謇从1912年1月起就把对革命的思考提到了学理的层面，这表现出什么样的心态，以及他究竟说了什么，都有探讨的必要。

《革命论》一文从《易·革卦》的解读申说革命，强调革命有一整套说法，要有信，才能守正居正，"如是而革乃吉"；若"不如是而革之"，则"有凶有悔有咎有厉"。凡改朝换代，分揖让、征诛二类。"尧、舜、禹授受之际，不得谓革命"。而汤、武虽以侯国造反，"本非有取天下以自利之私，因民苦不堪之命，而不得不革。则命必如何而适于民，革必如何而孚于当，自不得不审之详而策之

---

① 《张謇日记》，1912年1月11日，《张謇全集》，第8册，732页。
② 张謇，《革命论》（1912—1913年），《张謇全集》，第4册，205页编者注。

备"。且构建革命的要素不但需要有汤、武这样的圣君，还要有伊
尹、周公旦这样的圣臣辅佐，才能使"民蒙其福，而国赖久安"。
二者缺一不可。即使圣贤如孔、孟，上无汤、武，便不能革命。后
来的改朝换代，虽能成事，也不能算好的革命。张謇总结说：

> 二千年来革命不一，而约其类有四：曰圣贤之革命，曰豪
> 杰之革命，曰权奸之革命，曰盗贼之革命。汤武圣贤也，假汤
> 武者，豪杰或庶几？其次类皆出入于权奸、盗贼之间。此诚专
> 制之国体有以造之。假曰非专制而天人则犹是也，奈何乎革而
> 不信？而况乎不正？吾见其自蹈于厉与凶、悔与亡已耳。革命
> 云乎哉?![①]

最后一语，虽未明言，实际表明了张謇对辛亥革命的态度。在
后来的《自订年谱》中，他在 1905 年革命之说兴起时，表述了类
似《革命论》的看法，以为"革命有圣贤、权奸、盗贼之异。圣贤
旷世不可得，权奸今亦无其人，盗贼为之，则六朝五代可鉴"。[②] 不
论这是早有的见解，还是后来的反思，都可以作为上面一段论述的
注脚。

近年有些学者特别强调清廷的逊位诏书给继承的民国以正当
性，近于张謇所说的"揖让"。但一般以为是逊位诏书主要起草者
的张謇，对此大概是不能同意的（按《革命论》初稿所作在逊位之
前，而定稿则在逊位之后）。首先张謇似不否认这是一场革命，若

---

① 张謇，《革命论》，《张謇全集》，第 4 册，205—207 页。
② 张謇，《嗇翁自订年谱》，光绪三十一年八月条，《张謇全集》，第 8 册，1021 页。

言革命就已属"征诛"而非"揖让"；其次对辛亥革命这次具体的"征诛"行为，他连汤、武以下的豪杰、权奸层次都不肯给，仅视为"盗贼革命"，何云乎尧舜！[1]

傅斯年曾说，"改朝换代的时候，有些事实只可以改朝换代观之"，出现各种不那么具有"君子相"的事，应属常情，无须太认真。[2] 张謇却在革命后很短的时间里，对革命做出相对迂远的学理探讨，好像这位做生意的政治人[3]，比学者傅斯年还更看不开。其中一个原因，可能如他后来所说，"逊清之革命，绝异于古所云"。[4] 清王朝在武昌事发后以超常的速度土崩瓦解，或使张謇感觉到需要从学理的层面认识革命；也只有从自古革命之界定入手，与古来之革命进行比较，才能对身边的革命有更深入的理解。

或也正因此，鼎革之后政治和社会风气的发展，使他心中所存的紧张开始浮到意识层面。由前引《革命论》定稿可知，至少从民国二年开始，他已不看好辛亥革命。再从此后十多年的言论看，则对民初政治以及革命后的整体世风，张謇也相当不欣赏。入民国仅几年，他就上书大总统徐世昌，指出"年来政流污浊，贿赂公行，

---

① 按高全喜教授就是肯定清廷的逊位诏书说的一个代表，不过他当面告诉我，他是从宪法学而非史学的角度立论，亦即他更多是从非革命的视角看待逊位诏书。故他与张謇的具体看法虽不同，其"非革命"的立意或接近。

② 傅斯年致胡适，1928 年 8 月 13 日，《胡适日记全集》（曹伯言整理，台北联经出版公司，2004 年），1928 年 8 月 7 日，第 5 册，308 页。

③ 按张謇虽以士大夫为自定位，却也久已参与政务、从事实业，与一般读书人还是有些区别。民元时统一党等合并为共和党，章太炎颇有异议，连函张謇陈述其见解。张謇颇不以为然，在其日记中说："连接章函电，槎枒特甚，乃知政治家非文章之士所得充。"（《张謇日记》，1912 年 5 月 6 日，《张謇全集》，第 8 册，737页）这多少可以表现出张謇对自己身份认同的自定位。

④ 张謇，《四川忠县秦太公墓表》，《张謇全集》，第 6 册，510 页。

内外仿效成风，甚于逊清之季"。① 清末的政象本已让他非常不满，然而民初的政流，其污浊还甚于逊清之季，这让在鼎革后一个月就顺风转向的前清状元，心绪如何能平！

前面说过，张謇曾经以为，真要救国，立宪优于革命。五卅运动后，他进一步回想起自己曾经并不赞同革命的主张。他在清末说过："政体固应改革，但不可将国家之基础完全掀翻。国家犹一大器，不可妄动，动则恢复原状难。只可从精神法度改革，则整理自易。"若借用顾炎武的意思，张謇似乎想把变革限制在"国"的范围内，而尽量维持"天下"的不变。但同盟会中人和他的想法不同，"致有今日之结果"。②

所谓"今日之结果"，当然不是正面的。经过十多年的体验，张謇可能进一步认识到辛亥革命的整体性，毕竟民国代清，不仅是一姓的"亡国"，而且是帝制的终结，恰是"将国家之基础完全掀翻"，至少在政治上带有"亡天下"的含义。此时他对自己逐步从"救国"向"救天下"倾斜的趋向，或许也有所反省（未必是否定，也可能认为自己做得不够）。

张謇在清末多次说过清廷是实行"专制"，并强调宪法与专制"立政之宗旨不同"，而希望朝廷弃专制而行宪法。③ 但他现在感到清末革命党人"欲破君主之说，并破忠君之说以为前趋"的主张未必对，因为"君之义不主专制，忠之用不尽对君。中国文字，举可覆按"。此前他并非不识这些"中国文字"，不过现在思想转变，对

---

① 张謇，《致徐世昌函》（1918 年 11 月），《张謇全集》，第 2 册，685 页。

② 张謇，《向南通中等以上学校学生及教育界人士之演说词》（1925 年 6 月），《张謇全集》，第 4 册，606 页。

③ 《张謇日记》，1904 年 2 月 15 日，《张謇全集》，第 8 册，577 页。

字义的认识也就不同了。此时他更理解到"孟子以杨、墨家言充类比于洪水猛兽"并非好辩，盖"杨、墨学说，宁料其流而至于无父无君；革命风潮，亦不料其变而至于害民覆国"。[①]

陈独秀在新文化运动时有句名言："旧文学、旧政治、旧伦理本是一家眷属，固不得去此而取彼。"[②] 张謇后来有了相似的认识，他发现"革命既成，龙鱼鼠虎，向之无聊赖、无意识之徒，群以为汤网解纽，礼防尽撤，举一切暴戾、恣睢、涛张、顽钝、嗜利、无耻之行为，举可明目张胆悍然为之"。一切"公妻之说、无家族之说、均贫富之说，无不假窃文明，乘时蜂起"。盖既是一家眷属，去此也就自然去彼。这时他可能意识到，正是他当年勉强接受的革命，"将国家之基础完全掀翻"，终而至于"害民覆国"。

换言之，张謇后来以为，辛亥革命改变了太多，不仅改变了国体，也改变了国家赖以存在的"基础"——用顾炎武的话说是"天下"，用后来的术语则是"文化"。这当然只是一种看法，另外一些人的见解可能刚好相反，他们认为辛亥革命带来的变化尚不够大，礼防尚严，还须进一步破除（陈独秀就是一个代表）。不论是认为辛亥鼎革带来了过大的变化，还是认为其未能产生更大的变化，都使不少读书人回到了问题的基本面，此后关于文化的民族性与世界性、个体或群体的人与人以及人与自然的关系等内容的探讨，多少都是这些思虑的延续。

张謇自己在 1923 年编订了个人的年谱，这既是自我的总结，更表出他一生所经历的历史巨变。那时他认识到，自己一生所经历

---

① 本段与下段，见张謇，《释惑》（1925 年），《张謇全集》，第 4 册，631—634 页。
② 陈独秀，《复易宗夔》，《新青年》5 卷 4 号（1918 年 10 月），433 页。按此函发表时原与胡适共同署名，后收入《独秀文存》，知为陈撰。

的，乃"中国上下五千年绝续之会"。由五帝到今日，"国体为君主"，而从此则"嬗民主而开天"。简言之，"黄帝以来，五千年君主之运于是终；自今而后，百千万年民主之运于是始"。①

张謇的陈述看似中立，其实带有倾向性，这可从他对清季革命与立宪竞争的分析看出。他以为，君主制是家天下，有不可掩之私。若言公，"则孟子所谓'舜禹之有天下也而不与焉'是也"。然而"世固不能皆舜禹也，不能舜禹而欲其公，固莫如宪法"。清季"立宪所以持私与公之平，纳君与民于轨，而安中国亿兆人民于故有，而不至颠覆眩乱"。但主革命者目立宪为"助清"，清廷自己又"上疑而下沮，甲唯而乙否，阳是而阴非。徘徊迁延"，终致发生革命。

我们都知道从孟子和荀子开始，对人就有性善与性恶的不同认知。西方讲法治的，倾向于从性恶视角看人。所谓"世固不能皆舜禹"，本是昔人常说的话，在此却多少有些性恶的意味。因人不能皆舜禹而希望以宪法的形式维持天下之公，这是近代人才可能有的新知。张謇无意回到五千年的帝制，却对西来的宪法形式寄予厚望，再次表现出他心目中宪法与"天下"的特殊关联。

两三年后，张謇就离开了这个世界。但他是带着遗憾离开的，因为民国并未实现他最看重的以立宪维持天下公私之平。② 在他去

---

① 本段与下段，见张謇，《年谱自序》（1923年），《张謇全集》，第6册，565页。按这里的"民主"，是"君主"的对应词，针对的是国体，更多是今人所谓"共和"的意思，未必是后来的常用义（即不是英文的 democracy，而是 republic）。又按，下段所引"舜禹之有天下也而不与焉"应出自《论语·泰伯》。
② 张謇在1923年谈到宪法时所说的话应能代表他那时的心绪："吾民之渴望宪法，盖不始于民国。民国十二年来所感受于无宪法之痛苦，日益加甚。"张謇，《对于宪法之意见》（1923年12月），《张謇全集》，第4册，558页。

世三年后，他儿子张孝若对胡适说，自己"最痛心的，从前是官国、兵国、匪国，到了现在，又加上党国。不知中华几时才有民国呢"？[①] 现实中的"民国"并非真正的"民国"，这是一种怎样的痛心！儿子的话不一定能代表父亲，但那时张孝若刚完成了父亲的传记，正为父亲编文集，这感叹虽是应时而发，或也不仅是为时而发。

无论如何，张謇眼中刚刚启程的"民主之运"，被他放在"百千万年"的长时段中，则他自己身历的十几年，以及其后的几十上百年，也不过最初的一瞬而已。他目睹了也参与了历史的巨变，并认识到那巨变的意义。这"时代意义"既是当年的，也是今天的。对今人而言，重温张謇对辛亥革命的认识，或也有助于认识我们的时代，以及我们自己。

（原刊《社会科学战线》2017 年 9 期）

[①] 张孝若致胡适，1929 年 7 月 31 日，《胡适来往书信选》，中华书局，1979 年，上册，524 页。张孝若援引的大概是陈独秀约十年前的话："中华民国的假招牌虽然挂了八年，却仍然卖的是中华帝国的药，中华官国的药，并且是中华匪国的药。"见陈独秀，《实行民治的基础》，《新青年》7 卷 1 号（1919 年 12 月），14 页。

对共和体制的失望： 梁济之死

    对很多中国人来说，1918 年秋天是个可喜的季节，不少方面都给人以希望：10 月文人总统徐世昌就职，带来对"文治"及和平的憧憬；11 月第一次世界大战以协约国战胜而结束，中国虽只派出一些劳工，也因参战而能分享"公理战胜"的喜悦。不少人乐观地以为人类新纪元从此开始，希望借欧洲战胜的东风，由外及内，一举解决中国的全部问题，进入世界大同境界。[①] 在很多人充满希望和憧憬之时，前清京官梁济却看出了大问题，他在这年 11 月 10 日以自杀警示国人。

    从后见之明看，梁济差不多在大家最快乐的前夕弃世，这一时机对他实在不佳。几天后"公理战胜"的消息传来，举国皆有喜从天降的感觉，形成一次政府和民间共同参与的"普天同庆的祝贺"。据梁启超当时的观察，那些天"官署放假，学校放假，商店工场放假，举国人居然得自附于战胜国之末，随班逐队，欢呼万岁，采烈兴高，熙如春酿"。[②] 结果，梁济不仅未曾达到他的警世目的，甚至

---

① 说详罗志田，《六个月乐观的幻灭："五四"前夕士人心态与政治》，《历史研究》2006 年 4 期。

② 梁启超，《对德宣战回顾谈》（1918 年），《饮冰室合集·集外文》，夏晓虹辑，北京大学出版社，2005 年，730 页。

没能影响到多数人的愉快心情。

　　梁济自杀一事过去也曾为一些学者所论及，一般多据《新青年》上陈独秀节录的梁济遗文抒发议论，林毓生是少数认真研读梁济文字之人，他从中看到了"五四"时期道德保守主义内在的难局。艾恺（Guy Alitto）对梁济的讨论或最详细，然也略有误解。[①]由于梁济明言自己"系殉清朝而死"，当时和多数后来人大都由此认知其行为。不过，梁氏曾用了数年的时间来计划和安排他自己的弃世，他显然希望世人按照他之所设计来认识他的自杀，故应比过去更仔细地考察其遗言中想要表达的意思。

一、 有计划的死： 梁济的忧虑和民初世风

　　从梁济反复的申述看，一个非常明确的主题是他对共和体制的绝望。所以他一开始就说，他"系殉清朝而死"，但又并非"以清朝为本位"，而是以其所学之先圣纲常和家传遗教为核心的"义"为本位。他进而说，"效忠于一家一姓之义狭，效忠于世界之义广。鄙人虽为清朝而死，而自以为忠于世界"。换言之，他的自杀既是殉清又不止是殉清。这至少在技术层面是需要说明的，因为清非此时而亡，梁济自问，"殉节之事，何以迟至数年"？又自己解释说，当初若死，"纯然为清朝亡国，目的太小"；他不能"糊糊涂涂牺牲此身"，要"看明世局弊害"，特别是"观察明白民国是何景象"，

―――――――――

① 林毓生，《论梁巨川先生的自杀——一个道德保守主义含混性的实例》，收入其《中国传统的创造性转化》，生活·读书·新知三联书店，1988 年，205—226 页；艾恺，《最后的儒家——梁漱溟与中国现代化的两难》，王宗昱、冀建中译，江苏人民出版社，2003 年，10—47 页。

而后有所行动。①

最后一语是关键。本来"中华改为民主共和，系由清廷禅授而来"。清之兵力非不能战，以不忍民生涂炭，乃"以统治权移转于民国。原谓此为最良政体，俾全国人民共得乂安也"。假如"因禅让而得民安，则千古美谈，自与前代亡国有异"，似乎也可以不必殉节；倘若"徒禅让而民不安"，则"清朝即亡于权奸乱民之手"，就不能不殉。梁氏七年来观察到的现象是，"南北因争战而大局分崩，民生因负担而困穷憔悴，民德因倡导而堕落卑污，全与逊让之本心相反"，故其结论是"清朝亡于权奸卖国"。②

在辛亥革命之前，梁济已看到"近十年来，朝野上下人心风俗败坏流失，至于不可弹述"。当时的问题是"人敝"而非"法敝"，后者可更改制度以救治，前者只能"从品行心术上认真砥砺，使天下回心向善"。故"救亡之策，必以正心为先"。③ 正是在此基础上，他一度以为"革命更新，机会难得"，可借机舒缓社会矛盾。④ 虽说"国粹莫大于伦常"，不能轻易更改；但若使"全国人民真得出苦阨而就安舒"，则价值相抵，可以"不惜牺牲伦常以为变通之策"。这

① 梁济，《戊午敬告世人书》《甲寅敬告世人书》，《桂林梁先生遗书》，梁焕鼐、梁焕鼎编，台北文海出版社 1969 年影印，81—83、85、92—93、105 页。按梁氏口中的"世界"常是世道、社会之同义语，未必是地理意义的，但此处所说似两皆有之。如张勋复辟失败后，他认为张勋应一死以谢天下，若欲不死而另有为，则"真不知世界之势矣"。盖"此时一死，则于四面八方有益者大"；即"不独于清有益，且于民国世界全有益"。梁济，《伏卵录》，《桂林梁先生遗书》，396 页。这里的"世界"，显然有今日一般的全球各国之意，但仍像是在强调对世道人心的影响。

② 梁济，《戊午敬告世人书》，《桂林梁先生遗书》，86—89 页。

③ 梁济，《拟呈民政部长官请代递疏稿》，《桂林梁先生遗书》，290 页。

④ 梁济，《别竹辞花记》，《桂林梁先生遗书》，438 页。

样，"辛亥革命如果真换得人民安泰，开千古未有之奇，则抛弃其
固有之纲常，而应世界之潮流，亦可谓变通之举"。①

　　他强调，"共和"与"专制"应该是平等竞争的关系，"因乎时
世，各就其宜而用之"；而不必"作仇敌之势，互相嫉忌"。民国代
清，"吾国开天辟地之新共和"乃是"数千年一改革之好机会"，若
当政者能利用之以"为民造福"，便不"辜负清廷因爱民而牺牲大
位之心"；反之，则"此番大举动"实得不偿失。② 且"以本无共和
程度之国，既已改建共和，不能反汗，惟有抱定不忍妨害社会共同
生活之心"，视此"数千年改革之大机会"为"可重可珍"，据"以
民为主"的"共和之原理"，尽可能"稍分人民之痛苦，减轻人民
之愤怒，勿授人民以革命之口实"，或"可以杜再来革命流血惨
祸"。③

　　梁济在张勋复辟期间的态度，最足表明他对帝制与共和的态
度。从张勋入京到复辟失败，他署名"无求"，先后投书四次向张
勋建言，以尽其"对于国家人民之责任心"。其第一次投书尚在正
式复辟之前，故劝张勋整饬军纪，最好全军剪辫，"与各省兵式同
一为宜"。他进而主张，"效忠清廷，须计久长，勿为复位"，以区
别于"只争政权"的民党。在表明没有争天下的意思后，要"责民
党遵辛亥改组诏书行真共和，使人民真得安舒"。假如党人意在政
权而"不顾民困，则可援逊位本意，武力质问。务使禅让之心大

---

① 梁济，《〈上内务部恳准退职书〉书后》，《桂林梁先生遗书》，343—344 页。
② 梁济，《戊午敬告世人书》《甲寅敬告世人书》，《桂林梁先生遗书》，91—92、
　112—113 页。
③ 梁济，《甲寅敬告世人书（1918 年补写部分）》，《桂林梁先生遗书》，117—121
　页。

明，共和渐能实现"。这才是"真正忠于清室、万年不朽之业"。①
可知梁济愿意承认政权更迭这一事实，也希望能实行可以使人民得
安舒的"真共和"。

最重要的是，清廷之上还有更为根本的"中国"在；清既禅
让，就是民国在代表中国。故"清国者，数百年一改之国也；民国
者，我三古遗传万年不改之国也"。此语的确表述得不是特别清晰，
然意思还是很容易理解的。梁济以为，国之长远存在，必赖有立国
之道，即"抟捖国民使不离析之一种信条"以维系之。从"中国立
国之本根"看，曾经"断送清国"者，也"可以断送民国"。今
"清国已亡，无须恋惜；民国未亡，若不重此立国之道，促使其国
不国，岂不大可痛乎"！②

这里最后所说可能不国之"国"，就是超越于政治体制和统治
实体变更之上的"中国"。或许梁济有着比同时代许多人更清醒的
国家意识，下面引其文字中所说的"国"，很多时候是指这"三古
遗传万年不改之国"，有时又是指此"中国"在那前后的阶段性表
现实体"清朝"或"民国"，解读之时可能需要注意区分，只要不
是特别不清晰，一般不再特别说明。

梁济以为，"欲使国成为稳固之国，必先使人成为良好之人"。③

---

① 梁济，《伏卵录》，《桂林梁先生遗书》，397—398 页。
② 梁济，《甲寅敬告世人书》，《桂林梁先生遗书》，109—112 页。按梁济在其遗书中
曾数次说自己不长于表述，梁漱溟也说他父亲"天资不高，所见未免着重事物，
稍涉虚渺处即不能知之，于是所见者皆甚简单"，或不长于理论思考。参见梁漱
溟，《自述》（1934 年），《梁漱溟全集》，第 2 卷，山东人民出版社，1990 年，
5—6 页。但从下文可知，梁济的表述能力虽不能算太高，而其对社会的认识和思
考有时则相当深入，超过一般的时人。
③ 梁济，《戊午敬告世人书》，《桂林梁先生遗书》，86 页。

正义、真诚、良心、公道等"吾国固有之性，皆立国之根本"。他承认"清季秕政酝酿，风俗日媮"；若民国"有人提倡正义，注重民生，渐渐向好处做去，则世道有人补救维持，不至于黑暗灭绝"，他或可不死。"无奈民国以来，专尚诡谋，不由正义，自上下下，全国风行，将使天理民彝丧失净尽"，至"全国人不知信义为何物"；若"国性不存，国将不国"，只有以身作则，"以诚实之心对已往之国"，望世人亦"以诚实之心对方来之国"。故其死"非仅眷恋旧也，并将唤起新也；唤新国之人尚正义而贱诡谋，然后旧国性保存一二"。此虽"可以谓之殉清，亦可以谓之殉中国"。①

梁济的弃世经过长时间的预备，他也预测了世人可能的各种反应（详后）。在他看来，只有那些"注重须先有良好人民而后国可以立，不专靠死板法律以为治"的人，才是"真能知我心者"。②此语看似旧派针对趋新倾向的老生常谈，其实反映出梁氏对社会问题的观察和思考相当深入，远过常人。他曾指出："今世风比二十年前相去天渊，人人攘利争名，骄谄百出，不知良心为何事，盖由自幼不闻礼义之故。子弟对于父兄，又多有持打破家族主义之说者。家庭不敢以督责施于子女，而云恃社会互相监督，人格自然能好，有是理乎？"③

这是一个非常深刻的观察，"家庭不敢以督责施于子女"的现象说明，清季兴起的"打破家族主义之说"至少在城市趋新社群中

---

① 梁济，《戊午敬告世人书》《留示女书》《甲寅敬告世人书》，《桂林梁先生遗书》，85—86、96、194—201、112 页。
② 梁济，《戊午敬告世人书》，《桂林梁先生遗书》，96 页。
③ 梁济，《别竹辞花记》，《桂林梁先生遗书》，442 页。

已形成某种思想霸权，① 并衍化为有力的社会约束和自我禁抑，使督责子女成为"政治不正确"的行为，② 而拱手将教育的责任委诸社会。在社会责任大增之日，却适逢思想和行为的"解放"大受提倡之时；社会本身或表述出的"社会舆论"似乎也不便太多干预所谓"私人行为"，于是约束的职责又让位于法律。如梁济所见，"今高谈法治，先使人放荡不加拘束，专恃法律万能，且曰自入轨道，即成大治"；与"先圣治国，必先使人有良心，又敬慎而成事业，所以纳民于轨物"的方式大相径庭。③

这样一种将培养教育"人"的职责一层层向外推移的走向，或滥觞于晚清。梁启超在 20 世纪初年提及他读到的康有为哲学思想，便有"破国界"和"破家界"的内容。后者主要着眼于解除家长的责任和负担，主张任何人的子女出生，即养于政府所立的育婴院，"凡教养之责，皆政府任之，为父母者不与闻"。④

梁氏自己其实主张"人生于天地之间，各有责任"，不能采取放弃责任之"旁观"态度。每一个体"对于一家而有一家之责任，对于一国而有一国之责任，对于世界而有世界之责任"。若人人

---

① 参见梁景和，《论清末的"家庭革命"》，《史学月刊》，1994 年 1 期；赵妍杰，《新文化运动前后的家庭革命主张》，北京大学历史系未刊学年论文，2005 年 6 月。

② 梁漱溟似乎不知父亲心中这一层自我约束，在他记忆中，父亲对他"完全是宽放"的，甚至"很少正言厉色地教训过我们"。他"只记得大哥挨过打，这亦是很少的事"，他自己则"一次亦没有过"。梁漱溟，《我的自学小史》（1942 年），《梁漱溟全集》，第 2 卷，664 页。梁济对梁漱溟兄弟的不同态度，很可能提示出城市趋新社群对"家庭督责子女"态度的转变；而梁济有这样的自我约束，也说明他未必是个"旧派"，至少不是一个单纯的"旧派"。

③ 梁济，《戊午敬告世人书》，《桂林梁先生遗书》，93 页。

④ 梁启超，《南海康先生传》（1901 年），《饮冰室合集·文集之六》，中华书局 1989 年影印，76—77 页。

"各自放弃其责任"，则家必落、国必亡、世界必毁。在一家之中，人人皆是主人，"大而教训其子弟，综核其财产；小而启闭其门户，洒扫其庭除，皆主人之事"。家人"各尽其主人之职而家以成；反之，若其"各自立于客位"，父子、兄弟、夫妇之间相互推诿，等于是"无主之家"，只会迅速"败亡"。① 他稍后在其著名的《新民说》中提出，中国过去一家之中，各成员皆"委弃其责任，而一望诸家长"，是造成家庭问题的一个重要原因。故他主张家长之待其子弟，"还其权利而不相侵"，则其"自能各勉其义务而不相侠"，如是而家必兴。②

康有为的"破家界"主张已明确提及父母不必负"教养之责"，而梁启超复从权利和义务角度"理性"地处理家庭成员之间的关系，这类思考恐怕是稍后主要倡之于无政府主义者的"毁家"说之先声。这一系列对家庭的"改革"思想，特别是论证"毁家"理由的述说，使"家庭"或"家族"不久即成为代表"旧"的主要负面象征之一，形成中国"现代社会"与传统社会的一大差异（这却不必是受西潮影响，盖彼时西方社会中家庭并非负面象征），是人类历史上少见的现象，也产生出一系列的社会问题。而法律即使在最理想的状态，也并无责任和能力来处理那些尚不到"作奸犯科"程度的社会问题。

三十多年后，昔日的五四青年傅斯年也说，办事要"有法，有人；法持大体，人用心思，这样才可把一件事办得好。好的法，不是不妥的人的代替品；好的人，也不是不妥的法的代替品"。中国

① 梁启超，《呵旁观者文》（1900 年），《饮冰室合集·文集之五》，69—70 页。
② 梁启超，《新民说》，《饮冰室合集·专集之四》，3、58 页。

传统对此曾有争议：荀子以为"有治人而后有治法"，而黄宗羲则主张"有治法而后有治人"。傅先生以为，这样的争辩颇类西方先有鸡还是先有蛋的"学院问题"。实际上，"只知道法要紧的，一定弄得法令细如牛毛，结果仍是行不通；只知道人要紧的，一定弄得'万事在于一心'，结果是不上轨道"。①

按傅先生所说的"学院眼光"值得注意，从一般所知的康、梁家庭关系看，他们并未将其所思所论贯彻到自己家中，即其所表述的更多是对于中国或人类社会"应该如何"的思考；偏于"理性"甚至"科学"，正所谓"学院眼光"也。但很多时候实际造成破坏的未必都是正面提倡破坏的激进主张，像康有为这样主张将家庭的责任委诸国家，或像梁启超这样从权利和义务角度看待家庭成员之间的关系，其对家庭关系的瓦解作用，或未必就逊于直接的"毁家"主张。梁济已觉察到并已对其行为实际有所约束的社会观念，或即渊源于这类相对冷静的"学院眼光"。

在新文化运动时期"高谈法治"的世风之下，梁济却认识到法治非万能，而人的良心和对事业的敬慎是社会安宁的基础，确异于时流。他其实是想提倡一种法治和人治互补的取向，其学理基础则是社会和谐的整体性，即从个人、家庭到社会各层级都应该负起相应的教育约束职责，不能一味向外推卸责任，致使法律不堪重负。在民初"自我"得到大力揄扬的时代，却又实际流行着这样一种外向的逃避责任取向，不识者固安然无忧，看到问题所在的梁济却难以安心，只好带着"世界会好吗"的疑问告别人世。②

---

① 傅斯年，《中国学校制度之批评》（1950 年），《傅斯年全集》，湖南教育出版社，2003 年，第 5 卷，209—210 页。
② 梁漱溟，《自述》，《梁漱溟全集》，第 2 卷，18 页。

其实梁济的心态也很矛盾，他在清末曾得到徐世昌的赏识，被徐奏调入其主持的巡警部，而他恰在徐世昌就任总统一个月后自杀，似表明他对新总统的文治不抱什么希望，至少这位文人总统的出现并未改变他对世道人心的失望；但在他留给袁珏生等五友人的遗书中，又希望时任警察总监的旧同事吴炳湘代向徐总统举荐天津人林墨青，以继续在他所致力的方向努力，是知他对徐世昌也还有所希望。①

这一矛盾心态可能源于他本人或也未必清楚自己究竟想要什么。实际上，除特别强调伦理道德对世道人心的重要外，梁济并未系统表出他理想中的政治体制究竟是什么样的，他对"真共和"那退一步的期许也更多是一种原则性的姿态而已。从他对张勋复辟的态度可以看出，他与当时很多守旧者的思路并不那么一致。他对"共和"的整体失望看上去与那时正引领风骚的新文化人颇有些相类，后者正因对共和政治不满而引向文学和思想的"革命"，与梁济试图在世道人心方面起作用似也不无相近之处；但双方对共和的失望当然非常不同，梁济心里对此倒很清楚，即他在新派的眼里就是一个落伍者（详后）。

尽管有着如此矛盾的心绪，尽管已经相当失望，梁济似乎尚未到绝望的程度。的确，若对世道人心全无希望，也不必以自杀警世。梁济以出奇的冷静预测了世人对其弃世各种可能的反应，当时社会对其行为的反应究竟是否如他之所预期呢？

---

① 参见梁济致赵秉钧书后附页、梁济致袁珏生等五人书，《桂林梁先生遗书》，159—160、170—171 页。

二、社会反响：菁英忽视而民众缅怀

在梁济预测的世人各种可能反应之中，除上文引述的"真能知我心者"外，他认为"极端立新"的陈独秀等，必然会大骂他"头脑太旧、眼界不高、奴性太深、不知世界大势"等；不过，因新旧"各有是非"，他对此"自甘心受之"。而他"最感激"的，是"中下级商贾乡农劳动穷苦诸色人等"，这些人大多会"极口夸奖"他忠于清廷，其实"未知我心"。[1] 从其预测中"大骂"和"极口夸奖"这最为对立的两群体看，至少在梁济心中，当时趋新知识精英和大众仍疏隔甚远，则新文化运动在面向大众方面的努力仍不够成功。

梁济有一点预见大致准确，即社会中下级的人对他弃世反应更为热烈。但可能令他不够满意的是，当时报纸上出现的吊亡之作多出自戏剧界，虽有称其为"有清遗老大排剧家"（按排剧即今日编剧意）者，但并未特别"极口夸奖"他忠于清廷，而主要是申说他如何关注戏剧，以及欲借戏剧之力以救国正俗等。

《顺天时报》最初的报道说，"名士梁巨川，素抱救国正俗主义，志愿难达，心常忧郁。近见内忧外患益趋危险，一班伟人政客毫无悔祸之心，军人跋扈，盗贼其行，不但太平无望，而国家行将灭亡，忧愤之余"，乃投水自杀。[2] 同一报道以同样题目全文转载于上海《时报》作为"附录、余兴"之《小时报》副刊上，置于其"国内小新闻"一栏之中。[3]《时报》接下来的后续报道仍在同版之

---

① 梁济，《戊午敬告世人书》，《桂林梁先生遗书》，95—96 页。
②《名士忧国自戕》，《顺天时报》1918 年 11 月 12 日，7 版。
③《名士忧国自戕》，《时报》，1918 年 11 月 16 日，第 3 张 7 版《小时报》。

"国内小新闻"一栏。①

此后京津绅士林墨卿、彭翼仲等多人商议，并向管区警察署申请，由他们捐资在积水潭"清室遗臣梁巨川"的殉义地为其"建设专祠，并立碑以纪其事"，希望能"风后世而垂之久远"。② 但上海《小时报》也有评论特别指出，梁济的死之所以难能，"非谓其能殉清也，谓其能不惜此一死耳。当此沧海横流，人以利禄是竞"之时，梁氏独能舍其重于利禄的生命，"则其淡于利禄，当可想见。是其品格已高于常人一等"。③ 到梁济弃世的周年，他所居住的"德胜门以西新街口以东阖境居民"自动发起在积水潭高庙前设位祭哭，报纸说他"因痛共和不成，求见亡清稗政而不可得"，遂投水就义，大致还体会到梁氏的真意。④

虽然偶有"义士""遗臣"一类称谓，当时报纸对梁济的基本定位却不在此，而是"热心社会，匡正风俗"的戏剧家。《顺天时报》就说他很早就"因风俗颓败，欲借戏剧之感化力挽救之"，乃编戏剧多种，"赠与新剧专家杨韵甫排演之。其热心社会，匡正风俗，可见一斑云"。⑤ 梁济的确是北京新戏剧的开风气者，他在清末即曾"拿鲁国漆室女倚门而叹的故事编了一出新戏叫作《女子爱国》"，戏里边"把当时认为新思想的同种种改革的主张，夹七夹

① 《梁巨川寻死之详志》，《时报》，1918 年 11 月 19 日，第 3 张 7 版《小时报》。
② 《绅士议建梁祠》，《顺天时报》1918 年 12 月 4 日，7 版（同文转载于《时报》，1918 年 12 月 7 日，第 3 张 7 版《小时报》）；《建名士纪念碑》，《顺天时报》1919 年 1 月 13 日，3 版。
③ S，《论梁巨川》，《时报》，1918 年 12 月 2 日，第 3 张 7 版《小时报》。
④ 《梁巨川周年追悼》，《顺天时报》1919 年 11 月 27 日，7 版；《破天荒之追悼会》，《顺天时报》1919 年 11 月 28 日，7 版。
⑤ 《名士忧国自戕》，《顺天时报》1918 年 11 月 12 日，7 版。

八的去灌输给听戏的人”，应该“算是北京新戏的开创头一回”。①

在戏剧界人士的记忆中，梁济在“长野沉沉，举世梦梦”之时，即“思以优孟，感化愚蒙。乐府翻新，异曲同工。可歌可泣，宜雅宜风。……针砭社会，发聩振聋”。② 除一些“余兴”版面的“小新闻”外，梁济之死占据报纸版面主要的就是本地新闻版内的戏剧栏。祭奠他的诗歌挽联基本都发表在报纸的这一版面，其中最积极的是曾受梁济称赞的旦角韩金喜及曾得梁济赞同成立的“韩社”，而文字则多自出一位名为王片石的文人之手。

对许多戏剧界人士来说，匡正风俗只是梁济记忆的一个侧面，他们更为感念的是作为正统士人的梁济对他们能“折节下交”，故一再挽祭，以为回报。③ 这些诗文的主要作者王片石回忆说：“巨川先生道德高深，人伦师表，喜观剧，尤善排剧。所排之剧，皆针砭世道；所赏之伶，皆才品双清。片石亦喜观剧，巨翁识片石于稠人之中，而折节下交，盖微窥片石眼光，实与沆瀣。”④ 而梁济也“曾以长函贻片石，论金喜之演《桑园会》”，颇能传情。⑤ 故“吾少也

---

① 梁漱溟，《关于梁巨川先生的自杀致陈独秀》，《新青年》（人民出版社 1954 年影印本）6 卷 4 号（1919 年 4 月），430 页。

② 王片石，《代韩金喜祭梁巨川先生文》，《顺天时报》1918 年 11 月 26 日，5 版。王所撰另一则挽联也说梁济“变俗借讴歌，新乐府含诗六义”。见王片石，《再挽梁老先生》，《顺天时报》1918 年 11 月 20 日，5 版。

③ 除本文已引者外，还有黄中慧，《吊巨川先生》，《顺天时报》1918 年 11 月 14 日，5 版；王片石，《为韩社挽梁巨川先生》，《顺天时报》1918 年 11 月 17 日，5 版；王片石，《挽有清遗老大排剧家梁巨川先生》，《顺天时报》1918 年 11 月 20 日，5 版；耐充，《满江红·哭梁巨川先生兼示金喜歌儿》，《顺天时报》1918 年 11 月 28 日，5 版。

④ 王片石，《跋耐充〈满江红·哭梁巨川先生兼示金喜歌儿〉》，《顺天时报》1918 年 11 月 28 日，5 版。

⑤ 王片石，《代韩金喜挽梁巨川先生（附言）》，《顺天时报》1918 年 11 月 17 日，5 版。

贱，厕身菊丛"的韩金喜本人对此非常感念，在王片石代撰的祭文中说，"《桑园》一剧，罗女形容；公乃叫绝，顾以青瞳……赐书褒奖，墨藻香浓"；后来"韩社成立，公亦赞同"。①

另一位经历与梁济相类，即也曾为部曹，后涉足下层，曾编戏剧以开民智的李钟豫也有祭文，说他与梁"三世故交，道不同而志相合；只以踪迹疏阔，故此志不能显白于君之生前"，致使梁弃世后，于"改良社会，独属望于林君墨卿"，而并不及他。李氏自述其也曾"徉［佯］狂自废，爱国之念，终不或忘。歌场酒肆，随意出入；屠沽市贩，皆可与言。寓箴劝于无形，讲平等于实际。社会齐民，未有不亲余敬余而惜余不得志者"。民国成立后，他更"创立社政进行会、正乐育化会、理善劝戒烟酒会，皆就社会习俗，范之使归矩矱，牖之使启聪明，以期民智日开，民生日裕"。②

上述行动的效果一直不明显，政治腐败是一个原因，但还有别的原因在。李氏特别指出："化民者首在亲民，稍有卑视厌倦之心，即失化民真旨。"也曾有读书人试图"倡孔圣之道以匡救斯世"，但"以高深语下愚，已属茫然罔觉；而文人结习，先自不甘浅近，以为如此未免轻视圣道；遇才学不及己者，且不屑与语"。有些"粗知学业之流，尤复妄自尊大"。要他们"虚心于愚昧之民，津津乐道"，是不可能的。有意化民者犹抱此心，如何以先知觉后知？结果不过"徒自标榜，无裨社会"，上下不相通的局面终未能改善。

李钟豫此文有借题发挥之意，用他自己的话说："余今吊君，实为吾国吊吾民吊也。"但他看到的现象颇能印证梁济眼中趋新知

① 王片石，《代韩金喜祭梁巨川先生文》，《顺天时报》1918 年 11 月 26 日，5 版。
② 本段与下段，见李钟豫，《祭梁巨川文》（1918 年 12 月 1 日），《顺天时报》1919 年 1 月 15 日，3 版。

识精英和大众的疏隔。晚清以来，士人自上而下以开民智的努力应该说没有间断，但这些有意化民者不能亲民的现象也是持续的。像梁济这样直接参与以戏剧"匡正风俗"的人已不多，他所针对的听戏之人究竟如何反应尚不得而知，[①] 记住他的似更多是作为化民手段的剧界中人，而他们特别感念的也是他的"折节下交"，这又从一个侧面体现出上下其实仍不相通。

　　那么，上层精英对梁济之死又是怎样看的呢？前引梁济对世人反应的预测在他弃世后随即公布，致使陈独秀不但不能骂他，反因自己在梁氏眼中不过是如此"浅薄小儿"而感到"遗憾千万"。陈氏把梁济的遗文简单摘录于《新青年》之上，指出其宗旨"是想用对清殉节的精神，来提倡中国的纲常名教，救济社会的堕落"；并正面肯定梁氏能够言行一致，"以身殉了他的主义"；一个人肯"为救济社会而牺牲自己的生命，在旧历史上真是有数人物"；新时代的人物虽不必学其方法，也要学习他"真诚纯洁的精神，才能够救济社会上种种黑暗堕落"。但陈独秀也明言，他不能赞成梁济"单纯殉了清朝"。[②]

　　其实陈独秀意犹未尽，不久就在少年中国学会的论坛上，专门

① 我们知道的是梁济住处附近的住户，"老稚咸感其死事之烈，时有持纸钱赴静业湖边痛哭者"。后来周年的"追悼礼仪，听人自便，不立办事处，亦无主任人，扫除一切晚近恶习，纯以人心至诚相感召"（《破天荒之追悼会》，《顺天时报》1919 年 11 月 28 日，7 版）。但这基本是对其行为本身的尊敬，梁济曾试图灌输的新思想和种种改革主张，并未得到体现。

② 陈独秀，《对于梁巨川先生自杀之感想》，《新青年》6 卷 1 号（1919 年 1 月），19—20 页。倒是傅斯年稍后把梁济和辜鸿铭、张勋并列为守旧象征，他说："任凭他是什么主义，只要有主义，就比没主义好。就是他的主义是辜汤生、梁巨川、张勋……都可以，总比见风倒的好。"傅斯年，《心气薄弱之中国人》，《新潮》，1 卷 2 号（1919 年 2 月），上海书店 1986 年影印本，343 页。

针对"一班有自觉智力的人"面对人类的烦闷生活而产生"顺世堕落的乐观主义"和"厌世自杀的悲观主义"这"两种危险的人生观"进行辨析。他认为这两种人"都只见得人类黑暗的一面，没有留心那光明的一面"，缺乏"努力改造的勇气和自信心"。所以他提倡一种"爱世努力的改造主义"，希望"社会中有勇气和自信心的先知先觉，应该用个人的努力，渐渐减少人性黑暗的方面，渐渐发展人性光明的方面"。① 这些言论显然可见梁济之死的影响，不过已从辩驳转到正面立说，或者也是要体现自己并非"浅薄小儿"吧。

另一位未被梁济点名的新人物陶履恭则从学理上较详细地"评论"了梁氏的"见解和方法"。认为他的死是根本于两种误谬的理想，不可不解释清楚。第一就是梁氏既"拿清朝当做国家"，又"拿清朝当做几千年的文化"。陶氏注意到梁济说他为清之遗臣，故效忠于清，同时希望民国之人也当效忠于民国。但他认为："民国之人所效忠的是民国，不是民国的政府。政府不过是人民的一个政治机关，无论他是清朝或是民国的。"他说，"东方人习于孔孟的政治哲学，伏在专制政体下长久了，所以把政府和国家的区别都分不清"；梁济其实是"为人民的政治机关殉死"，不啻"误送性命"。②

按前已指出，梁济曾很清楚地表明"清朝"或"民国"都不过是"中国"这一"三古遗传万年不改之国"的阶段性表现实体，在这个意义上言，"拿清朝当做国家"也没有什么不妥。但陶履恭确实提出了一个更具体的问题，即一般意义的人我之别（这里即中外之别）常常要通过群体认同和忠诚对象的再确认来体现，君王和朝

① 此文也转载于《新青年》，见陈独秀，《我们应该怎样?》，《新青年》6 卷 4 号（1919 年 4 月），447—449 页。
② 陶履恭，《论自杀》，《新青年》6 卷 1 号（1919 年 1 月），12 页。

廷是君主时代国家最主要的主权象征（the sovereign symbol），故
忠君即是爱国；但就新的民族国家学理而言，"亡国"似应针对外
国入侵而言，在本土范围内的政权"自我"转换，谈不上"亡国"，
也就失去了"殉"的意义。不过，若不论"殉"的形式是否可取，
当异国入侵造成了本国政府的不存在时，是否算"亡国"？当时当
地之人又怎样区分"效忠的是国家而不是国家的政府"？①

　　但陶履恭认为这是个简单的政治问题，不必多说，他的主要篇
幅都用来论证其所谓"第二种误谬思想"，即"以为自杀可以唤醒
世人"。他从社会学的学理上证明，不同时代、不同地域对自杀的
社会态度并不一样，所以梁济的自杀"无所谓合乎道德与否"。陶
氏特别着力辩解"自杀可以唤起国民的爱国心"这一"误谬的观
念"，他说，"有生命才可以奋斗，没有生命就没有奋斗的；为生命
去奋斗，不应该先把生命断绝的"。若以求自由的目的因为奋斗而
丧失性命，就是爱国志士；若有意拿自杀去鼓动人心，作为"是不
明生命的真趣"。且"为唤醒国民的自杀，是借着断绝生命的手段
做增加生命的事"，自不可能有效力。②

---

① 这个问题牵涉极其繁杂，因为若否认中国历史上非异族入侵的朝代更替是"亡
　国"，则历代的"义士"也都成为"为人民的政治机关殉死"而"误送性命"了；
　它也牵涉到实行君主制的西方现代国家的忠诚确认与"国家"关系的问题；这些
　都无法在此展开辨析，一些初步的讨论可参看罗志田，《近代中国民族主义的史
　学反思》，《学术思想评论》第 10 辑（2003 年 1 月），并参见 Max Savelle,
　"Nationalism and Other Loyalties in the American Revolution," *American
　Historical Review*, LXVII: 4(July 1962), pp. 902 - 921。
② 陶履恭，《论自杀》，《新青年》6 卷 1 号，13—18 页。李大钊或许不甚同意《新
　青年》同事们的态度，他在《每周评论》简短但正面地指出，梁济虽弃世，其实
　"对于他自己的生命，都比那醉生梦死的青年、历仕五朝的元老还亲切的多呢"。
　李大钊，《北京的"华严"》（1919 年 1 月 19 日），《李大钊文集》(2)，李大钊研
　究会编，人民出版社，1999 年，256 页。

应当说明，梁济的遗文当时并未全数公布，他有些重要见解尚不甚为人所知，故陈、陶二人的反应更多是依据已经公布的文本。但梁济最基本的希望，即世人要以他对清朝的态度来对待民国，陈独秀和陶履恭都还算是知音，他们虽不同意梁氏的做法，但都注意到他的这一目的。从前面的叙述可知，基层社会对梁济这一遗愿并没有太多呼应，这是其与精英社会反应不同的地方。

梁济之子梁漱溟不甚同意陈、陶二人看法，他写了四千多字的长信，系统反驳陶履恭的见解。或因心情悲痛不能仔细，或者不习惯陶氏的西方推理方式，梁漱溟对陶履恭在"社会"层面的学理论证有些误解，并针对他认知中陶氏表述"不清楚同矛盾"的地方进行了学理式的申辩。但他主要是想提醒世人留意"一个人的精神状况与他的思想有关系"，他承认自己的父亲"天才智慧只算平常"，但"实在有过人的精神"。像当时的《新青年》同人一样，"二十年前我父亲也是受人指而目之为新思想家的呀"！[①]

梁漱溟最想说明的，即他父亲"虽不是现在的新思想家，却还是从前的新思想家；虽没有今人的思想，却不像寻常人的没思想"。他后来的落伍，也是因为"到六十岁时，精神安能如昔？知识的摄取力先减了，思想的构成力也退了，所有的思想都是以前的遗留，没有那方兴未艾的创造，而外界的变迁却一日千里起来，于是乎就落后为旧人物了"。如果梁济"拿他早年本有的精神遇着现在新学家同等的机会，那思想举动正未知如何呢"！

这真是一对不寻常的父子！父亲可以用几年时间基本冷静地安

---

① 本段与下段，梁漱溟，《关于梁巨川先生的自杀致陈独秀》，《新青年》6 卷 4 号，427—431 页。

排自己的弃世，儿子也抑制悲伤，平静地与他人讨论父亲自杀所涉及的学理问题。梁漱溟后来说："我为人的真挚，有似于先父。在事情上认真，对待人也真诚。"① 信然。而他之所以要和陈独秀等讨论父亲的死，是希望在社会上对此有许多思量感慨之时，可以形成"一种明确的议论来指导他们到一条正确的路上去，免得流于错误而不自觉"。② 胡适当时就对梁漱溟写自己的父亲"能有这种诚恳的态度，写实的文体，解释的见地"而印象深刻。③

然而梁漱溟此时并未完全理解其父，他的信一句也没有提到陶履恭在"政治"层面的指责，亦即他父亲特别在意的殉清；他所以要证明父亲曾经是"新思想家"，也有"申张民权、排斥迷信"的经历，恐怕暗中也意在使他父亲与其所殉之"清"划出一些界限。他可能没有认识到，梁济要世人以他对清朝的态度来对民国，正隐伏着清朝与民国都是整体"中国"的阶段性存在这一睿见。七年后梁漱溟编完父亲遗书，曾有感而言："读公晚年笔墨暨辞世遗言，恒觉有抑郁孤怀，一世不得同心，无可诉语者。"他承认自己虽日夕陪侍于旁，"而卒昧谬不率教，不能得公之心也"。④

这应是写实之言，前述梁济与当时新旧双方皆有距离的现象就很能印证其"一世不得同心"的抑郁孤怀。在重读梁济遗书之后，

---

① 梁漱溟，《自述》（1934 年），《梁漱溟全集》，第 2 卷，7 页。

② 梁漱溟，《关于梁巨川先生的自杀致陈独秀》，《新青年》6 卷 4 号，427 页。

③ 胡适，《跋梁漱溟致陈独秀信》，《新青年》6 卷 4 号（1919 年 4 月），431—432 页。后来梁漱溟决定辞去北大教职，离开城市到乡间生活，向胡适辞行。胡适即感觉"此人父子皆富于刺激性，故出此（他的父亲巨川先生前年自杀）"。《胡适日记全编》，曹伯言整理，安徽教育出版社，2001 年，1921 年 5 月 9 日，第 3 册，248 页。"富于刺激性"或是父子皆"认真"的另一面吧。

④ 梁漱溟，《思亲记》（1925 年），《梁漱溟全集》，第 1 卷，山东人民出版社，1989 年，594 页。

或许梁漱溟此时感悟到父亲还有许多思想其实不那么浅显，其中最有价值的可能正是梁济如何诠释其殉清的部分；而其表面的"落伍"，即"常很激烈的表示反对新人物新主张"，也因其看到了共和体制下社会道德变化的大问题。无论如何，梁漱溟兄弟显然希望世人重新认识他们的父亲，故在编印出乃父遗书后，即广赠交游，果然引发新一波讨论。

笔锋足以感人的徐志摩收到赠书后，即着手重新评价此事，同时也重新建构了关于梁济之死的历史记忆。他说："梁巨川先生的自杀在当时就震动社会的注意，就是昌言打破偶像主义与打破礼教束缚的《新青年》，也表示对死者相当的敬意，不完全驳斥他的自杀行为。"[1] 这个说法后来为不少梁漱溟传记所重复，[2] 其实如上所述，此事当时对社会的"震动"恐不能算大，且限于特定的社群。

但徐志摩主要还是在驳斥《新青年》上陶履恭的见解，指出梁济"决不是单纯的'尽忠'；即使是尽忠，也是尽忠于世道"，其实际针对的是"革命以来实行的，也最流行的不要脸主义"。他特别不能接受陶氏说梁济"政治观念不清，竟至误送性命"，因为梁氏"思想的背后还闪亮着一点不可错误的什么——随你叫他天理、义、理想或是康德的道德范畴——就是孟子说的'甚于生'的那一点，在无形中制定了他最后的惨死"。而这类"精神性的行为"，"决不是教科书知识所可淹没"，也不是"常识所能测量，更不是什么社会的或是科学的评价标准所能批判的"。徐志摩强调，信仰精神生

---

[1] 本段与下段，徐志摩，《论自杀·读〈桂林梁巨川先生遗书〉》（1925 年 10 月），《徐志摩全集》(3)，赵遐秋等编，广西民族出版社，1991 年，68—72 页。

[2] 例如，艾恺，《最后的儒家——梁漱溟与中国现代化的两难》，中译本，4（？）、44 页。

命的人，"决不能让实利主义的重量完全压倒人的性灵的表现，更不能容忍某时代迷信（在中世是宗教，现代是科学）的黑影完全淹没了宇宙间不变的价值"。

不让"实利主义的重量完全压倒人的性灵"一语其实点出了梁济观念的潜在影响，在梁济弃世一个多月后，新总统徐世昌在一次演说中就指出中国不安宁的原因是"道德隳丧"，使"夺权竞利，视为固然；举国皇皇，嗜言政争"。若"乱象蕴酿，积久愈增"而形成大乱，致"民弃其业，乃益疾首于政治之不良，浸假遂有自主自为之念"。而"箴救之道，首在转移风气，使国中聪明才智之士，从事于社会经济实业教育，以挽此政争狂热之潮流"。① 这一分析与梁济的思虑相通，即政治的乱源在思想社会，也当从思想社会着手解决。这大致也接近徐志摩眼中那与实利主义对应的"精神"。

陶履恭当然看出"教科书知识"一类语句的讽刺意味，但在回应中表示暂不置辩。他说，自己也收到赠书，正在阅读，读后"对于巨川先生坚强不拔的品格，谨慎廉洁的操行，忠于戚友的热诚，益加佩服。在现在一切事物都商业化的时代里，竟有巨川先生这样的人，实在是稀有的现象"。陶氏希望大家"都能像巨川先生那样的律己，对于父母、家庭、朋友、国家或主义那样的忠诚"。这是一个重大转变，即他不但不反对，而且已接受梁济希望国人以其对清朝的态度对待民国的主张。但陶履恭在"钦佩巨川先生之余"，仍不赞成其自杀，而主张不论救世还是醒世，"都必须积极努力，以本人为始，联合无数人努力的做去"。②

① 《总统对新闻界演说（续昨）》，《晨报》，1918 年 12 月 2 日，3 版。
② 陶孟和，《再论梁巨川先生的自杀》，原刊《晨报副刊》，收入《徐志摩全集》（3），73—75 页。

此后陈衡哲有简短的来信参与讨论，徐志摩又撰有较长的《附言》，重申他对梁济自杀的"同情"。[①] 这一次讨论虽可说是梁济后人所"发起"，但讨论者在阅读梁济更多作品后显然对他的见解有了新的看法，徐志摩一开始还多少为梁氏"殉清"申辩，陶履恭已完全放弃在这方面说话，连徐志摩反驳他说梁济"政治观念不清"，他也并不回应。或许因为冯玉祥在 1924 年的"北京政变"已将清帝逐出紫禁城，清廷已淡出人们的关注；也可能人们都像梁漱溟自己一样在重读梁济遗书后有了新的认识，这迟来的"同情"和"钦佩"后面，多少也蕴涵着对其思想的"承认"。

又数年后，当王国维在颐和园中自沉于湖水时，不知他是否曾忆及十年前的梁济；但陈寅恪诠释王国维死因之说，则不能排除梁济的影响。梁济自称其既是殉清，又"非以清朝为本位，而以幼年所学为本位"，而其所学主要就是"吾国数千年先圣之诗礼纲常"。陈寅恪并不讳言王国维之死有殉清之意，但强调更多是为殉中国文化，而"吾中国文化之定义，具于《白虎通》三纲六纪之说"。[②] 两相比较，立意和措辞都有相近相通之处；则梁济对其弃世之自解，也如其所愿，仍留存于历史记忆之中，唯少见知音而已。

（原刊《近代史研究》2006 年 5 期）

---

① 陈衡哲函及徐志摩的附言《再论自杀》，都收入《徐志摩全集》(3)，76—79 页。
② 梁济，《敬告世人书》，《桂林梁先生遗书》，82 页；陈寅恪，《王观堂先生挽词序》(1927 年)，《陈寅恪诗集》，清华大学出版社，1993 年，10 页。按陈先生之挽联说"十七年家国久魂销，犹余剩水残山，留与累臣供一死"，便全未讳言殉清之意。

他永远是他自己

——陈独秀的人生和心路[①]

在 20 世纪的中国历史上，有一位亲身参与了从辛亥革命到抗战几乎所有重大事件的大人物，他就是生于安徽怀宁（今安庆市）的陈独秀（1879—1942）。陈氏的一生，可谓命途多舛（一次被绑，四度入狱），又充满传奇色彩——他是晚清秀才，文字却偏向《文选》一脉。他又是留学生，然不以留学闻，甚至究竟到过几国留学，后人都不能肯定。他在清末就参与了著名的《国民日日报》的编撰，可是迄今也不确定其中哪些文章是他所撰写。他是清季《安徽俗话报》的创办者，那时便关注"国家"和读书不多的人；入民国后，又创办了《新青年》[②]，提倡文学革命和伦理革命，可以说只手掀动了新文化运动的大潮。

陈独秀性格鲜明，被好友称为"终身反对派"；然而他对自己所提倡的事业，却"不容他人反对"。他数次留学日本，尊崇法国文化，却在五四后明确提出"拿英美作榜样"的主张，又身与"以

---

① 本文初稿承北京大学周月峰、王波、鲁萍、梁心、薛刚、高波等同学纠谬，谨此致谢！
② 按该刊初名《青年杂志》，次年因办有《上海青年》的基督教青年会提出商议，改名《新青年》。（参见汪原放，《回忆亚东图书馆》，学林出版社，1983 年，32 页）以下除个别行文和正式注释外，一般称《新青年》。

俄为师"的实践，一身而映射出现代中国学习榜样的转向、思想权
势的转移。他是中共的创建人和早期领袖，却被中共开除；不久又
以中共首领身份被当局拘捕，身陷囹圄。他的北大朋友认为他曾是
自由主义者，他的中共同事发现他不懂马列主义。他以一个"没有
父亲的孩子"开启自己对童年的回忆，带着"世无朋友实凄凉"的
感觉离开了人世。①

这样充满对立、紧张和颠覆的传奇人生，起伏跌宕，有时就在
转瞬之间，对当事人恐怕不轻松，对研究者则可能是财富，需要进
一步体味。且陈独秀自号"独秀山民"，也被他人视为"不羁之
才"②，实非随波逐流之辈。然而他的一些人生重大转换，又常在须
臾之间，表现出"与时俱进"的一面。虽可说是往往走在时代前
面，或如他自己所说是"事实迫我不得不如此"，但这样变动不居，
又如何坚持他固有的本色和思想的独立？这些显然都还有可以探讨
和陈述的余地。

一、 发出时代的声音

从少年时候起，陈独秀就不算默默无闻，只不过闻名的范围不
同。他十七岁以第一名进学成为秀才，在当地就是名人。后来留学

---

① 陈独秀，《实庵自传》（1937 年 11 月），《陈独秀著作选编》，任建树主编，上海人
　民出版社，2009 年，第 5 卷，201—205 页；汪原放，《回忆亚东图书馆》，200
　页。
② 这是汤尔和的看法。汤氏曾向蔡元培推荐陈独秀任北大文科学长，后来又向蔡氏
　献计使陈解职，部分正可能是发现了陈独秀是一个"不羁之才"。参见汤尔和致
　胡适，1935 年 12 月 29 日，《胡适来往书信选》，中华书局，1979 年，中册，
　291—292 页。

日本剪监督之辫，回乡组织安徽爱国会，到参与辛亥革命和二次革命，在东京和安徽，均非碌碌无名之辈。[①] 但真正使他名满天下的，还是他的文章和他所办的刊物，特别是《新青年》。还在 1914 年，陈独秀已因发出了时代的声音，在遭到短暂的"举世怪骂"之后，很快成为具有预见的先知；他自己也因此改变了对世人和出版的悲观，以创办《新青年》开始了人生的新路。

先是袁世凯在 1913 年秋间被国会选为正式大总统，不久即解散国会，使很多读书人对共和的期望变成了失望。因参加二次革命而逃亡在外的陈独秀于次年致函编辑《甲寅》杂志的章士钊说："国政巨变，视去年今日，不啻相隔五六世纪。"一年间的改变，竟不啻五六百年，强有力地表述出"国政巨变"对读书人的冲击。陈氏把那时的中国人分为两部分，一是"官吏兵匪侦探"，一是其余所有处于"生机断绝"状态的人。在这样的局势下，"外人之分割"反成为"国人唯一之希望"，他自己也准备赶快学习世界语。[②]

最后一语大概是故意言之，以彰显中国可能被外人分割的判断。不久陈独秀为《甲寅》撰《爱国心与自觉心》一文，再申中国"瓜分之局"已不可逃，更提出"国不足爱，国亡不足惧"的痛言。[③] 该文引起大哗，《甲寅》"获诘问叱责之书，累十余通"。但约半年后，当初不得不因陈文而"逊谢"读者的章士钊却说："爱国心之为物，不幸卒如独秀君所言，渐次为自觉心所排而去。"甚至

① 这方面的内容，可参见郑学稼，《陈独秀传》（上），台北时报出版公司，1989 年，27—128 页；任建树，《陈独秀大传》，上海人民出版社，1999 年，29—96 页。

② CC生（陈独秀），《生机——致〈甲寅〉记者》，《甲寅》1 卷 2 号（1914 年 6 月），15 页（栏页）。

③ 独秀，《爱国心与自觉心》（1914 年 11 月发表），《陈独秀著作选编》，第 1 卷，146—150 页。

梁启超新近发出之"惊人之鸣，竟至与举世怪骂之独秀君合辙，而详尽又乃过之"。故陈文实"写尽今日社会状态"，不啻"汝南晨鸡，先登坛唤耳"。①

《爱国心与自觉心》一文发表于 1914 年 11 月，次年初即有日本"二十一条"的提出，虽印证了"亡国"的现实紧迫性，然而在危难之际，举国兴起一股"爱国"的高潮，与陈文主旨适相对立。在这样的情景下，何以陈独秀反能以先见之明警醒世人呢？因为他的意见反映了当时读书人的一个倾向，即眼光向外，探寻中国问题的外在解决；② 更因为袁世凯政府未能审时度势，很快开始大举"筹备帝制"，引起很多人的反感。

以共和制取代帝制，本是中国数千年未有的大变局。尝试一种前所未有且所知不多的全新政治体制，对任何个人和群体，皆非易事。入民国后，用当时人的话说，国体改变已是定局，对新政治模式的探索，主要落实在政体层面。观各类非"革命派"人士的言论，不论其内心是否赞同民国，大体都在接受国体改变的现实之下，探讨未来政治运作的各种可能性（康有为等更将政治提升到政教的高度）。③ 而"筹备帝制"的举动，一方面把国人对共和的思考从政体

---

① 秋桐，《国家与我》，《甲寅》1 卷 8 号（1915 年 8 月），1—2 页（文页）。按梁启超的"惊人之鸣"指其稍后发表的《痛定罪言》一文（详后）。此事并可参见沈寂，《再论陈独秀与新文化运动》，《中共党史研究》1999 年 3 期。

② 稍后的一个显例是，在 1918 年第一次世界大战结束后的几个月间，中国人对巴黎和会充满向往，甚至一度出现把中国问题的解决寄托于外在变化的乐观期望。参见罗志田，《六个月乐观的幻灭："五四"前夕士人心态与政治》，《历史研究》2006 年 4 期。

③ 如以殉清而自杀的梁济，便曾给民国以机会，表示若民国真做得好，他就可以接受共和而不必殉清。参见罗志田，《对共和体制的失望：梁济之死》，《近代史研究》2006 年 5 期。

引回到国体层面，同时也使国人本已外向的眼光又被引回国内。

从晚清开始，由于时人强调从"大一统"向"列国并立"的转换，"国家"很大程度上从纵向的上下关系转为横向的中外关系（例如，"国乐"以前是指最上层的国家级乐典，而后来则专指与异域音乐区分的中国音乐。两者大致是"国家"的代表，但一是内在的，侧重上下；一是外在的，指谓各国之一的中国）。因此，当眼光向外时，更容易体现国与民的一致；而眼光一旦内转，便可能看到国与民的对立。

就袁世凯一方而言，走向帝制或许是解散国会之后的自然发展。但其间的"二十一条"风潮大大改变了民风士气，在中国兴起一股强劲的民族主义风潮；如何凭借此东风以整合内部，既是当政者的机遇，也是其所面临的问题。从技术层面言，当年北京政府在外交上不无成功之处；然其最终对日屈服，仍成为国耻的象征。[1]此时不展现"卧薪尝胆"的雪耻意愿，反欲改变国体，适从政府角度予人以"国不足爱"的观感。

国人眼光由外向内转换，便有人想起了被解散的国会。包公毅即慨叹，自从"国民意思之机关"被取消后，国民虽有热心，却无"正常之机关以代表民意"。[2]《申报》一位重要撰稿人分析说，正因国与民之间没有联络机关，则"国自为国，民自为民。故民虽欲爱国，而无法可爱；民虽欲救国，而无法可救"。[3] 这里民意的"代

---

① 关于"二十一条"，参见 Zhitian Luo, "National Humiliation and National Assertion: The Chinese Response to the Twenty-one Demands," *Modern Asian Studies*, vol. 27, no. 2(May 1993), pp. 297 - 319.

② 笑（包公毅），《亦有国民意思之机关乎?》，《时报》，1915 年 2 月 22 日，6 版。

③ 讷，《我国人亦思及此乎?》，《申报》，1915 年 5 月 11 日，11 版。

表",即代为表述(representation)民意之本义,故他们虽从通上下的传统思路思考"国"与"民"的"联络",却也直达代议制的本源。

用章士钊的话说,当时中国的问题在于"国与人民全然打成两橛"。① 如果这是一个新现象,当然也就是共和制度下出现的新问题。换言之,在帝制改共和这一根本转变之下,"国"与"民"的关系显然需要厘清和重构。陈独秀敏锐地感觉到,在对共和失望的普遍焦虑中,形成了国与人民两分的语境。他的文章虽有些言过其实的故意表述,② 其核心恰在探讨民国新政治模式里"国"与"民"的关系,呼应了许多读书人之所思,并言及其所欲言。③

民初的几年间,并非"世无英雄,遂使竖子成名"的时代。比陈独秀大不了多少而早享大名的严复、章太炎、康有为、梁启超等皆健在(影响最大的梁启超比陈仅大几岁),并未停止其努力。陈独秀能一举引起瞩目,即因其只眼独具,提出了很多人积蓄于心中的关键问题,发出了时代的声音。当年多数读书人并不熟悉共和新制背后所蕴含的学理基础,难以区分"国家"和政府;④ 政府既然

① 秋桐,《爱国储金》,《甲寅》1 卷 8 号,6 页(文页)。
② 清末民初不少士人以为,由于社会的惰性,只有说革命才能实现改革;结果,以"故意激进"的言论刺激听众,成为一种持续的言说模式。参见罗志田,《权势转移:近代中国的思想、社会与学术》,湖北人民出版社,1999 年,60—61、282—284 页。
③ 章士钊和李大钊都看到了这一点,并参见李大钊,《厌世心与自觉心——致〈甲寅〉记者》,《甲寅》1 卷 8 号,7—14 页(栏页)。
④ 那时认识到区分政府与国家重要性的是章士钊,他强调:"今兹之所招厌于国民而吐弃之者,政府耳。于国家无与也。"故应"严为国家与政府之分",人民"爱国可耳。决不能使此倚国家为崇之恶政府并享吾爱也"。秋桐,《爱国储金》,《甲寅》1 卷 8 号,2—6 页(文页)。其隐含的逻辑思路仍在声援陈独秀,即由于一般人未能区分政府与国家,为了不让政府分享其爱,人民其实可以不那么爱国。

以其行为证实"国不足爱"，遂使陈独秀引起"举世怪骂"的言论，反成为带有先知先觉意味的预言。

章士钊看到了陈独秀文章的示范作用。不过短短几个月，思其所思、言其所言者颇众，其中不乏重要人士。如名记者陈景韩公开宣称："今后之所望者，非他国之援助也，非政府之作为也，我国民而已。"① 他不仅呼应了陈氏弃政府而寄望于国民的观念，其所谓"他国之援助"，也因应着陈独秀所说的"瓜分"。而梁启超在1915年6月发表的《痛定罪言》，更以主要篇幅讨论外国因素的影响和中国士人的自觉。②

传统中国社会虽然主张以民为本，负"澄清天下"之责的，却是四民之首的士。伴随着四民社会的解体，晚清逐渐兴起把国家希望寄托在一般人民之上的"民"意识。③ 但这一新兴的"民"并未表现为一个思虑相近的整体，恐怕也不一定有承担天下重任的自觉意识。陈独秀强调自觉心重于爱国心，已隐约提出解决中国问题要从"国"转向"民"。而"自觉"的提出，尤意味着每一个体之"民"都需要有所提高，以认识到自身的责任。

不过，当"民"之规模乃数以亿计之时，他们就是有参与政治的意愿，也缺乏参与的实际可行性，何况多数老百姓并无参与的愿望。而当时正在兴起的青年学生，社会地位虽尚处边缘，却既有参与的意愿，其数量也大到足以左右其身与之事业。陈独秀在致《甲

---

① 冷（陈景韩），《沉毅果决之国民》，《申报》，1915年5月13日，2版。
② 梁启超，《痛定罪言》，原刊《大中华》1卷6期（1915年6月），收入《饮冰室合集·文集之三十三》，中华书局，1989年，1—9页。
③ 参见柯继铭，《理想与现实：清季十年思想中的"民"意识》，《中国社会科学》2007年1期。

寅》的通信中曾对举国之人多"无读书兴趣"深感失望，也不看好
办杂志。① 但其文章引起的热烈反响，可能改变了他的认识。章士
钊在讨论陈文社会反应时特别指出，那时"国中政事，足以使青年
之士意志沮丧，莫知所届者，日进而未有已"。② 这一观察，或许对
陈独秀有所提示。他随即决定创办《青年杂志》，专注于读书人中
的青年一辈。③

　　或因其自身地位不那么显赫，或因其对菁英读书人的失望，陈
独秀似比当时多数人更早体察到中国社会变动产生的新力量（梁启
超也曾看重少年，但其主要关注仍在已确立社会地位的菁英身上）。
《青年杂志》创刊后不久，复由于偶然因素而更名《新青年》，无意
中把范围缩小到青年中的趋新者之上，反增强了影响力。这些直觉
和远虑交织的选择，固半带偶然，却适应了中国社会变动的新趋
势。在听众决定立说者命运的时代，陈独秀和《新青年》一呼百应
的契机，已然具备。

二、 从国家到个人的觉悟

　　1915 年 9 月，《青年杂志》刊行，陈独秀在《社告》中明言：
"国势凌夷，道衰学弊。后来责任，端在青年。本志之作，盖欲与
青年诸君商榷将来所以修身治国之道。"他进而提出："今后时会，

---

① CC 生（陈独秀），《生机——致〈甲寅〉记者》，《甲寅》1 卷 2 号，15 页（栏
　页）。
② 秋桐，《国家与我》，《甲寅》1 卷 8 号，1 页（文页）。
③ 按陈独秀本参与《甲寅》编务，他创办《青年杂志》，也与《甲寅》被迫停刊相
　关。参见杨琥，《〈新青年〉与〈甲寅〉月刊之历史渊源》，《北京大学学报》2002
　年第 6 期。

一举一措，皆有世界关系。我国青年，虽处蛰伏研求之时，然不可不放眼以观世界。"① 这就确立了刊物的两个主要倾向，一是面向青年，一是面向世界。同时也明确了该刊的宗旨，就是要从"道"和"学"这样的基本层面着手。该刊第一期除了国内外"大事记"栏，基本不及政治。陈独秀并在"通信"中申明："改造青年之思想，辅导青年之修养，为本志之天职；批评时政，非其旨也。"②

　　那时的中国并非风平浪静，正发生着辛亥鼎革以来的政治大变。1915 年 12 月，袁世凯称帝。1916 年春，袁世凯放弃帝制，不久去世。与帝制的短暂重现同时，还出现了所谓"再造共和"的武装局面。这些名副其实的"国家大事"，此后一两年间的《新青年》均未曾正式议论（仅仅在"国内大事"栏述及），确实体现了无意"批评时政"的办刊意向。对中国面临的问题，陈独秀正探索着某种更为深远的最后解决。

　　在该刊第一篇文章中，陈独秀即希望"新鲜活泼之青年"能"自觉而奋斗"。所谓自觉，是"自觉其新鲜活泼之价值与责任，而自视不可卑"；不应像很多人那样，年龄是青年，而身体和脑神经已进入老年。至于奋斗，则是"奋其智能，力排陈腐朽败者以去，视之若仇敌，若洪水猛兽，而不可与为邻，而不为其菌毒所传染"。③ 一年后刊物更名《新青年》时，他更借机辨析说，"新青年"不仅要从生理上和心理上区别于"老者壮者"，也要有别于那些身心接近老者壮者的"旧青年"。④

---

① 陈独秀，《社告》，《青年杂志》1 卷 1 号（1915 年 9 月），1 页。
② 记者（陈独秀），《答王庸工》，《青年杂志》1 卷 1 号，2 页（栏页）。
③ 陈独秀，《敬告青年》（1915 年 9 月），《陈独秀著作选编》，第 1 卷，158 页。
④ 陈独秀，《新青年》（1916 年 9 月），《陈独秀著作选编》，第 1 卷，208—210 页。

基本上，新刊物仍在贯彻陈独秀此前关于"爱国心"与"自觉心"的论旨。陈独秀强调，只有"敏于自觉勇于奋斗"的少数青年以"自度度人"自任，然后中国"社会庶几有清宁之日"。在士人以天下为己任的时代，"澄清天下"本是他们的责任，如今陈独秀基本把这一责任转移到少数"新青年"身上了。为此他提出六个努力的方向，即自主的而非奴隶的、进步的而非保守的、进取的而非退隐的、世界的而非锁国的、实利的而非虚文的、科学的而非想象的。[①] 同期杂志还刊发了高一涵的《共和国家与青年之自觉》，[②] 进一步把"国"与"民"的关系落实到新的"共和国"与"青年"之上，并强调后者的"自觉"。

陈独秀随即撰写《今日之教育方针》一文，提出教育的责任在民间不在政府，而教育方针，应侧重了解人生之真相、个人与社会经济之关系、未来责任之艰巨等。其中最重要的，仍是要明确国家的意义，以厘清国与民的关系。他认为，欧洲近世文明已达国家主义阶段，唯国家过盛，不免侵害人民权利，于是兴起"惟民主义"，强调主权在民，实行共和政治。中国的国情，国民犹如散沙，国家主义实为自救之良方。但应了解"近世国家主义，乃民主的国家，非民奴的国家"。人民应自觉自重，不必事事责难于政府，也无须争什么"共和国体"。只有"惟民主义之国家"，才是"吾人财产身家之所托"。[③]

此时陈独秀所说的"民主"，仍对应于君主；而"惟民主义"，

---

① 陈独秀，《敬告青年》，《陈独秀著作选编》，第 1 卷，159—163 页。

② 高一涵，《共和国家与青年之自觉》，《青年杂志》1 卷 1 号，1—8 页（文页）。

③ 陈独秀，《今日之教育方针》（1915 年 10 月），《陈独秀著作选编》，第 1 卷，170—175 页。

或即后来流行的德莫克拉西，却意近共和。三年后他还在说，"现在世界上有两条道路：一条是向共和的科学的无神的光明道路；一条是向专制的迷信的神权的黑暗道路"，而新派人物"总算是倾向共和、科学方面"。[①] 这里共和与科学的并列，大约就是稍后脍炙人口的德先生和赛先生之滥觞。而对应于德莫克拉西的，正是共和。所以，陈独秀所鼓吹的"惟民主义之国家"，侧重于共和政治的政体层面，而非其国体层面（即对应于君主的民主）。

在 1916 年发表的第一篇文章中，陈独秀除预测中外局势均会大变外，进一步强调"除旧布新"的彻底性，主张对 1915 年以前"皆以古代史目之"，一切都从 1916 年重新开始，"一新其心血，以新人格，以新国家，以新社会，以新家庭，以新民族"。只有"民族更新"之后，中国人才有"与晰族周旋之价值"和"食息此大地一隅之资格"。必怀此希望者，才可称为青年。而青年具体的努力，则在于自居征服地位而不能被征服，"尊重个人独立自主之人格"而不为"他人之附属品"，通过"各自勉为强有力之国民"，使中国的"党派运动进而为国民运动"。[②]

一个月后，陈独秀"盱衡内外之大势，吾国吾民，果居何等地位，应取何等动作"，写出了著名的《吾人最后之觉悟》。他提出，首先要从政治上觉悟到"国家为人民公产"，中国"欲图世界的生存，必弃数千年相传之官僚的专制的个人政治，而易以自由的自治的国民政治"。由于最终影响政治的是伦理思想，中国"多数国民

---

① 陈独秀，《克林德碑》（1918 年 11 月），《陈独秀著作选编》，第 1 卷，446—447 页。

② 陈独秀，《一九一六年》（1916 年 1 月），《陈独秀著作选编》，第 1 卷，197—200 页。

之思想人格"必须变更,要在政治上自觉其居于主人的主动地位。若"伦理问题不解决,则政治学术皆枝叶问题"。故"伦理的觉悟,为吾人最后觉悟之最后觉悟"。①

厘清"国"与"民"的关系以建设一个现代的国家,是陈独秀一生言论的核心。这一系列文章表明,陈独秀关于"国"与"民"关系的思考已大致定型。此时他最为关注的,是改善中国和中国人在世界的地位;即以"民族更新"为基础,与白种的欧洲竞争,为中国争取"世界的生存"。所有这些,都取决于中国人的自觉,使"国民"而非"国家"居于政治的主动地位,以实现他所期望的"惟民主义之国家"。

在此从"国家"到"国民"的倾斜之中,对"自觉"的强调,意味着群体性"国民"的努力,必须落实在每个"国民一分子"身上。陈独秀实已指向"个人"的自觉,并更多寄希望于青年。在此后的几年中,有"我"日益成为趋新言说中的一种"必须";从生活到学术的讨论,处处可见"我"的存在。

而不论"国民"是群体的还是个体的,思想、伦理等方面的改造都成为首要的努力目标。陈独秀提出从"政治"到"伦理"的觉悟层次,就是要将侧重点从"政治"上的努力转向"文化",具体主要表现在两个方面,一是与思想之表述相关的文学革命,一是与思想本身相关的伦理革命。

---

① 陈独秀,《吾人最后之觉悟》(1916 年 2 月),《陈独秀著作选编》,第 1 卷,201—204 页。

三、 从文学到伦理的文化革命

当年所谓文学革命，主要是表述方式（文体）的革命。在中国传统里，文体与个性本密切相关。顾炎武在讨论历代文体转变时曾说，"诗文之所以代变"，是因为"用一代之体，则必似一代之文，而后为合格"。但"一代之文沿袭已久，不容人皆道此语"；且后人总是模仿前人之陈言，也不利于表述自我。结果，"不似则失其所以为诗，似则失其所以为我"。这一文体与自我之间的紧张，即是文体不能不变之"势"。[①] 有这样的传统，在民初自我彰显之时，表述方式首先成为关注的焦点，也是自然的发展（方式转变确立后，表述者本身及表述的内容一类问题才应运而提上议事日程）。

先是胡适在 1916 年初致函陈独秀，提出"文学革命"之八项主张。后在陈独秀鼓励下正式成文，则易言为"文学改良"，将其在《新青年》通信中已引起争议的八项主张正式提出，即须言之有物，不模仿古人，须讲求文法，不作无病之呻吟，务去滥调套语，不用典，不讲对仗，及不避俗字俗语。陈独秀更进而撰写《文学革命论》以响应，他一面指出胡适是首举文学革命义旗的急先锋，他自己不过是在"声援"；同时仍提出了有些不同的"三大主义"，即推倒雕琢的阿谀的贵族文学，建设平易的抒情的国民文学；推倒陈腐的铺张古典文学，建设新鲜的立诚的写实文学；推倒迂晦的艰涩

---

① 顾炎武，《日知录·诗体代降》，黄汝成，《日知录集释》，岳麓书社，1994 年，747—748 页。

的山林文学，建设明了的通俗的社会文学。①

　　然而两人所提的具体方案，仅在《新青年》作者读者中有进一步的讨论；更多的人显然并未侧重"文学"本身的改与革，却逐渐拥戴着提倡者走上以白话写作之路。不论在时人的关注里还是后人的记忆中，"文学革命"都逐渐演化为一场"白话文运动"。后者是一次名副其实的革命，成为整个新文化运动最持久的遗产，并真正改变了历史——今日白话已彻底取代文言，成为几乎唯一的书面表述形式；即使在所谓"象牙塔"的菁英学术圈里，也很少有人能以文言写作了。

　　如果说文学革命侧重于思想的表述，陈独秀同时也关注着思想本身的革命。那时的《新青年》，仍在贯彻不"批评时政"的宗旨。但陈独秀所谓伦理的觉悟，本基于伦理思想决定政治运作的思路，故虽口不谈政治，而意仍在政治。同理，文学革命也绝非仅仅停留在表述层面，而自有一条从文学到思想、社会再到政治的内在理路。②

　　在陈独秀看来，欧洲革命是全面的，包括政治、宗教、伦理道德和文学艺术；而中国革命则仅限于政治，且都虎头蛇尾，不够充分。由于革命锋芒未曾触及"盘踞吾人精神界根深蒂固之伦理道德文学艺术诸端"，故单独的政治革命对中国社会"不生若何变化，

---

① 胡适致陈独秀、陈独秀复胡适，《新青年》2 卷 2 号（1916 年 10 月），1—4 页（栏页）；胡适，《文学改良刍议》，《新青年》2 卷 5 号（1917 年 1 月），1—11 页（文页）；陈独秀，《文学革命论》，《新青年》2 卷 6 号（1917 年 2 月），1—4 页（文页）。

② 参见罗志田，《走向"政治解决"的"中国文艺复兴"：五四前后思想运动与政治运动的关系》，《近代史研究》1996 年 4 期。

不收若何效果"。有了这样全面"革故更新"的视野，他就从"孔教问题喧哤于国中"看出了"伦理道德革命之先声"，把当时讨论广泛的"孔教问题"与文学革命、思想革命都作为更大"气运"的一部分，结合起来进行考虑。[①]

陈氏的思路很明确，即"新旧之间绝无调和两存之余地"。孔教"根本的伦理道德适与欧化背道而驰，势难并行不悖。吾人倘以新输入之欧化为是，则不得不以旧有之孔教为非"。[②] 换言之，孔教之不能不"非"，实产生于欧化之"是"。正因新旧中西之间的对立，这些反传统者又最能"看见"传统的整体力量。用陈独秀的话说："旧文学、旧政治、旧伦理本是一家眷属，固不得去此而取彼。"[③]

第一次世界大战那几年，中国读书人对西方的了解进一步深化，在反对国际强权的同时又要推行欧化，于是出现了"西方的分裂"；与此同时，趋新者确实感知到来自"传统"或"历史"的整体压力，于是出现了"中国传统的负面整体化"。[④] 在这样的语境下，陈独秀稍后明确指出："要拥护那德先生，便不得不反对孔教、礼法、贞节、旧伦理、旧政治。要拥护那赛先生，便不得不反对旧艺术、旧宗教。要拥护德先生，又要拥护赛先生，便不得不反对国

① 陈独秀，《文学革命论》（1917 年），《陈独秀著作选编》，第 1 卷，289 页。
② 陈独秀，《答佩剑青年》，《新青年》3 卷 1 号（1917 年 3 月），11 页（通信栏页）。
③ 陈独秀，《复易宗夔》（按此函发表时原与胡适共同署名），《新青年》5 卷 4 号（1918 年 10 月），433 页。
④ 参见罗志田，《西方的分裂：国际风云与五四前后中国思想的演变》，《中国社会科学》1999 年 3 期；《中国传统的负面整体化：清季民初反传统倾向的演化》，《中华文史论丛》第 72 辑（2003 年 6 月）。

粹和旧文学。"①

　　他们对西方不再全面崇拜，而是选择了民主与科学；却因感觉中国传统是个整体，而必须全面反对。在此进程中，如傅斯年所说，陈独秀"在思想上是胆子最大，分解力最透辟的人"。② 他特别擅长把学理的表述改为大众化的口号，充分体现了他对群体心理的敏锐感觉和对读者的理解。大体上，陈氏以伦理觉悟的主张把国人的注意力从政治转出，走入文学和思想伦理的革命；又使这些后来被称为"新文化运动"的努力，从文学、思想等走向全面反传统的文化革命。

　　这些革命之所以能迅速影响到全国，也因为陈独秀半偶然地成为北京大学的文科学长。这样，《新青年》这一刊物及其作者群体（大部分为北大文科教授）的言说，就成了引起广泛注意的全国性大事。③ 先是陈独秀在 1916 年冬到北京募集股本以组织新的出版机构，适逢蔡元培将到北京大学任校长，遂聘陈独秀为文科学长，1917 年到任。陈氏本有教育经验，也一向关注教育。在其担任学长期间，北大文科的影响，可见明显扩充。当年北大的简称即是"大学"，从这种独一无二的称谓中，就不难理解该校文科学长的全国性影响了。

　　陈独秀如何办学，历来称述不多。他自己和胡适，也都曾在

① 陈独秀，《〈新青年〉罪案之答辩书》（1919 年 1 月），《陈独秀著作选编》，第 2 卷，10 页。
② 傅斯年，《陈独秀案》，《独立评论》第 24 号（1932 年 10 月 30 日），7 页。
③ 《陈独秀与文学革命——胡适在北大之讲演（续完）》，《世界日报》，1932 年 11 月 1 日，7 版。

1920 年慨叹北大学术氛围的淡薄。[①] 但陈独秀同年也特别指出，此时北大已确立了一种宝贵的"精神"，即"学术独立与思想自由"。前者多对外，体现在"无论何种政治问题，北大皆不盲从"；后者偏于内，即"各种学说随己所愿研究"，而"毁誉不足计"。[②] 这虽是陈氏赞扬校长蔡元培的话，应能代表他自己的努力目标。[③] 多年后，经历了国民党"党化教育"的学人，才进一步认识到这一精神的可贵，坚信其必"与天壤而同久，共三光而永光"。[④]

四、 从康、梁到胡、陈的时代转折

如前所述，民初并非世无英雄的时代。此前影响最大的康有为、梁启超等虽仍努力于思想界，却如余英时师所指出的，"以思想影响而言，他们显然都已进入'功成身退'的阶段"。一个日新月异的时代，通常也是推陈出新的时代。从立言者角度看，胡适那时即因填补了中国思想界一段空白而"暴得大名"。[⑤] 从追随者角度看，康、梁的许多追随者或也随时代之日新而"功成身退"，另一

---

① 《胡适之先生演说词》（1920 年 9 月 17 日），陈政记，《北京大学日刊》，1920 年 9 月 18 日，3 版；陈独秀，《随感录·提高与普及》，《新青年》8 卷 4 号（1920 年 12 月），5—6 页（栏页）。

② 陈独秀在北大旅沪同学会欢送蔡元培赴法宴会上致辞，引在《北大同学欢宴蔡子民》，《时报》，1920 年 11 月 24 日，3 张 5 版。

③ 在《新青年》第 1 期上，高一涵就特别强调了青年自觉的要素是自由和独立，应能反映刊物当时之所重视。参见高一涵，《共和国家与青年之自觉》，《青年杂志》1 卷 1 号，5—8 页（文页）。

④ 陈寅恪，《清华大学王观堂先生纪念碑铭》（1929 年），《金明馆丛稿二编》，生活·读书·新知三联书店，2001 年，246 页。

⑤ 余英时，《中国近代思想史上的胡适》，收在胡颂平编，《胡适之先生年谱长编初稿》，台北联经出版公司，1990 年校订版，第 1 册，7—8 页。

庇角色。但两人都提到蔡，凸显出北大在新文化运动中的凝聚作用。如前所述，文学革命和伦理革命都因倡导者所具有的北大文科学长身份而增强了全国性的影响，然而陈独秀个人的道德问题也因此成为舆论的关注对象，并终成其离开北大的导因。陈、胡二人也从此逐渐分道扬镳，更演化出不同的历史记忆。

当时北京新旧之争相当激烈，旧的一方曾以陈独秀私德不检为攻击目标。北大校长蔡元培在汤尔和等浙江籍教授的策划和支持下，于1919年春决定取消文、理科学长，而改设一教务长统辖文理教务。结果，启用他为文科学长的人为撤换他而废除了这一职位，陈独秀也因此改制而"自然"成为普通教授。五四学生运动后不久，陈氏因发传单而被捕，释放后南下上海避难，参与组织中国共产党，走上一条相当不同的道路。①

这样看来，陈独秀和胡适共为年轻读书人"模范"的时间，其实不长；所谓胡、陈时代，与康、梁时代同样短暂。但两者对时人和后人的影响，都不止于典范被共同接受的时段。在瞬息万变的近代中国思想史上，各类人物大都难逃章太炎所说"暴起一时，小成即堕"的现象。②但多数"小成"者在时过境迁之后，便真成过眼烟云，不复为人所记忆；而这两个"时代"，却都印证了历史的转折，成为一个思想时段的象征，在历史上留下了不可磨灭的痕迹。

胡适后来认为，那次解除陈独秀文科学长的决定，导致了陈离开北大，"以后中国共产党的创立及后来国中思想的左倾，《新青

---

① 说详罗志田，《陈独秀与"五四"后〈新青年〉的转向》，《天津社会科学》2013年3期。

② 章太炎，《对重庆学界演说》（1918年），重印于《历史知识》，1984年1期，44页。

年》的分化，北大自由主义者的变弱"，皆起于此。故这一决定不但影响了"北大的命运，实开后来十余年的政治与思想的分野"。①不过，陈氏走向实际政治的行动，也有其半内在半外在的逻辑理路：从外在视角看，他在 1919 年 5 月已注意到当权的"少数阔人"在面临提倡新潮者的挑战时，"渐渐从言论到了实行时代"，似已有运用国家机器处置的思想准备，则新思潮一方，或也须有相应的行动；② 从内在理路看，既然伦理的觉悟是最后的最后觉悟，则觉悟到了头，下一步也只能是行动了。

五、 走向行动的政治革命

早在《青年杂志》创刊的第一期上，陈独秀就提出了他心目中的近世三大文明，即人权说、生物进化论和社会主义。③ 在民初的中国，或许因为"国体"问题带来的困扰，任何与"国家"对应的范畴都容易引人瞩目，而"社会"以及相关的"主义"尤其受到思想界的普遍关注（当年很多中国人常顾名思义，视社会主义为与社会相关的主义）。那时不仅趋新者和激进者有此思虑，就是接近政府的"安福系"和偏于守旧的孔教论者，也都在思考和探讨各种类别的社会主义。如果说社会"主义"还偏于思想一面，不少人进而

---

① 胡适致汤尔和（稿），1935 年 12 月 23 日，《胡适来往书信选》，中华书局，1979年，中册，281—282 页。
② 陈独秀致胡适（1919 年 5 月 7 日），《胡适来往书信选》，上册，42 页。
③ 陈独秀，《法兰西人与近世文明》（1915 年 9 月），《陈独秀著作选编》，第 1 卷，164—166 页。

向更实在的社会"改造"发展。①

　　陈独秀在 1919 年提出，"最进步的政治，必是把社会问题放在重要地位，别的都是闲文"。若"社会经济的问题不解决，政治上的大问题没有一件能解决的。社会经济简直是政治的基础"。② 若比较他三年前所说的"伦理问题不解决，则政治学术皆枝叶问题"，即可见其观念的明显转变。从思想伦理到社会，虽然仍延续着轻"国家"而重"国民"的取向，但已渐从个体的"自觉"向群体的"自治"倾斜。以前他的思路是伦理思想决定政治，现在他提出社会经济是政治的基础，讨论的虽皆是非政治的面相，却都意在政治，且呈现出逐渐向实际政治靠拢的趋势。

　　当初无意"批评时政"时，陈独秀曾说："国人思想，倘未有根本之觉悟，直无非难执政之理由。"③ 其隐含的意思，国人若有了根本觉悟，便可以批评政府了。还在 1917 年，有读者指出《新青年》表现出了从重学说向重时事转移的趋势，陈独秀一面重申不批评时政的"主旨"，却又表示，遇到"有关国命存亡之大政，安忍默不一言"。④ 到 1918 年夏天，他虽仍坚持"国家现象，往往随学说为转移"；但终于正式谈起政治来。陈氏以为，行政问题可以不谈，至于那些关系到"国家民族根本的存亡"的政治根本问题，则人人应谈，不能"装聋推哑"。这时他转而强调，国人"彻底的觉

---

① 参见罗志田，《激变时代的文化与政治——从新文化运动到北伐》，北京大学出版社，2006 年，77—81 页。

② 陈独秀，《实行民治的基础》（1919 年 11 月），《陈独秀著作选编》，第 2 卷，119 页。

③ 记者（陈独秀），《答王庸工》，《青年杂志》，1 卷 1 号，2 页（栏页）。

④ 顾克刚致陈独秀、陈独秀复顾克刚，《新青年》3 卷 5 号（1917 年 7 月），5—6 页（栏页）。

悟"，必须落实到对政治根本问题"急谋改革"，才能避免国亡种灭的局面。①

大概因为《新青年》同人和读者中很多仍不主张谈政治，陈独秀在 1918 年底创办《每周评论》，以谈政治为主。次年五四学生运动发生后，颇有学生被捕。陈氏于 6 月初在《每周评论》上撰文，主张青年要有"出了研究室就入监狱，出了监狱就入研究室"的志向。② 几天后，他自己就因散发传单而被捕，关押近百日。从这时起，在各种内外因素推动下，陈独秀彻底告别不谈政治的主张，从思想改造走向直接诉诸政治行动了。

不过，陈独秀那时提倡的"民治主义"，是偏向自由主义的。他所说的中国若实行民治，要"拿英美作榜样"，已成广为引用的名言。③ 到 1920 年 5 月，陈独秀已和共产国际的维经斯基有所接触④，而其对自由主义的基本原则，也确实深有体会。⑤

胡适和傅斯年都说过，陈独秀曾经是个自由主义者。胡适以为他成为共产党半出偶然，而傅斯年却认为有其"自然的趋势"。⑥ 两人所说都有道理，如果陈独秀在北京有忙不完的事要做，如果他不

---

① 陈独秀，《今日中国之政治问题》（1918 年），《陈独秀著作选编》，第 1 卷，417—419 页。

② 陈独秀，《随感录·研究室与监狱》（1919 年 6 月），《陈独秀著作选编》，第 2 卷，112 页。

③ 陈独秀，《实行民治的基础》，《陈独秀著作选编》，第 2 卷，119 页。

④ 石川祯浩，《中国共产党成立史》，袁广泉译，中国社会科学出版社，2006 年，93—107 页。

⑤ 参见罗志田，《五四与西学：与"自由主义"相关的一个例子》，收入《西学在中国——五四运动 90 周年的思考》，生活·读书·新知三联书店，2010 年，86—93 页。

⑥ 胡适致汤尔和（稿），1935 年 12 月 23 日，《胡适来往书信选》，中册，282 页；傅斯年，《陈独秀案》，《独立评论》第 24 号，3—4 页。

是偶然和维经斯基同时出现在上海，他或许真不会成为共产党。另一方面，社会主义不仅素为陈独秀所关注，更对那时各类中国读书人都深具吸引力。必充分认识及此，才可以理解为什么张东荪、戴季陶都差一点成了中共的创始人。把这些人聚合在一起的是社会主义，使他们终于分开的，也是对社会主义的不同理解。[①]

从学理言，现代自由主义本与社会主义相通。而自由主义在中国的"黄金时段"，正是从"二十一条"到巴黎和会那几年。当时美国在华影响也一度高涨，外有威尔逊总统提倡各民族自主的"十四点计划"，内有学者型的驻华公使芮恩施和恰来中国讲学的杜威，三者都甚得中国读书人之心，合起来产生了很大影响。但威尔逊在巴黎和会的"背叛"，同时断送了美国在中国的政治影响和中国自由主义者的政治前途。中国人在摈弃了以日本为学习榜样后，经历了短暂的"拿英美作榜样"，终转向更长久的"以俄为师"。[②]

陈独秀自己身上也体现了这一转折，他在 1918 年底尚称威尔逊为"世界上第一个好人"；到次年初即已感觉威尔逊提出的是"不可实行的理想"，故称其为"威大炮"。再到 1920 年秋，他进而主张输入学说应该"以需要为标准"，即"一种学说有没有输入我们社会底价值，应该看我们的社会有没有用他来救济弊害的需要"。此前中国或需要输入达尔文的社会进化论，到那时则中国的"士大夫阶级断然是没有革新希望的，生产劳动者又受了世界上无比的压

① 中国共产党创立期间，曾有好些打算使用的名称，多与社会主义相关。参见石川祯浩，《中国共产党成立史》，160—175 页。
② 参见罗志田，《再造文明的尝试：胡适传》，中华书局，2006 年，238—256 页。关于芮恩施的影响，参见 Noel H. Pugach, *Paul S. Reinsch: Open Door Diplomat in Action*, New York: KTO Press, 1979, pp. 123–139。

迫，所以有输入马格斯社会主义底需要"。①

前引陈独秀的自由主义表述，大致在其参与创建中国共产党的前夕，这意味着他从自由主义向马克思主义的立场转移，几乎在瞬间完成。但马克思主义绝非一两天可以速成，中共创立时也在上海的李达回忆说，陈独秀即使在担任中共领导之后，也"并不阅读马列主义著作"；对关于中国革命的马克思主义理论，他是既"不懂，也不研究"。甚至"《向导》上署他的名字的文章，大都是同志们代写的"。②此说实有依据，且不仅限于《向导》；《新青年》8 卷 3 号上署名陈独秀的《国庆纪念的价值》一文，从文风到遣词用字，都与他此前（以及此后很多）文章不同，基本可以确定为代作；不论是否经其润色，最后定稿显然不出他手。③

或可以说，陈独秀不过是在立场上转向了马列主义，并未系统掌握其理论。唯以其对学理一贯敏锐的感觉，他对马列主义也有大体的把握，并很快与自己的固有主张结合起来。他曾先后以为伦理思想和社会经济对政治起着决定性的影响，马克思主义关于经济基础决定上层建筑的理论显然与此相通，成为他后来经常运用的解释工具（在反传统或"反封建"方面，"五四"前后中国的自由主义者与中共党人的态度本甚接近）。同一理论也为他关于旧事物皆一

① 陈独秀，《〈每周评论〉发刊词》（1918 年 12 月），《陈独秀著作选编》，第 1 卷，453 页；《随感录·威大炮》（1919 年 2 月）、《随感录·学说与装饰品》（1920 年 10 月），《陈独秀著作选编》，第 2 卷，37、274 页。
② 李达，《中国共产党的发起和第一次、第二次代表大会经过的回忆》，《"一大"前后：中国共产党第一次代表大会前后资料选编》（二），中国社会科学院现代史研究室、中国革命博物馆党史研究室编，人民出版社，1980 年，16 页。
③ 参见陈独秀，《国庆纪念的价值》（1920 年 10 月），《陈独秀著作选编》，第 2 卷，277—280 页。

家眷属的见解提供了新的出路，现在他可以采取革命的手段，倒过来从国家机器（即旧政治）入手，去全面推翻旧文学和旧伦理。

陈独秀于 1920 年在上海参与创建中国共产党，次年当选为中共首任总书记，直到 1927 年被撤职。1929 年，他因公开反对中共在中东路事件后提出的"武装保卫苏联"口号而被开除出党。1932 年 10 月，却以中共首领身份被国民政府逮捕。1937 年出狱，一面从事抗战宣传，同时也开始对共产主义理论进行反思。在贫病交加中辗转流徙数年后，于 1942 年 5 月病逝于四川江津。

大体可以说，陈独秀从提倡思想领域的革命到直接投身政治革命，既有偶然的巧合，也有其不得不如是的逻辑进路，更与外在时势的演变相契合。章太炎在清末曾提出："目下言论渐已成熟，以后是实行的时代。"[1] 类似的倾向在五四后的中国思想界相当流行。然而一旦"行动"成为主导的倾向，"思想"本身就可能退居二线。这可能意味着读书人在整个社会中地位的下降，想要追赶时代者，或许不得不进行一定的自我约束，甚至自我否定。[2] 陈独秀却不是那种愿意屈服于时势的读书人，在真正走入行动的时代后，他仍在继续努力，但实际政治显然不是他的强项。

很多年之后，中国的革命终指向了文化本身。这未必是陈独秀那一代人思想和言行的逻辑发展，唯苍穹之上，似隐约可闻"最后觉悟之最后觉悟"那缥缈的余音——文化既是中国人长期的自负，也是其可以自负之所在；那曾经是形形色色中国读书人憧憬对象的

---

[1] 章炳麟，《〈民报〉一周年纪念会演说辞》（1906 年 12 月），《章太炎政论选集》，汤志钧编，中华书局，1977 年，上册，328 页。

[2] 参见罗志田，《激变时代的文化与政治——从新文化运动到北伐》，135—143 页。

革命，则是 20 世纪中国名副其实的一条主流。① 当两者结合在一起，即最具吸引力的"革命"也要在最高层次进行时，出现史无前例的"文化大革命"，似乎也可见其来有自的轨迹。

六、 一生定位

陈独秀在南京狱中时，曾为乡后辈汪原放写过一张条屏，上面说："天才贡献于社会者甚大，而社会每迫害天才。成功愈缓愈少者，天才愈大；此人类进步之所以为蚁行而非龙飞。"② 不论这是抄自他人还是自作，都是自抒胸臆。陈氏对中国社会，一向责任心重而畅所欲言，贡献不可谓不大；但社会对他的回报，则声誉虽隆而"成功"实少。他在狱中书此，恐怕对所谓"社会迫害"，深有隐痛。

陈氏本人的自定位，其实也是充满犹疑的。1922 年他为科学图书社题词，回忆从二十多岁的少年时代起，就"为革新感情所趋使"而办《安徽俗话报》；奋斗了二十年，除"做了几本《新青年》，此外都无所成就"。③ 那时他已投身实际政治，而自己可视为"成就"的，仍是文字的贡献。但后来在狱中写自传时，却说自己"一生差不多是消耗在政治生涯中"，并自认其大部分政

---

① 参见罗志田，《士变：二十世纪上半叶中国读书人的革命情怀》，《新史学》（台北）18 卷 4 期（2007 年 12 月）。

② 汪原放，《回忆亚东图书馆》，189 页。

③ 陈独秀，《科学图书社二十周年纪念会题词》（1922 年 4 月），录在汪原放，《回忆亚东图书馆》，200 页。

治生涯是"失败"的。① 这"失败"的感觉，应与牢狱生涯无关。出狱后他仍说："我奔走社会运动、奔走革命运动三十余年，竟未能给贪官污吏的政治以致命的打击，说起来实在惭愧而又忿怒。"②

或许是"英雄不夸当年勇"，晚年的陈独秀已几乎不提《新青年》时代的光辉。当记者向他求证，是否如传闻所说"今后要专做文化运动，不做政治运动了"时，他连忙否认。他承认自己的"个性不大适宜于做官，但是政治运动则每个人都应该参加"；尤其"现在的抗日运动，就是政治运动"，那是不能不参加的。③ 这大致仍如他 1918 年恢复谈政治时所说，关系到"国家民族根本存亡"之时，人人都不能"装聋推哑"。但这样一种非实际的政治，也隐约揭示出参与者自定位的尴尬。

在抗战的艰苦时期，陈独秀以自己不够成功的经历鼓舞国人说："我半生所做的事业，似乎大半失败了。然而我并不承认失败，只有自己承认失败而屈服，这才是真正的最后失败。"④ 永不向失败屈服，的确是典型的陈独秀精神。他那时特别强调，"即使全世界都陷入了黑暗，只要我们几个人不向黑暗附和，屈服，投降，便能够自信有拨云雾而见青天的力量"。重要的是"不把光明当作黑暗，不把黑暗对付黑暗"；在那"黑暗营垒中，迟早都会放出一线曙光，

---

① 陈独秀，《实庵自传》，《陈独秀著作选编》，第 5 卷，201 页。
② 陈独秀，《敬告侨胞——为暹逻〈华侨日报〉作》（1938 年 8 月），《陈独秀著作选编》，第 5 卷，263 页。
③ 陈独秀，《答〈抗战〉周刊记者问》（1937 年 10 月），《陈独秀著作选编》，第 5 卷，192 页。
④ 陈独秀，《准备战败后的对日抗战》（1938 年 1 月），《陈独秀著作选编》，第 5 卷，223 页。

终于照耀大地"。①

　　所谓不把光明当作黑暗，不以黑暗对付黑暗，针对的不仅是侵略者，而是整个人类的前途。这已部分回归到自由主义的立场，是他晚年的深刻解悟，更表现出对人性的信心。他注意到，由于"强弱"成为"判荣辱"的标准，于是"古人言性恶，今人言竞争"；这不仅是表述的转换，更是善恶的混淆。在"举世附和"作"人头畜鸣"的现状下，必须有哲人出来辨别黑暗与光明。他知道这样做的代价，然而"忤众非所忌"，哪怕"坷坎终其生"。陈独秀仍寄望于少年的个人自觉，希望他们"毋轻涓涓水，积之江河盈；亦有星星火，燎原势竟成"。②

　　那句"忤众非所忌，坷坎终其生"，既是言志，也是实述。鲁迅曾说，真的知识阶级，"对于社会永不会满意的，所感受的永远是痛苦，所看到的永远是缺点"，并"预备着将来的牺牲"。③ 陈独秀一生的不够"成功"，很大程度上正因为他坚持扮演战斗不息的哲人角色，时时都在"忤众"。所以胡适说他是"终身的反对派"，他也乐于接受，仅指出这是"事实迫我不得如此"。的确，为了坚持"探讨真理之总态度"，他"见得孔教道理有不对处，便反对孔教；见得第三国际道理不对处，便反对它"。一切"迷信与成见"，均不放过。④ 他的目的，是"要为中国大多数人说话，不愿意

---

① 陈独秀，《我们断然有救》（1938 年 6 月），《陈独秀著作选编》，第 5 卷，249—250 页。
② 陈独秀，《告少年》（1939 年 12 月），《陈独秀著作选编》，第 5 卷，334—335 页。
③ 鲁迅，《关于知识阶级》（1927 年 10 月），《鲁迅全集》，第 8 卷，191 页。
④ 陈独秀，《致 S 和 H 的信》（1941 年 1 月 19 日），《陈独秀著作选编》，第 5 卷，367 页。

为任何党派所拘束"。①

　　晚年的陈独秀，已被共产党开除，又不可能认同逮捕他的国民党，还不得不配合政府和两党抗日，处境的确艰难。但他坚持表态说："我决计不顾忌偏左偏右，绝对力求偏颇，绝对厌弃中庸之道，绝对不说人云亦云豆腐白菜不痛不痒的话。我愿意说极正确的话，也愿意说极错误的话，绝对不愿说不错又不对的话。"一言以蔽之，"我只注重我自己独立的思想，不迁就任何人的意见"。他更顽强地说："我已不隶属任何党派，不受任何人的命令指使，自作主张，自负责任。将来谁是朋友，现在完全不知道。我绝对不怕孤立。"②

　　实际上，很少有人真能"不怕孤立"。英雄也有落寞寂寥之感。在他弃世的前一年，听说一些后辈友人在屈原祭日饮酒大醉，陈独秀赋诗赠友，起首便言"除却文章无嗜好，世无朋友更凄凉"。③ 那是中国很不如意的时候，大家心情都未必轻松。而别人还能相聚饮酒，他却僻处乡间陋室，孤身面对老病。已过耳顺之年的陈独秀，或渐趋于从心所欲，终于撕下了"超我"的面具，不再像鲁迅看到的那样虚张声势，而是回向"本我"，在后辈面前实话实说。

---

① 陈独秀，《致〈新华日报〉》（1938 年 3 月 17 日），《陈独秀著作选编》，第 5 卷，241 页。

② 陈独秀，《给陈其昌等人的信》（1937 年 11 月 21 日），《陈独秀著作选编》，第 5 卷，216—217 页。按陈独秀的厌弃"中庸之道"是一贯的，他在 1915 年的《敬告青年》一文中，即曾劝告青年，要"利刃断铁，快刀理麻，决不作迁就依违之想"（《陈独秀著作选编》，第 1 卷，159 页）。

③ 陈独秀，《闻屈原祭日友人聚饮大醉寄建功》（1941 年 7 月）《陈独秀著作选编》，第 5 卷，370 页。汪原放所录存的后句为"世无朋友实凄凉"，有一字不同，见其《回忆亚东图书馆》，200 页。台静农所藏陈独秀手书的《闻光午之瑜静农建功诸君于屈原祭日聚饮大醉作此寄之》，后句也作"世无朋友更凄凉"。见《台静农先生珍藏书札（一）》，台北"中研院"文哲所，1996 年，312 页。

他仍然不曾"屈服"，却也不复倨傲，坦承无友的凄凉。然而，能说凄凉者，就未必多凄凉。面具既除，轻松旋至。寂寞之中，透出几分淡定，减去多少挂怀。更关键的是，陈独秀不再以奔走政治自期，而是回归了文章士的行列。这一回归的重要在于，他一生事业的所谓失败，也都随"政治"而去。在"文章"这一领域里，他永远是成功者，也始终不乏追随者。

这是否即陈独秀最后的自定位，我不敢说。与他有过接触的人中，大都不甚承认他事功方面的作为，却推崇他在思想方面的贡献。最典型的，是昔日政敌吴稚晖在挽联中说他"思想极高明"而"政治大失败"。[①] 傅斯年或许是陈氏真正的解人，他不仅确认陈独秀为"中国革命史上光焰万丈的大彗星"，更看到了其不迁就任何人而"只注重我自己独立的思想"的特质——陈独秀未必如胡适所说是"终身的反对派"，其实"他永远是他自己"![②]

（原刊《四川大学学报》2010 年 5 期）

---

① 吴敬恒，《挽陈仲甫先生》，《新民报晚刊》（重庆），1942 年 6 月 8 日，2 版。
② 按傅先生和陈独秀一样，认为"革命不单是一种政治改变，而是一切政治的、思想的、社会的、文艺的相互改革"。参见傅斯年，《陈独秀案》，《独立评论》第 24 号，2、7 页。另一方面，像陈独秀这样在"政治"与"文章"之间徘徊、离异和回归，他不能没有改变。问题是他究竟改变了多少？什么是他维持不变的本色？这些问题，或许还可以进一步探讨。

林纾的认同危机与民初的新旧之争

　　1919 年林纾与蔡元培的笔战，是民国初年新旧之争的一次象征性事件。一般均认为此事是以蔡胜林败为结局的，当然也就是新战胜了旧。这个看法，最多只有一半对。从思想观念的视角看，恐怕应该说是林胜了蔡。这并不是要标新立异。只要细看蔡元培对林纾的驳论，便可见蔡无非是——力驳北大并不存在林所指控的"错误"，却甚少指出林氏的观念本身有何不妥（详后）。实际上蔡在驳林时，处处皆本林纾所提的观点。此虽是论战中常用的以其人之道还治其人之身的方法，但争论的一方若基本全用对方的观点，而无自己的立论，等于就是承认对方的观点基本是正确的。如此，则即使胜了战斗，也是输了战争。

　　的确，林蔡之争不仅凸显了民初传统的中断与延续并存，新旧杂处而相互纠缠，你中有我、我中有你的复杂关系，以及由此而引起的思想界位置错综、角色倒置的现象，而且提示了民初的社会发展与思想演变的互动关系。我们的思想史和社会史研究，几乎一直是各搞各的，互不越雷池一步。但过去对林蔡之争胜负的认知，显然已说明仅从思想史的角度考察，未必能得此事之全貌。倒是从社会史意义上看，蔡胜了林才确实代表新胜了旧。但恰恰在社会史意义上，蔡要胜林，其实根本不必论战。因为蔡元培的"社会资格"，无论新旧，都非林纾所能比拟。可以说胜负在论争之前就已"确定"了。本文试从思想史的社会层面着手，换个视角考察和诠释林蔡之争，以期能在社会的大框架里为这一思想论争定位，最终希望可以从一个小的侧面增进我们对近代中国的了解。[①]

一、 新文人要做旧代表

林纾之所以在社会学意义上战败，一个主要原因是他的个人身份有些尴尬。林是前清举人，以功名论，不过小儒一个。后之成名主要靠两端：一是古文做得好，被许多人认为是清季桐城文派的一个殿军；一是大译西人小说，流布甚广。但在新旧不两立的民国初年，这两端本身已非十分和谐。林氏的认同危机，也正隐伏于此。

若论中国小说转向以西方为本位的典范转移（paradigm shift），林氏正是始作俑者。郑振铎在林纾去世的 1924 年指出，把西洋小说提高到可以与司马迁的《史记》比肩的程度的，正是林纾。小说在中国由士人不屑的"小道"而被提上台面，也是林氏的功劳。以前的文人写小说，都不署真名。林纾虽以古文名世，译小说却肯署原名。概言之，"自他之后，中国文人，才有以小说家自命的"。[②]也在同一年，林蔡新旧之争事过已数载，心境已较为平和的新文化运动的主要人物胡适也曾下定语说："林纾是介绍西洋近世文学的

---

① 关于思想史的社会研究取向，参看 Robert Darnton, "The Social History of Ideas," in idem, *The Kiss of Lamourette: Reflections in Cultural History,* New York, 1990, pp. 219 - 52. 严格按此取向进行研究，应先做大量的基层社会"重建"工作，非一篇小文所能为。本文则主要还是侧重于论战当事人这些精英人物。

② 郑振铎，《林琴南先生》，收在钱锺书等，《林纾的翻译》，商务印书馆，1981 年，17 页。

第一人。"①

我们只要看清季民初从梁启超到鲁迅都把小说提到改造国民性之最佳武器的高度，便可以想见林氏的影响有多大。胡适在晚年说起 1915 年他二十岁时写《康南耳君传》，"我那时还写古文，……那时叙事文受了林琴南的影响。林琴南的翻译小说我总看了上百部"。② 可知胡适自己至少到 1915 年时还颇受林纾的影响。两年后他主动攻击林氏，多少也有些反戈一击的意味。

不仅如此，比胡适小约十余岁的文学家巴金曾自述他年轻的时候，一部商务印书馆的"说部丛书"打开了他的眼界："他们好像给我准备了条件，让我张开双臂去迎接新的思想，迎接新的文化运动。"③ 这部丛书内就有大量林氏的译作。比巴金又年轻一些的钱锺书也回忆说，林译小说是他十一二岁（1920 年前后）时的"大发现"，它们"带领我进了一个新天地。一个在《水浒》《西游记》《聊斋志异》以外另辟的新世界"。④

这些自白极有提示性。从这些成年晚年回忆所使用的词汇看，林译小说所造成的典范转移是非常明显的。进而言之，林纾不但直接帮助培养了胡适等新文化运动那一代人，也促成了后来他自己不能认同并要反对的趋新倾向。许多巴金那一代人或者就是在林译小说的影响下认同和投入了新文化运动及其荡漾的余波。这样一种诡

① 胡适，《中国五十年来之文学》，《胡适文存二集》，上海亚东图书馆，1924 年，卷二，113 页。
② 胡颂平编，《胡适之先生晚年谈话录》（以下径引书名），中国友谊出版公司，1993 年，280 页。
③ 巴金，《怀念二叔》，《联合报·副刊》，1994 年月 24 日。
④ 钱锺书，《林纾的翻译》，收入前引同名文集，22 页。

论性的（paradoxical）现象，或非林纾始料所能及；但也为后来的研究者所基本忽视，却是不应该的。

简言之，从小说与思想学术变迁的层面看，不管他自己和新文化诸人是否承认，林纾可以说是个新人物。其实新文化人又何尝不知道这一点，不过在论争时不愿承认罢了。1924 年林纾去世后，那时已心平气和且也有些"落伍"的胡适才开始给林氏正名，说林是 19 世纪最后几年因外患刺激而立志从事改革事业的"新人物里的一个"，也就是说，"五六年前的反动领袖在三十年前也曾做过社会改革的事业"。胡以为："我们晚一辈的少年人只认得守旧的林琴南而不知道当日的维新党林琴南；只听见林琴南老年反对白话文学，而不知林琴南壮年时曾做很通俗的白话诗，——这算不得公平的舆论。"①

这些话，特别是最后提出的"公平"，新文化人在几年前是不会说的。胡适说此话虽略含自责的意味，但还是不够干脆。他自己看过上百部的林译小说、写叙事文颇受林氏影响这件事，就还要等差不多四十年后才肯说。然而，正因为胡适在说此话时自己也已经有些"落伍"即疏离于时代思想言说中心，其听众的广泛就远不如当年。结果新文化运动时的"反动领袖"这一身份认同就伴随林纾到如今了。

从一个有志改革的维新党到旧派的发言人，似乎是与清末民初的时代发展相适应的。因为大多数昔日的维新党到新文化运动时期都已"落伍"而成守旧派了。但是，恰恰是在后来林氏公开认同的

---

① 胡适，《林琴南先生的白话文》，转引自胡颂平，《胡适之先生年谱长编初稿》（以下径引书名），台北联经出版公司 1990 年修订版，第 2 册，579 页。

传统范畴里，一个只有举人功名的小说家是没有资格做士林代表的。两者之间的距离实在太大了。从传统"旧"观念看，小说家者流绝不能进入儒林正宗。胡适在 1923 年说："小说向来受文士的轻视，但这几十年中也渐渐得着了相当的承认。"[①] 胡适这里说的"文士"应再加界定，因为纯粹的"文士"本身也是受到儒林正宗轻视的，小说家又等而下之。而所谓渐渐得着了承认，也不过是那几年才开始，绝非几十年间的事。

胡适和鲁迅等人的一大努力，就是要为小说和小说家正名。用胡适的话说，就是要给小说以"现代学术荣誉"，也就是要"认定它们也是一项学术研究的主题，与传统的经学、史学平起平坐"。[②] 在这一点上，新文化诸人与林纾其实是相互配合的。小说得到社会的重视，与林氏的努力和成就分不开；但得到学界的承认，却是新文化人努力的结果。从这个意义上看，新文化诸人不过是步林氏的后尘而发展之。唯他们在此同时却把以译小说而成名的林纾作为攻击的对象，实是一个耐人寻味的诡论性现象。进而言之，也只有在小说已可以与经学等正宗学科争正统之时，小说家才有自信和可能出来代表传统一边立言。林纾能成为文学革命反对派的"领袖"，其实也是文学革命本身促成的。

若仔细考察，小说家林纾在士林地位的上升，正与 20 世纪初年的尊西趋新的大势相关，更与这一大趋势的直接产物京师大学堂即后来的北京大学有直接的关联。实际上，林氏一生事业转折的契机，就是翻译西方的小说。林纾一生事业的高潮，大约是出任京师

---

① 胡适，《日本译〈中国五十年来之文学〉序》，《胡适文存二集》，卷二，213 页。
② 唐德刚译注，《胡适口述自传》（以下径引书名），华东师范大学出版社，1993 年，230 页。

大学堂的文科负责人。而他初与北大发生关系，恰是靠译书成名，进了附属北大的译学馆。林纾后来能由译学馆转任教职，教授国文并终至文科两教习之首，据说是靠了实际主持教学的桐城派大人物姚永概的提携。早年京师大学堂的学生中不乏进士，林竟然能以举人而任"首席教习"，固然因其作文能得桐城义法，但多少也借了破旧立新的光。

中国自从"文苑"与"儒林"分家以来，纯文人不仅死后进不了《儒林传》，生前也多不能为士林正宗的社交圈子所接受，更不可能在与"国子监"略同的京师大学堂里位居正统士人之上。一个只有举人功名且属小说家者流的文人而能居士大夫之上，正是传统已崩坏的典型表征。林氏不仅自身参与了早年的"反传统"，而且是传统崩坏的直接受益者。

二、 文选派和桐城派争夺北大

民国二年林纾被迫从北大辞职，是因为民国成立后北大文科渐为章太炎的弟子所据。从传统的观念看，太炎一支在学术上是以经学小学这样的正统"儒林"学科为依归，正所谓"根正苗红"，远非那时在"辞章、义理、考据"三要素中基本只剩"辞章"一枝独秀的桐城派所能比拟。太炎派因为过去身与革命，其入主北大或者借了民国代清这一"鼎革"大变的东风，但其在学术上实比在他们之前控制北大的"文选派"和"桐城派"更加合乎"传统"，在某种程度上可以说是还更"旧"。同时，太炎派在北大因是后来的"争正统"者，又挟革命者的心态和行为准则，对在他们之前的当权派"文选"和"桐城"二派，正有必斗争到底的气概。①

　　太炎派之所以反桐城派最厉害，既因为桐城派曾一度"当权"，尚有影响，也隐含着"儒林"反击"文苑"的消息。钱玄同说得最明白：八股试帖，已是人人都视为敲门砖，"没有人当他一种学问看待"。至于"桐城派"和"选学家"，则人人"无不视为正当之文章"，已先后流毒数百年到千余年。钱明确表示，对于它们，决不能"瞎了眼睛，认他为一种与我异派之文章"，而用平等的方式与之论争，只有用谩骂之法将其骂倒。② 桐城派既然余威尚存，后入主北大者就不得不肃清其影响；虽要与之争斗，却又不能视其为平等，故必出以谩骂。太炎派反桐城派，是革命也更正统的一派与以前当权而又不够正统的一派争夺思想领域（及其重要阵地北大）的控制权的斗争。故林纾的不得不辞职，恰是为传统眼光中更"正统"的学派所迫。

　　蔡元培入主以前的北京大学，早已是太炎门人的天下。蔡本人治校虽以兼容并包为宗旨，其实也不是完全兼容。就像他在答林纾的信中所说，他的兼容并包就不容纳"达自然淘汰之运命者"。③ 蔡是浙江人，曾与章太炎同创光复会；他在北大的一个重要根基其实

―――――――――

① 文选派的情形比桐城派要更复杂。从历史上看，桐城派宗韩柳的散文，是反对文选派的骈文的。而太炎一派最讲究和擅长魏晋文章，与文选派本是"一条战壕里的战友"。太炎在北大的一些弟子如黄侃也要讲《文选》，唯不怎么作四六骈体。故太炎派与文选派之争，大约不仅要争北大的正统，而且要争魏晋文章的正统。若再细看，则或者也隐含着太炎派内部争正统的消息——攻《文选》的钱玄同与讲《文选》的黄侃本不相得。这个问题牵涉太广，只有另文探讨了。

② 钱玄同，《对"南丰基督教徒悔"来信的答复》，《新青年》，4 卷 6 号（1918 年 6 月），627 页（卷页）。

③ 此处及下面所引林蔡往来信函及附件，均载高平叔编，《蔡元培全集》，第 3 卷，中华书局，1984 年，267—275 页。

就是后来为英美留学生所攻击的"某籍某系"，也就是浙江籍的国文系教授；这些人大多留日，是太炎的弟子，未入章门者也多与太炎派有瓜葛。由于上述的原因，太炎派就最不容桐城派。故蔡在北大所聘的旧派教授虽不少，却并不返聘桐城派之人，虽可认为是已将其视为"达自然淘汰之运命"了，其中也有更复杂的内外因素。

同样，主张容忍比自由更难得的胡适也曾说："任何事我都能容忍，只有愚蠢，我不能容忍。"① 讲究民主的陈独秀以为，"讨论学理之自由，乃神圣自由也；倘对于毫无学理毫无常识之妄言"，就不能"滥用此神圣自由，致是非不明，真理隐晦"；对付之道，"唯有痛骂之一法"。②

问题在于，什么是"达自然淘汰之运命者""愚蠢"和"毫无学理毫无常识之妄言"，并无一个悬在那里的客观标准。也就是说，蔡元培实际上可以不兼容任何他以为是已被自然淘汰者；胡适可以不容忍所有他认为是愚蠢的事物；而陈独秀也可以痛骂一切他认为是毫无学理毫无常识之妄言。蔡、胡、陈等人与太炎派诸人一样，都受过辛亥革命（含辛亥前的革命活动）的洗礼。在心态和行为准则上，或多或少都有些"革命气味"。用胡适自己的话说，就是带着"正义的火气"。由于"认定自己的主张是绝对的是，而一切与我不同的见解都是错的"，则"不容忍"和"摧残异己"都是合乎逻辑的结果。③

---

① 《胡适之先生晚年谈话录》，220 页。
② 陈独秀，《对"崇拜王敬轩先生者"来信的答复》，《新青年》，4 卷 6 号（1918 年 6 月），628 页（卷页）。
③ 胡适致苏雪林，1961 年 10 月 10 日，引在《胡适之先生年谱长编初稿》，第 10 册，3768—3769 页。

　　故这一次的新旧之争，在某种程度上也是辛亥革命前后争夺对北大的控制以至全国的思想领导权这一大斗争的反映，及其进一步的发展。在此斗争之中，最"新"的新文化派和最"旧"的章太炎派之一部奇特地扭合在一起，而把他们结合起来的"因缘"大约就包括都曾因为传统崩坏而出现的思想界空白时四出取经、共同的对手以及都受过辛亥革命的洗礼等等。这正是连接辛亥革命和新文化运动的一条重要内在思想理路。新文化人在反对主张"复古"的言论中，有意无意间总要点出满汉之别，最爱暗示那些人要复的"古"与满清的关联（强调其或者不是纯粹的"古"，或者也不过是只有数百年的"古"），特别能体现辛亥革命者那种革命心态的痕迹。[1]

　　辛亥革命本身是近代中国新旧之争的一个大转变。最主要的变化即是新旧之间的攻守之势变了。过去是因为旧的不好，所以要新；现在则反过来，为拥护新来的西方民主与科学，要反对几乎一切的中国传统。[2] 当然，如唐德刚先生所言，胡适等人外出取经所负的"使命"原来就是要"以西洋之长，补中国之短"。他们"但见洋人之长，而未见其短，或讳言其短"，也是可以理解的。[3]

　　这样看来，新文化人在此时强调破坏的一面，还应多从革命心态去理解。胡适自己曾说："今日所谓有主义的革命，大都是向壁虚造一些革命的对象，然后高喊打倒那个自造的对象。"[4] 新文化运动的文学革命，在某种程度上亦是如此。其所攻击的八股、选学、

---

① 这一点在周树人、周作人兄弟的著述中最为明显，举目可见，兹不赘引。

② 参见陈独秀在《本志罪案之答辩书》（《新青年》6 卷 1 期）中所说的关于拥护德先生和赛先生而不得不反对的各项内容。

③ 参见《胡适口述自传》，43 页注 4。引号中不尽是原文。

④ 胡适，《我们走哪条路》，《胡适作品集》，台北远流出版公司，1986 年，第 18 册，16 页。

桐城派，无一不是死老虎。胡适自己后来就承认，正是钱玄同提出的"选学妖孽"和"桐城谬种"两句口号，"为文学革命找到了革命的对象"。① 钱氏并非文学革命的发起人，只是后起的响应支持者，而革命的对象却由他来"找到"，其间所透露出的消息，意味就十分深长了。

胡适所说的"找对象"，真是传神之语。钱玄同在提出"选学妖孽"和"桐城谬种"两句口号之时，即已指出："得此辈多咒骂一声，便是价值增加一分。"想要"找对象"的倾向甚明。后来"此辈"并不"咒骂"，颇使新青年同人扫兴。鲁迅在钱玄同约稿的要求里即看出了"没有人来反对"的"寂寞"。钱氏最终不得不自己化名出来咒骂自己，正是想要自增价值那种"找对象"情结的自然发展。②

萧公权先生曾说，胡适在新文化运动时期"未能见到'孔家店'已无多少顾客，要打倒它，无异是打一死老虎"。③ 这是萧先生做学问太君子，所以被新文化人"欺之以方"了。若将钱、陈、胡的话联系起来看，则立新必须破旧，革命要有对象，哪里还管老虎是死是活呢？

五四之时中国传统早已被破坏得四分五裂，所以才有黄远庸所谓"笃旧者高扬复古之帜"的现象。④ 但旧派虽主复古，却甚少像

---

① 《胡适口述自传》，153 页。

② 钱玄同自署名的《通信·致独秀》及化名王敬轩的《文学革命之反响》，《新青年》，2 卷 6 号（1917 年 2 月），12 页（栏页）；4 卷 3 号（1918 年 3 月），265—268 页（卷页）；鲁迅，《呐喊·自序》，《鲁迅全集》，人民文学出版社，1981 年，第 1 卷，419 页。

③ 萧公权，《康有为思想研究》，台北联经出版公司，1988 年中译本，374 页。

④ 黄远庸，《新旧思想之冲突》，收在《黄远生遗著》，台北文海出版社影印上海1938 年增订本，卷一，120 页。

新派一样进攻。就个人而言，直到新文化运动前，林纾只是一个半新半旧的人物，恐怕新的色彩还略浓一些。从完全功利的观念看，新文化运动使北大的太炎派一分为二，林氏或应该暗喜。故林氏对北大的新文化派，初无进攻之意。

胡适的《文学改良刍议》出来后，林纾敏感地察觉到"古系之绝"即传统中断的危险，写文章主张中国的古文不宜废。林氏确不欣赏新派，以为他们不过名词新而"学不新"。他也知道，在这"新学始昌"之时，桐城文章已无"济于用"。但作为一种"艺术"，古文仍值得保留。有意思的是林纾用来支持自己主张的论据，一是西人并不废拉丁文，一是日本也不抛弃传统。[①] 可见即使所谓"守旧派"，其立论之依据已全是外来的。西潮的力量于此可以概见，而林氏的认同危机也已经若隐若现。

林纾此时的主张，尚颇温和。倒是章太炎的弟子钱玄同不忘旧恶，从1917年起就不仅攻击桐城派，更直接向林纾挑战。钱氏在《新青年》上撰文，先大骂所谓"桐城巨子，能作散文"，其实也不过是做高等或变形的八股。继而说这些人"自名典瞻大雅，鄙夷戏曲小说，以为猥俗不登大雅之堂"；但号称"大文豪"的林纾则一面专以《聊斋》文笔与人对译欧西小说，"一面又欲引韩［愈］柳［宗元］以自重。此其价值，又在桐城派之下"。[②] 说来说去，就是要揭出林氏认同的尴尬：《聊斋》文笔也好，欧西小说也好，都是

---

① 林纾，《论古文之不宜废》，原刊上海《民国日报》，1917年2月8日，胡适同年4月7日的日记全文抄录此文。本文引用的胡适日记为上海亚东图书馆1939年的《藏晖室札记》和台北远流出版公司1989—1990年的《胡适的日记（手稿本）》，以下只引日期，不再注明卷册。

② 钱玄同，《通信·致独秀》，《新青年》，3卷1号（1917年3月），3—6页（栏页）。

不登大雅之堂的小说家者流。但钱氏连林纾为桐城派中人也不予承认，也并非无因。

三、 不许小说家代表道统

林氏身份认同的尴尬是多层面的，其间的情形相当曲折。首先，这与林译小说自身的功用正在发生变化是相关联的。张恨水两读林译小说的经历就极有象征意义：张氏在新文化运动发生前几年开始看翻译小说，"从林译小说学到许多描写手法"；到新文化运动高潮已过时，张氏受朋友的影响而致力古文，"我家里有许多林译小说，都拿出来仔细研究一番"。[①] 不过几年间，林译小说的作用已由新转旧，从引进西方"描写手法"的范本一变而为古文的范本了。功能作用既然在变，林译小说的生产者和载体林纾本人的身份认同在"小说家"和"古文家"之间游移，亦良有以也。

20 世纪 30 年代钱锺书曾与陈衍谈起他对外国文学的兴趣是因林译小说而起。昔年也曾游移于中西之间的石遗老人当即指出："这事做颠倒了。琴南如果知道，未必高兴。你读了他的翻译，应该进而学他的古文。怎么反而向往外国了？琴南岂不是'为渊驱鱼'么？"在 30 年代，林译小说或已更多被视为古文范本了。陈衍能知林译小说还不是林的"古文"，只是通往其古文的路径，已属不易。但林氏既然曾将小说与班、马文章并论，那"为渊驱鱼"，

---

① 张恨水，《我的写作生涯》，四川人民出版社，1981 年，11、25 页。

至少部分是有意的。陈衍也未必全知林纾。①

　　钱先生在下了一番深入功夫后，发现林纾的确"不乐意人家称他为'译才'"，而宁取古文家这一认同。不过钱先生还有一个重要发现，却较少为人所注意：林纾之所以如此，是因为他根本不视其翻译为"古文"。林氏对其古文自视极高，曾在给李宣龚的信中说："六百年中，〔归〕震川外无一人敢当我。"所以林氏译书，据说是下笔千言而不辍，但写古文时就不得不停下来仔细斟酌，轻重可见。翻译文字既然非林所重，当然也就不会引此为认同。换言之，一般人所谓林纾以古文译小说，大多是指与白话文相对的"古文"；而林氏自谓的"古文"，却是有特定指谓的。

　　但是问题就出在这里。博学而又心细如钱先生者，并世能有几人？石遗老人已不能完全知林，其余可以想见。林纾自己虽取古文家的认同，而世人却多以小说家视之。康有为曾诗赠林纾，有"译才并世数严林"一句。结果严复和林纾都极不高兴。世人说到翻译西书，每以二人并提；而且两人似乎也都与桐城宗师吴汝纶有些渊源。其实他们二位并不很相得。严复是少数能将林纾的古文与林译小说区别对待的"知音"，但其区别的动机，或未必如林氏所希望。盖严是自诩译才的，却不能承认林也为译才，因为林根本不识外文。其实林本来也不想要"译才"这个暗示着小说家的认同。康有为不过说句老实话，竟然两个人都得罪，殊非始料所及。而林氏认同的确尴尬，也由此可见。

---

① 本段及下两段材料，皆本钱锺书，《林纾的翻译》，47—52 页。按陈衍治学观念比林纾更传统，他认为治学须根柢经史，而林纾经史小学不足，"不免空疏之讥"，在京师大学堂任教时常闹笑话。钱锺书记，《石语》，《中国文化》第 13 期（1996年 6 月），1—3 页。

另一方面，林纾虽不喜欢小说家的认同，他下意识中有时仍跳不出小说家的心路。余英时师注意到，正是在这次论争中，严复和林纾对上层文化和通俗文化的分野就颇不一样。严复仍将《水浒传》《红楼梦》一类小说列在通俗文化之内，而林纾就试图将此二书纳入上层文化的范围。晚明以来，因王学提倡个性解放，士人中已出现将通俗文化的一些东西与士大夫文化并提的趋势。林氏所为，固然是沿着此一内在理路的发展，① 但其小说家的心态恐怕也在不知不觉中起了作用。

进而言之，林纾一方面自视为归有光以来做古文的第一人，另一方面又广译欧西小说，这两点恐怕都是正统桐城派所不能欣赏的。陈独秀曾说，桐城宗师吴汝纶以前就说过林氏"只能译小说，不能作古文。现在桐城派古文正宗马［其昶?］先生，也看不起他这种野狐禅的古文家"。② 这话并非信口开河。一般都说林纾出于吴汝纶门下，其实是误传。林自视本高，曾明说他虽然"服膺［姚］惜抱"，却"生平未尝言派"。后来之所以成为"桐城护法"，是因为进入北大曾得姚永概提拔。刘声木所撰《桐城文学渊源考》，收录1200 余人，却不录林纾之名。则吴门对林纾有不佳的看法，信非虚言。新文化人将林纾列入桐城另册，确有所本。林大约也无所谓。③

---

① 说详余英时，《中国近代思想史上的胡适》，收《胡适之先生年谱长编初稿》，第 1 册，27—28 页。
② 陈独秀，《答臧玉海通信》，《新青年》，7 卷 3 号（1920 年 2 月），147 页（号页）。
③ 林纾语转引自钱基博，《现代中国文学史》，台北文海出版公司影印 1936 年增订版，172 页，并参见 164—177 页；刘声木，《桐城文学渊源、撰述考》，黄山书社，1989 年。钱锺书注意到，林纾晚年在古文界地位甚高后，似亦不愿居桐城派门下，故其书中甚至"极诋桐城派"。参钱锺书为其所记陈衍《石语》所作按语，《中国文化》第 13 期，3 页。

且他是前辈，故此时仍颇克制。对陈独秀的人身攻击，也未进行反击。

可是新文化诸人并不放过他。读过一百多本林译小说的胡适旋又出面，指出林纾那篇主张古文不宜废的文章，其本身的古文就做得不通。这真是打蛇打七寸，直往要害处进攻。林纾在论古文不宜废时，曾老实地说"吾识其理，乃不能道其所以然"。胡适据此指出："古文家作文，全由熟读他人之文，得其声调口吻。读之烂熟，久之亦能仿效，却实不明其'所以然'也。"① 胡或以为这是古文家不通处，殊不知桐城派学习作文，本主张"有所法而后能，有所变而后大"。由烂熟而能仿效，就是前一阶段。林纾虽被视为桐城派的殿军，或者还未达后一层次，"能"而不"大"，也就说不出什么"所以然"来，这或许是桐城派式微的主要内因。

但林氏只是桐城派以至"古文"的一个载体。据新文化人的观念，载体的高明与否，不应累及其所载之体以至所载之道。陈独秀在 1920 年说，当时白话诗文质量不高，是因作者"艺术不精"和"真的白话文学年月还浅"，与"白话文体本身没有关系"。② 但是他们却不能用同理来对待"古文"，多半也是其"正义的火气"太甚的缘故。

即使这样，林纾仍保持沉默。新文化人乃不得不由钱玄同和刘半农演出一场"王敬轩双簧"，自骂自答。而两文的核心，仍集中于林纾的认同危机。刘半农说，林纾以唐代小说之神韵翻译外洋小说，是其能成为"大文豪"的根本，但也"实在是林先生最大的病

---

① 胡适，《通信·致独秀》，《新青年》，3 卷 3 号（1917 年 5 月），4 页（栏页）。
② 陈独秀，《我们为什么要做白话文?》，任建树等编，《陈独秀著作选》，上海人民出版社，1993 年，第 2 卷，104 页。

根"。新文化诸人"始终只承认他为'闲书'，而不承认他为有文学意味者，也便是为了这件事"。刘氏明白指出，若林只自居小说家认同，则以"看'闲书'的眼光去看他，亦尚在不必攻击之列"；还可承认他所译之书，有其高明处。[①] 但林既然思出其位，以小说家而思为道统之代表，就不能放过他了。

在此情形下，林氏若再不应战，实难再有立足之地。林纾本小说家，最自然的反应当然是以小说影射陈、钱、胡、蔡等人。这就是已广为引述的小说《荆生》和《妖梦》。林纾在后者中以一个叫"元绪"的人物影射了蔡，结果引起新文化人的大怒。《每周评论》（1919年3月30日）刊文指出，"这竟是拖鼻涕的野小孩在人家大门上画乌龟的行径了"；言下之意，根本不承认林与蔡在同一等级。值得注意的是，此文以下连续使用"该举人"来作为林纾的身份认同，直以骂人口吻教训林氏。"举人"既然敢"犯上"而攻击到"翰林"，就是自居不知身份之别的"野小孩"，故教训一下也无妨。后来陈独秀说林纾学问文章不及孟子、韩愈，却偏要学他们辟杨墨、辟佛老，只算是"婢学夫人"。[②]"野小孩"与"婢"，都是等级社会中上不得台面的人，新文化人的旧等级观念之强，于此可见一斑。

林纾在寄出小说《妖梦》后，收到蔡元培来信，代赵体孟请林氏为明遗老刘应秋著作品题。林颇后悔其攻击蔡，曾试图收回《妖梦》，已来不及。只得再正式具函，出面反击新文化运动，以示其完整一致（如果只影射而不敢正式出头，就更失身份）。此时林纾

① 王敬轩，《文学革命之反响》，及刘半农答书，《新青年》，4卷3号（1918年3月），265—285页（卷页）。
② 陈独秀，《婢学夫人》，《陈独秀著作选》，第1卷，516页。

虽明知新文化诸人背后就是蔡元培，却不便再公然讨蔡，只能说蔡手下的人不对。一则蔡个人未曾得罪林，而林在礼数上先已失据；但更重要的是，以林所持的旧派立场，蔡为前清翰林，而林不过举人，无论自以为文章学问有多高明，相去实在太远。林纾当然也知道这一点大不利处，故其来书一开始便点明"今公为民国宣力，弟仍清室举人"。林纾本来并不十分认同于清廷，观其在民国三年出版的小说《金陵秋》，可知他对反清革命，实际也是同情的。但此时只有以旧朝遗民对新国官吏，庶几可相抗衡。

蔡当然明白林的言外之意，故表面上回避这一点，却抓住林的认同危机，反过来标举林氏对北大的厚爱。因为林之去北大，并非在鼎革之际辞职以殉清，而是到民国二年始因太炎派的压迫而离去，实际上也曾"为民国宣力"，其先朝遗民的自我认同并不稳当。陈独秀不久即将此点破，他引真正的遗老梁鼎芬的话说，已食民国之"禄"的前朝官吏老儒，"还要厚着脸学我们谈纲常名教"，不免使人肉麻。[①]

更有意思的是，蔡元培在答书中全不提应该尊新，却处处暗示林的旧学不足。林纾说北大有人学袁枚讲父母对于子女本无恩义，初不过自感情欲。蔡则教导他这话本出自《后汉书·孔融传》。林既引证不古，举人之不如翰林处顿显。文苑之人何能在儒林之士面前掉书袋，林氏已难有发言权。蔡更循钱玄同的故智，指出林氏虽在各处大讲古文和伦理学，其所译小说则多有"狎妓、奸通"之事，不无暗示林既为小说家者流，哪里有什么资格四处讲古文，使林无立足之地（而伦理学当然也非林之所长，蔡却是出版过伦理学

---

① 陈独秀，《更加肉麻》，《陈独秀著作选》，第 1 卷，513 页。

教科书的）。

最能表现林纾认同危机的，是正统的旧派也不认同于林。《公言报》在刊登林氏书信的同时，还刊出一文作为附录，论述北大新旧派之争。其中说到北大以刘师培为首的旧派，也基本属于取桐城派而代之的章太炎派，他们也不把桐城派人放在眼里；但林纾等两害相权取其轻，反觉与此派能接近。刘师培立即致函《公言报》，指出该文章所述"多与事实不合"；并表明他只是要保存国粹，实无意与新派争胜。刘入北大，正是为蔡元培所"兼容"；该派所出版的《国故》，蔡也曾比照《新潮》之例，予以资助。既已在兼容之列，自无争的必要。这里显然是要与小说家林纾划清界限，当然也不承认林有资格为"旧派"的代言人。尽管受刘影响的《国故》杂志成立于林纾向蔡元培挑战的约略同时，给人以双方似在协作的印象，《国故》派却明确表示不能认同于林纾。① 正宗传统派这样釜底抽薪，对林的实际打击，恐怕比新派的直接进攻还更致命。

新文化诸人对林纾一开始的主动攻击和后来的驳辩，都一直抓住林纾的认同危机即旧派资格不够这一主线。钱、陈、胡、蔡所着意的，无不在此。陈独秀说，林怀恨《新青年》，是因为其反对旧文学；"其实林琴南所作的笔记和所译的小说，在真正旧文学家看起来，也就不旧不雅了"。他私下说得还要直接：像林纾这样"冒充古文家的老头儿"，要"当做保守派、当做旧的，来和我们对抗，我说句不客气的话，恐怕有点不配"。② 陈是只有秀才功名的，在这

---

① 《北京大学日刊》，1919 年 3 月 24 日，6 版。参见萧超然，《北京大学与五四运动》，北京大学出版社，1986 年，162 页。

② 陈独秀，《关于北京大学的谣言》，《陈独秀著作选》，第 1 卷，505 页；陈独秀致胡适信，转引自周天度，《蔡元培传》，人民出版社，1984 年，156 页。

一点上还不如林；但陈在文字音韵等小学功夫上颇有心得，在治学上是属于儒林一路，所以自觉还可以教训一下林氏。

胡适在早年已说林纾攻击新思潮，"未免不知分量"。晚年回顾文学革命之所以比较容易成功时，列出的第一个因素就是"那时的反对派实在太差了"。胡给反对派的"主要领导人"林纾所下的身份认同是"著名的翻译大师"。他以为，这实在只是一个"不堪一击的反对派"。① 可知林纾的旧派资格不够，是新文化诸人历久不衰的共同认知。

新旧两派都不同程度地把林纾排拒在小至桐城派而大到"旧派"之外这个事实，是有着决定性影响的。林纾自己最后也认识到他的认同危机，不得不公开致信各报，承认他以小说影射骂人是不对的。陈独秀对此曾表示佩服，但陈也指出，林并未讲清他卫道和拥护古文的理由，亦即还未在这些方面认错。② 其实林之认错恐怕正是为了自我疏离于其小说家的认同，从而可以更名正言顺地卫道和拥护古文。但一般人或者未必能领会林氏这一层苦心。

林纾既然认错，不管认的是哪一部分，在别人眼里已是自认失败。郑振铎说，这次争论之后，在一般青年看来，林纾"在中国文坛上的地位已完全动摇了"。郑想要给林氏"平反"，于是指出林的"主张"虽然失败，但不能"完全推倒他的在文坛上的地位"。③ 实际上，林的失败恰是在"地位"上而不是在"主张"上。蔡元培的答书集中在否认北大存在林所指责的"覆孔孟，铲伦常"和"尽废古书，行用土语为文字"两点上，但蔡丝毫没有提到林的观念本身

① 胡适，《中国五十年来之文学》，102 页；《胡适口述自传》，165 页。
② 陈独秀，《林琴南很可佩服》，《陈独秀著作选》，第 1 卷，518 页。
③ 郑振铎，《林琴南先生》，1 页。

有何不妥。实际上，假如蔡的辩驳是成立的，则北大所为正是在林所希望的方向上，只是程度还不够罢了。所以，如果从观念上看，应该说是林纾的主张取胜才对。

故林纾未能取胜的原因，应往别处探寻。民国初年新旧杂陈，本是新中有旧、旧中有新。林纾的身份认同先有些尴尬，新文化诸人更连其为旧派都不承认，则林氏提出的观念尚未知成败，林本人却因旧派资格不够而先失答辩之余地。而且，一回到旧的标准，则小说家者流的地位原也不比林氏所看不起的"引车卖浆者流"高到哪里去，林氏又能有多少发言权呢！

林既"失败"，最直接的影响即是林译小说渐渐不那么受欢迎。专出林译小说的商务印书馆在那时已开始觉林纾"来稿太多"。[①] 但林纾个人的失败，未必能体现主张白话之文学革命的胜利。张恨水同样用文言写小说而能在新文化运动之后广泛流行，而且张氏写的恰是面向下层的通俗小说，很能说明这场新旧之争的"胜负"，其实还应做进一步分析。原有意面向"引车卖浆者流"的白话小说，实际在上层知识菁英和追随他们的边缘知识青年中流传；而原被认为是为上层菁英说法的文言，却在更低层但有阅读能力的大众中风行，这个极具诡论意味的社会现象说明，胡适提出的"白话是活文学而文言是死文学"的思想观念，其实是不十分站得住脚的（详另文）。

四、 旧派不够旧，新派不全新

民初的菁英意识，并不止是向往西方。鲁迅曾说，"菲薄古书

---

① 《张元济日记》，1917 年 6 月 12 日，商务印书馆，1981 年，233 页。

的，惟读过古书者最有力"；而"表面上毁灭礼教者，实则倒是承认礼教、太相信礼教"。[①] 新文化诸人对"旧派"资格的高要求，提示着他们在安身立命之处，实则也是很旧的。胡适曾说南社人的诗尚不如郑孝胥、陈三立的诗，南社人柳亚子就反说胡虽"自名新人"，所论"犹是以资格论人之积习"。正如傅斯年对胡适所说："我们思想新信仰新；我们在思想方面完全是西洋化了；但在安身立命之处，我们仍旧是传统的中国人。"[②]

胡适、傅斯年如此，陈独秀亦然。他自己就曾叹谓："适之说我是一个终身反对派，实是如此；然非我故意如此，乃事实迫我不得不如此也！"[③] 前引他所说的几个"不得不"，都属于这个总的"不得不"的组成部分，都分明告诉我们他那种忍痛割爱的矛盾心态——为了更新更美的未来，过去的一切都可割舍。

而且，新文化诸人不仅在安身立命之处颇为传统，其激烈反传统也是遵循一种从康有为、梁启超等人一脉相传下来的"取法乎上，欲得其中"的取向。梁启超在清季曾说："如欲导民以变法也，则不可不骇之以革命。当革命论起，则并民权亦不暇骇，而变法无论矣。……大抵所骇者过两级，然后所习者乃适得其宜。"[④]

陈独秀、胡适、鲁迅的思路与此如出一辙。陈在论及社会进化

---

① 鲁迅，《古书与白话》及《魏晋风度及文章与药及酒之关系》，《鲁迅全集》，第 3 卷，214、513 页。余英时师已注意及此，见其《五四运动与中国传统》，收入其《现代危机与思想人物》，生活·读书·新知三联书店，2005 年，66 页。
② 柳、傅之言分别转引自胡适日记，1917 年 6 月 27 日，1929 年 4 月 27 日。
③ 转引自曹聚仁，《我与我的世界》，生活·读书·新知三联书店，1983 年，323 页。
④ 梁启超，《敬告我同业诸君》，张枬、王忍之编，《辛亥革命前十年间时论选集》，生活·读书·新知三联书店，1960 年，卷一上，221 页。

的惰性作用时说："改新的主张十分，社会惰性当初只能承认三分，最后自然的结果是五分。"如一开始只主张五分，结果只能得二分五，中国社会进化就白受二分五的损失。① 胡适自述其之所以"主张全盘西化"，是因为"文化自有一种'惰性'。全盘西化的结果自然会有一种折衷的倾向"。中国人只有去"努力全盘接受这个新世界的新文明"；而"旧文化的惰性，自然会使他成为一个折衷调和的中国本位新文化。……古人说，取法乎上，仅得其中；取法乎中，风斯下矣。这是最可玩味的真理。我们不妨拼命走极端，文化的惰性自然会把我们拖向折衷调和上去"。② 鲁迅亦然。他曾说："中国人的性情是总喜欢调和、折中的。譬如你说，这屋子太暗，须在这里开一个窗，大家一定不允许的。但如果你主张拆掉这屋顶，他们就会来调和，愿意开窗了。"③ "走极端"而加以"拼命"，反起传统来怎能不激进。

新文化人对林纾的攻击，也是遵循这一取向的。攻林最力的钱玄同在 1921 年 7 月 28 日致胡适的信，就很能代表这些新人物内心的想法。钱以为，《三国演义》的用处即在高小学生"读过几部今语体小说之后，即可看此书，以为渐渐看古语体书之用"。他所拟今后学生看书由今至古的程序是：第一、二步是读不同程度的国语课本；第三是"读语体小说，不论新旧，但须有文学的价值者"。第四是"读《三国演义》，以为由今语入古语底媒介"。然后可看梁启超、胡适等当代人的文言文，最后则"大概可以读 [桐城] '谬

① 陈独秀，《调和论与旧道德》，《陈独秀著作选》，第 2 卷，46 页。
② 胡适，《编辑后记》，《独立评论》，142 号（1935 年 3 月 17 日），24 页。
③ 鲁迅，《无声的中国》，《鲁迅全集》，第 4 卷，13—14 页。

种'诸公……之文了".①

可见钱氏内心中还是把林纾的古文看得甚高。这最能体现新文化诸人反桐城派不过是要过二级故意激进，以得实际低二级的效果。② 其最后的目的，还是要使学生能读古书，以继承中国的传统。这种苦心，人每不知，他们也不一定要人知。但后来的研究者也不知，说他们真反古文，或就有些厚诬前辈了。鲁迅曾说，不读中国旧书，最多不过不会写文章。可知他认为要写好文章，正应看中国书。只是他们觉得当时中国的急务是"行"而不是"言"，即要以西洋之长，补中国之短，能否作文章是次要的，所以才有不读中国书的说法。③

新文化诸人的激进既然存在着有意为之的成分，其所认知的传统的压迫，恐怕就更多是一种假想（imaginary）型的。这一次的文言白话之争，反对白话一边领头的竟是专译西人小说的林纾，就是明证。但新文化人这种假想也非完全无因，其自信不足或也是一个因素。当时所有的新派，都甚为注意林纾在小说中对"伟丈夫"的期盼。在林氏个人，或不过是失意之余，借以发泄；真要有所动作，恰不必宣示。但新文化人则看出了旧派想借用政治外力的"真实"暗示。

平心而论，当时各派恐怕都没有那么清纯。对于北大这个重要

---

① 钱玄同致胡适，1921 年 7 月 28 日，颜振吾编，《胡适研究丛录》，生活・读书・新知三联书店，1989 年，238 页。

② 瞿秋白多年后还说，钱玄同当时对《三国演义》表述方式的肯定，是"开倒车"。瞿秋白，《〈鲁迅杂感选集〉序言》（1933 年），《瞿秋白文集・文学编》，第 3 卷，人民文学出版社，1989 年，104 页。

③ 鲁迅，《青年必读书》，《鲁迅全集》，第 3 卷，12 页。

的文化阵地，都不乏有意识的争夺之心。蔡元培的不"兼容"桐城派于北大，其实已经援用了超思想超文学的力量，并未给林纾等以平等竞争的条件。林纾在信中说蔡"凭位分势力而施趋怪走奇之教育"，正是对此有感而发。双方既存争夺之心，自信又都不十分足，真想借用外力或无意中流露出这样的念头、一旦出现而又特别关注，都是合乎逻辑的发展。

另一方面，我所关心的问题是，旧派的主流为什么要保持沉默？主张天演论的严复以为："此事全属天演。革命时代学说万千，然而施之人间，优者自存，劣者自败，虽千陈独秀万胡适、钱玄同，岂能执其柄？则亦如春鸟秋虫，听其自鸣自止可也。林琴南辈与之较论，亦可笑也。"实际上，问题恐怕没有那么简单。观其在一年后所说"旦暮入地，睹兹世运，惟有伤心无穷而已"①，就知这一基于天演的乐观，多少也有些"强不说愁"的意味。

的确，新文化运动的一个重要时代意义，就在于其迫使所有的中国士人对中国传统（虽然当时并不用这个词）进行全面的反思。不论新派旧派，都必须面对中国在世界上日益边缘化（中国在士人的心目中经过了一个从世界的中心到世界的一个组成部分再到世界的边缘的历程）这一不容忽视的事实。② 新旧两边实际上都想要找到重新回到中央，或至少是达到与西方平等的地位这样一条路径。这是中国最根本的问题，两派的认识其实并无大的分歧；其对中国

---

① 严复，《与熊纯如书》，1919 年 7 月、1920 年 7 月，《严复集》，王栻编，中华书局，1986 年，第 3 册，699、708 页。其第二封信中所说的"世运"，主要是指政治，但也代表严复此时总的心境。

② 参见 Ying-shih Yu, "The Radicalization of China in the Twentieth Century," *Daedalus*, 122: 2 (Spring 1993), pp. 125 - 50。

传统的诠释虽然各异，取向也不相同，但正如傅增湘所说，不论是"改弦更张"还是"匡捄废坠"，"趋途虽殊，用心则一"，[1] 都是从这个根本的考虑和最终的意图出发的。

新派反传统而主尊西，是基于对"中国学问有何能救国于目前"这一问题的负面回答。[2] 旧派实际上也提不出一个正面肯定的回答，其心中的想法与新派实相近而又说不出口；因为他们知道，如果丢弃传统，则人心更不可收拾。于是除了沉默地坚持，没有别的办法。正如胡适的好友许怡荪眼中高卧南阳的诸葛亮："诚知爱莫能助，不如存养待时而动。"[3]

清季以还不同时段的各种所谓旧派，其对问题的认知与各种新派实相近，而对新派的各种解决方法却又不能苟同。梁启超后来说，他诊断中国之病与共产党人是"同一的'脉论'"，但又确信中国之病"非共产那剂药所能医"。他虽自称有治病的良方，实际上却又提不出来。[4] 这最能代表各时期的"旧派"那种所虑者远而当下无策的无奈心态。林纾当时自谓的知其然而不知其所以然，从这个层面看，尤其是老实话。

胡适曾终生取笑林纾的不知其所以然。但胡适等人提出的解决办法，其实也同样太计及长远而失之简单空疏，无法与再年轻一辈人所向往——且为苏俄革命成功的榜样所支持——而理论又成体系的马克思主义竞争。郭沫若一学到马克思主义那种框架完整、解释

---

① 傅增湘致蔡元培，1919 年 3 月 26 日，《蔡元培全集》，第 3 卷，286 页。
② 说详罗志田，《西潮与近代中国思想演变再思》，《近代史研究》，1995 年 3 期。
③ 引自胡适日记，1914 年 12 月 9 日。
④ 梁启超，《给孩子们的信》，1927 年 5 月 5 日，收在丁文江、赵丰田编，《梁启超年谱长编》，上海人民出版社，1983 年，1131 页。

明确的社会发展理论，就毫不犹豫地指出胡适过去的研究也是只
"知其然"，而他则要"知其所以然"。① 不同意马克思主义解释的梁
漱溟在这一点上与郭类似，也指出胡适对中国社会未能提出系统和
具体的论断。② 林纾是自认知其然而不知其所以然；胡适的自信超
过林氏，以为他已能知其所以然；但比胡更激进也更"新"的郭氏
却主动置胡适于当年林纾类似的位置，这大约就非胡适始料所能及
了。近代以来中国思想界的激进化，的确是日新月异！

　　汪叔潜在 1915 年《青年》（即《新青年》）的第一卷上，已指
出当时的中国"上自国家，下及社会，无事无物，不呈新旧之二
象"。但新旧的界限又极不明显："旧人物也，彼之口头言论，则全
袭乎新；自号为新人物也，彼之思想方法，终不离乎旧。"③ 李大钊
在 1918 年也说："中国人今日的生活全是矛盾生活，中国今日的现
象全是矛盾现象。"矛盾之所在，就是"新旧不调和"；而矛盾的原
因，则为"新旧的性质相差太远，活动又相邻太近"。④ 汪以为"新
旧二者，绝对不能相容"，故他极力要打破"旧者不肯自承为旧，
新者亦不知所以为新"的暧昧现象。李以为新旧如车之两轮、鸟之
两翼，是宇宙进化的机轴。他大约是新文化主要人物中唯一一个主
张新旧调和的——当然是新包容旧的"代谢"式的调和。两人的观
察，很能抓住新旧杂陈这一时代特征。而且他们也都试图提出解决
这一矛盾的选择。

---

① 郭沫若，《中国古代社会研究·自序》，《郭沫若全集·历史编》，第 1 卷，人民出
　版社，1982 年，7 页。
② 余英时先生对此有精到的分析。参见其《中国近代思想史上的胡适》，《胡适之先
　生年谱长编初稿》，第 1 册，53—57 页。
③ 汪叔潜，《新旧问题》，《青年》，1 卷 1 号（1915 年 9 月），1—2 页（文页）。
④ 李大钊，《新的！旧的！》，《李大钊选集》，人民出版社，1959 年，97—100 页。

这个问题，论者多已涉及，但现存的诠释似乎还嫌简约。民初新旧的"性质"，确有相差甚远的一面，但也有相差不远的一面。在意识的层面，新旧的确对立；在下意识的层面，新旧间毋宁说共同处尚多。林纾在 1919 年给蔡元培的信中曾攻击新文学是"学不新，而唯词之新"。到次年 9 月，胡适在北大的开学演讲《普及与提高》中，也说新文化运动已流为"新名词运动"，说明胡适其实相当认同其论敌的观点。①

到 1920 年底，陈独秀在《新青年》上写了一篇题为《提高与普及》的短文，似乎不太同意胡适关于北大学生应侧重"提高"的观念；但他在学生水平一点上，与胡的意见并无两样。陈以为，蔡元培长北大后，"理科方面并不比从前发展，文科方面号称发展一点，其实也是假的，因为没有基础学的缘故。没有基础学又不能读西文书，仍旧拿中国旧哲学旧文学中混乱的思想，来高谈哲学文学"。② 用中国"旧思想"谈西方"新学问"，正是名副其实的"新名词运动"。陈、胡两位老朋友虽然主张采取不同的对付手段，看法却是一致的；新文化人有意无意之间，实已接受了林纾的观念。这样看来，民初的新旧之分，恐怕更多是在态度上而不是观念上。

汪叔潜想要打破的新中有旧、旧中有新而又每不自知的情形，恰是最接近原状的表述。思想一方面，近代以来确是以不断激进化为主流（林译小说在几年间就由新变旧即是一显例）；社会一方面，也曾形成"新的崇拜"，社会变动的上升几乎到了唯新是尚的地

① 参见耿云志，《胡适年谱》，四川人民出版社，1989 年，88 页。
② 陈独秀，《提高与普及》，《新青年》，8 卷 4 号（1920 年 12 月），5—6 页（栏页）。

步。[①] 但社会上到底是新旧杂陈，比较能得意者大多一身而兼新旧两面。蔡元培以名翰林而喜谈新学，胡适之以留学生而能作考据，皆名重一时。[②] 林纾以至更正宗的吴汝纶，虽以桐城文章名世，又何尝不是半新半旧的人物呢？[③] 但林氏在新旧两方面，皆不如蔡，要上战场与蔡论争，终是棋差一着。

不过，林的失败主要因其旧派资格不足这一点，却凸显了那时"新人物"潜意识中的社会观念常常并不很新。新文化运动诸人有意无意间扮演着传统社会"士"的角色，故在很大程度上其思虑和关怀也接近传统的"士"。对于纯"文人"，正有着先天的不欣赏。民国初年传统的延续虽然比中断更隐晦，在林蔡之争这一事件里，"延续"起的实际作用却似乎比"中断"的作用更大。

民国初年的"新"，虽然用了相当数量的西方招牌，也有不少西方内容。但第一，其西方招牌并不完全等同于那招牌在西方的原本意思；第二，其西方招牌之下也包括了不少中国传统的"旧"内容。也就是说，"新"并未割断其与"旧"的多层次联系。"新"战胜旧，竟然靠的是"旧"的功用，这中间的诡论意味极为深长。若一言以蔽之：从社会功能看，旧派林纾其实不旧；从社会观念看，新文化人也不全新。

（原刊《历史研究》1995 年 5 期）

---

① 参见罗志田，《胡适与社会主义的合离》，《学人》第 4 辑，1993 年 7 月，7—49 页。

② 关于胡适，参见余英时，《中国近代思想史上的胡适》，《胡适之先生年谱长编初稿》，第 1 册，29—40 页。

③ 冯友兰，《三松堂自序》，生活·读书·新知三联书店，1984 年，314 页。

五四到北伐期间胡适与中共的关系 [*]

胡适在 1917 年即将归国时的一首诗中，曾说他从农科转到哲学是要"讲学复议政"。[1] 在后来一生中，他总体上偏重于"讲学"而较疏于"议政"，但对后者的兴趣并未稍减。如他自己所说："我是一个注意政治的人。"[2] 比较接近其心态真相的是胡适晚年的自述："我对政治始终采取了我自己所说的不感兴趣的兴趣。我认为这种兴趣是一个知识分子对社会应有的责任。"[3] 除了因抗战而出任驻美大使的四年，他确实甚少参与实际政治，但"议政"却是他一直想做也不时在做的。五四学生运动后的十年，中国政治经历了从北洋政府到国民政府的大转变，出现了中国共产党和改组后的国民党这样从组织形式到活动方式都深受苏联影响的新型政党；胡适

* 大约四五年前，李又宁教授曾来信约我写一篇"胡适与共产党"，尽管我曾在《走向"政治解决"的"中国文艺复兴"》（《近代史研究》1996 年 4 期）一文中简略地讨论过"胡适与国共两党的早期关系"，但自忖对这一题目太不熟悉，终未敢应承。不过，因为李教授的一度敦促，我开始较前更多地关注这方面的材料，近日渐觉稍有可述，遂成此文，这里特别要向李教授致谢！本文刊发时曾应《近代史研究》编辑部要求删缩数千字，这里是全稿。

① 《胡适日记全编》（以下简作《胡适日记》），1917 年 6 月 1 日，曹伯言整理，安徽教育出版社，2001 年，第 2 册，592 页。
② 胡适，《我的歧路》，《胡适文存二集》，卷三，亚东图书馆，1931 年 8 版，95 页。
③ 唐德刚译注，《胡适口述自传》（以下径引书名），华东师范大学出版社，1993 年，36 页。

"议政"的最初阶段即与两党有密切的关系，本文仅探讨北伐前胡适与中共的关系。

那段时间胡适与中共的关系应置于其在新文化运动后期开始"谈政治"的一系列有关政治的言论和行动中考察，也与中共当年试图组成"民主主义的联合战线"这一政策相关，并当注意那段时间中国思想界和胡适本人对社会主义的关注和思考，以及"新俄"对中国政治、思想两领域的有力冲击。[①] 胡适与中共双方都曾有过"求同"的努力，在具体政治主张上也有不少歧异：首先是对中国现状取逐步改良还是革命的根本态度问题上，双方立场基本相反；此外，在联省自治和善后会议两大议题上，双方的主张也相当对立；在对外关系方面，中共认为反对帝国主义是当务之急，胡适则以为当时帝国主义威胁已减弱，应优先处理好中国自己的内部问题。不过，直到北伐前夕，这些分歧似未从根本上影响双方"求同"的愿望，然而双方在基本政治立场上的对立也日趋明显。

---

① 这方面近年的论述较早有李达嘉的《胡适在"歧路"上》（收入《胡适与近代中国》，台北时报文化出版公司，1991 年，213—252 页），较近有桑兵的《陈炯明事变前后的胡适与孙中山》（《近代史研究》2001 年 3 期）。我个人对此问题也较关注，先后有一些论著讨论及此（参见罗志田，《胡适与社会主义的合离》，《学人》第 4 辑，1993 年 7 月，7—49 页；《再造文明之梦——胡适传》，四川人民出版社，1995 年；《走向"政治解决"的"中国文艺复兴"：五四前后思想运动与政治运动的关系》和《个人与国家：北伐前后胡适政治态度之转变》，收入《乱世潜流：民族主义与民国政治》，上海古籍出版社，2001 年，109—141、226—274 页）。张太原最近的《自由主义与马克思主义：〈独立评论〉对中国共产党的态度》（《历史研究》2002 年 4 期）有不少内容论及胡适，虽然主要讨论 20 世纪 30 年代，其第一部分也涉及 20 年代。

一、"好政府主义"

胡适最初的谈政治，是因朋友陈独秀被捕，不得不接办陈主持的政治刊物《每周评论》。由于来得突然，他最初所谈的政治，还是偏于思想一面，他自己起初并不视为"政论"，这就是后来非常有名的"问题与主义"之争。学界对此讨论已不少，多数的文章著作，包括胡适自己后来的看法，都有较强的倒着放电影的倾向，过于强调论争双方对立的一面。其实在最初的争论后，双方都曾向对方示好，而以马克思主义一方更为明显，故那次争论所反映的意识形态对立不宜过分强调，双方此后还有合作的一面。①

在胡适自己看来，"问题与主义"的争论还不完全算"谈政治"，其在 1922 年提出的"好政府主义"才是谈"实际的政治"。他想到这方面的问题应渊源较早，还在 1919 年或最迟不过 1920 年，那时政治态度还颇温和的恽代英就写信向胡适提出好人应当出头的意思："我相信善人应该做事，这是救中国，亦是救世界的唯一方法。善人不能做事，或不肯做事，天下的事便都让不善人做了。"他主张"善人要做事，要先有能力，先养势力"，但当时"学生的势力不配说是善势力；他们的根性同缺点，正同一般武人政客不相上下。这其中有两种原因：（一）有能力的人没有品格；（二）

———————

① 参见罗志田，《因相近而区分："问题与主义"之争再认识之一》，《近代史研究》2005 年 3 期。

有品格的人不完全有能力"。所以要先"磨练有品格人的能力"。①

到 1920 年 8 月 1 日，《晨报》刊出一篇以北大同人为主的《争自由的宣言》，胡适名列其首。《宣言》指出："我们本不愿意谈实际的政治，但是实际的政治却没有一时一刻不来妨害我们。……政治逼迫我们到这样无路可走的时候，我们不得不起一种觉悟：认定政治如果不由人民发动，断不会有真共和的实现。"这实现之法，就是先"养成国人自由思想、自由评判的真精神"；因为"没有肯为自由而战的人民，绝不会有真正的自由出现"。中国近年"军阀政党胆敢这样横行，便是国民缺乏自由思想自由评判的真精神的表现"。故郑重提出"几种基本的最小限度的自由"，希望"全国同胞起来力争"。②

这一宣言的精神与恽代英的观点也有相近之处，可知那时南北读书人有一种隐约的共识，即中国从上到下实际干政治的和希望干预政治的人其实政治程度都不够高，都有一个提高的需要；故长远之计是培养国人或最有意干预政治的学生，当下之计则是"好人"

---

① 恽代英致胡适，约 1919 年 8 月 21 日，收入耿云志编，《胡适遗稿及秘藏书信》，黄山书社，1994 年，36 册，531—532 页（关于此信的日期，恽代英 1919 年 8 月 21 日记其"写致适之先生信"；次日记其"写致东荪先生信，与昨致适之先生信，皆我联络善势力，以得正当助力之企谋"；同年 9 月 8 日写给王光祈的信中，一个重点内容仍是好人应养成善势力以扑灭恶势力，与致胡适信内容甚接近，似可暂时将此信系于此日，参见《恽代英日记》，中共中央党校出版社，1981 年，609、610、621—625 页）。类似的观点恽代英至少持续到 1923 年末，参见代英，《怎样才是好人》，《中国青年》1 期（1923 年 10 月 20 日），人民出版社 1956 年影印本，3—6 页。

② 《争自由的宣言》全文收入《李大钊文集》（5），李大钊研究会编，人民出版社，1999 年，372 页。从署名次序、文字风格和内容看，这一胡适领衔的宣言大概由高一涵起草，胡适或有修改，如其中提到的"基本的最小限度的自由"，便是胡适经常表述的意思。

或"善人"恐怕要站出来才行。到 1921 年夏，胡适深感"现在的少年人把无政府主义看作一种时髦东西，这是大错的"。他已打算对年轻人进言，主张"我们现在决不可乱谈无政府主义，应谈有政府主义，应谈好政府主义"。① 这表明胡适的思想已逐渐系统形成，且他在此时似感"谈主义"的趋势已难遏止，只好采取"预流"的方式加入进去，改变大家所谈的具体主义。

那年 8 月初在安庆，胡适"第一次公开的谈政治"，讲的就是"好政府主义"，其核心观念是：一、好政府主义是有政府主义，是反对无政府主义的；二、好政府主义的基本概念是一种政治的工具主义，由此更引申出"一个革命的原理"——工具可维修和更换，"政府不良，监督他，修正他；他不受监督、不受修正时，换掉他。一部分的不良，去了这部分；全部不良，拆开了，打倒了，重新改造一个。一切暗杀、反抗、革命，都根据于此"。这是胡适那年一贯的激进观念，不过这主要是为学生说法。他的实际侧重所在，是希望"好人"结合起来为实行好政府主义而积极奋斗。这比较温和的一面，是后来胡适好政府主义的基本内容。②

还在 1921 年 5 月间，胡适、丁文江等英美留学生已成立了一

① 《胡适日记》，1921 年 6 月 18 日，第 3 册，325 页。按"无政府主义"也是胡适眼中"教条主义"倾向的重要成分，"好政府"的具体目标或是当政的"恶政府"，在观念上却主要落实在北大以及全国有重要影响的李石曾等无政府主义者身上，这是他们后来在北大校内反对胡适的重要原因；同时这些人也是所谓"北方国民党"的核心，胡适与他们的恩怨为北伐后国民党几乎"法办"他埋下了伏笔。

② 《胡适日记》，1921 年 8 月 5 日，第 3 册，414—417 页。按胡适本有激进的一面，1921 年表述得尤其频繁，多次提到手枪、炸弹一类"干"的精神，尤其在那年 10 月作了一首《双十节的鬼歌》，主张换个法子纪念双十节，办法就是"大家合起来，赶掉这群狼，推翻这鸟政府；起一个新革命，造一个好政府"。参见罗志田，《再造文明之梦——胡适传》，253—255 页。

个小型而不公开的"努力会"（正式定的成立日是 6 月 1 日），明确了"讲学复议政"的宗旨，即在发展各自职业的基础上"谋中国政治的改善与进步"，与胡适关系密切的蔡元培等少数非英美留学生也参加。到 1922 年春，努力会决定出版议政为主的《努力周刊》。胡适为此写的《努力歌》强调，"自命为好人者"若不出来努力，中国的事就没有希望了。歌中并说："不怕阻力！不怕武力！只怕不努力！努力！努力！阻力少了！武力倒了！中国再造了！"①

《努力歌》基本是喊口号，胡适也在考虑写一篇能代表同人意见的务实正论，拟名为《我们的主张》。他再三考虑后，决定以南北和会为下手的第一步，"自信这是最切实的主张"。这是胡适"第一次做政论，很觉得吃力"，一直写到半夜才完稿。文章本是专为《努力》所做，写完后胡适意犹未尽，心绪还有点激动，忽然想到"此文颇可用为一个公开的宣言，故半夜脱稿时，打电话与守常［李大钊字］商议，定明日在蔡先生家会议，邀几个'好人'加入"。第二天也就是 5 月 12 日上午，集会蔡宅的皆胡适的熟人和北大人。事情议定后，下午王宠惠和罗文干也来加入。②

后该文更名为《我们的政治主张》，提出了以南北和会为核心的五条十六款具体主张，然其核心观点是政府要管事，实行"有计划的政治"，而其基础则在于社会上的"好人"都应出头，或谈政治，或干政治、入政府。换言之，好政府首先必须是好人政府。其所针对的，第一是思想上的无政府主义，第二是实际上由"不好的

---

① 《胡适日记》，1922 年 4 月 22 日、5 月 7 日，第 3 册，634—635、660—661 页。
② 《胡适日记》，1922 年 5 月 11 日、12 日，第 3 册，664—665 页。王、罗二人毕竟是曾经为官者，其活动的积极又过于多数北大人，后来他们直接进入"好人政府"而成为其主干。

人"组成的不做事的"恶政府"。文章要求"国内的优秀分子"平心降格地把"好政府"作为"改革中国政治的最低限度的要求";同时提出"宪政的、公开的政府"和"有计划的政治"作为政治改革的原则。当时中国政治败坏的一个重要原因就是"好人自命清高",不加入政治运动。所以,好人必须起来"做奋斗的好人"并产生"决战的舆论"。①

文章发表后反响热烈,胡适"费了一天的工夫"整理收到的关于此文的讨论,选出可发表之文十四篇。主要的反对意见是认为文章的精英意识(当时并不用此词)太重,忽视了民众。也有人觉得中国政治已无法改良,只有实行彻底的革命。但赞成的人则觉得这些提法都切实具体,更应组织团体落实之。总的趋势对"清高的好人"肯关心政治都表示赞许,但也有少数人以为"好人"还是以坚持"清高"更好。② 胡适看了这些文章"颇有感触,做了一篇《后努力歌》",以为好社会与好政府、教育与政治、破坏与建设都是互为因果的连环,解开的唯一办法就是"努力"或"干"。③ 这样针对"清高"而特别强调努力肯干,已透露出后来胡适"重行动轻学理"的倾向了。

胡适上述言论的基本的取向是提倡一点一滴的逐步改良,但至

① 《我们的政治主张》,《胡适文存二集》,卷三,27—33 页。值得注意的是胡适在文中提出,我们要求"有计划的政治"是"因为我们深信中国的大病在于无计划的漂泊,因为我们深信计划是效率的源头,因为我们深信一个平庸的计划胜于无计划的瞎摸索"。强调计划政治和政府的干预作用,是现代自由主义与社会主义相通之处,也是胡适等倾向社会主义的中国自由主义分子长期坚持的观念。

② 《胡适日记》,1922 年 5 月 25 日,第 3 册,675 页;这些反应的文章及胡适的答复以《关于〈我们的政治主张〉的讨论》为题收在《胡适文存二集》,卷三,35—90 页。

③ 《后努力歌》收入《胡适日记》,1922 年 5 月 28 日,第 3 册,677—678 页。

少理论上也允许改良不成之后的革命。他在答复王振钧等关于革命与改良的意见时明言："可改良的，不妨先从改良下手，一点一滴的改良他。太坏了不能改良的，或是恶势力偏不容纳这种一点一滴的改良的，那就有取革命手段的必要了。"他认为破坏与建设并非绝对相反，"有时破坏即是建设，有时建设即是破坏；有时破坏必须在先，有时破坏自然跟着建设而来，有时破坏与建设并进"。不过胡适自己并不打算身与革命，而是主张"人各有偏长，而事业须合众长"，为求"殊途同归"，正不妨"各行其是，各司其事"。[①] 他这一态度与上年在安徽演讲所论基本一致，从那时起就未得到充分注意，此后亦然。

五四学生运动后的几年间，正值文人徐世昌任总统，北京政治似乎正经历着一个转变的临界点。不少既存势力在探索改组或重组，许多方面也在主动试探机会的有无，其间一个相当值得注意的现象是政治逼迫学者出头。不仅以顾维钧为代表的一批相对独立的技术型政治人物是各方面争取的对象，以前不怎么介入政治的北大教授社群，俨然也成为一股不可忽视的力量。李大钊当时就注意到："现在我们大学一班人，好像一个处女的地位，交通、研究、政学各系都想勾引我们，勾引不动就给我们造谣；还有那国民系看见我们为这些系所垂涎，便不免引起醋意，真正讨嫌！"[②]

以梁启超为首的研究系当时试图组织一个研究社会政治状况的团体，也曾联络顾维钧等技术官僚和胡适等北大人，因各类"积怨"

---

① 胡适等，《关于〈我们的政治主张〉的讨论》，《努力周报》4 期（1922 年 5 月 28 日），1 版。
② 李大钊，《致胡适》（1921 年 1 月 18 日），《李大钊文集》(5)，299 页。按李大钊所说的 "大学" 是专指北京大学。

而事未成；反倒是胡适等北大教授和留学生在政治活动中一度唱了主角，最初特别积极的研究系基本被排之于事外，感觉"大不高兴"，说北大派"有用意排挤他们研究系的人"。按研究系所说大致不错，蔡元培初被罗文干接触时反应尚积极，一发现是研究系在背后主导便予抵制，并立即提醒胡适注意。① 胡适自己在 1921 年初给陈独秀的信中也明确地将《新青年》同人划为"我们"，把梁启超及《改造》同人划为"他们"。② 这一社会区分涵盖了从思想、学术到政治的多方面歧异，且已达双方的意识层面，应予充分的重视。③

那时国民党尚未改组，中国共产党正从酝酿到成立，苏联式的政治组织方式刚开始进入中国，中共的意识形态也还在形成之中（详后）。前引不止一次政治性的宣言，李大钊和胡适等北大人都共同列名，胡适写完《我们的政治主张》甚至半夜就商于李大钊，可见两人的交情及李大钊那时在胡适心目中的重要，尤可见双方在"谈政治"方面非常接近。④

实际上，当时北京政府的军警即认为，中共的社会主义青年团可能参与发动了"好政府主义"。京畿卫戍总司令王怀庆的报告说："默查该党潜势力日渐膨胀，将为大局之害。闻其中央执行部联络

① 关于这段时间研究系和胡适等人的互动，参见罗志田，《再造文明之梦——胡适传》，281—286 页。引文见《胡适日记》，1922 年 5 月 14 日，第 3 册，666—667 页。
② 胡适致陈独秀（稿），《胡适来往书信选》（以下径引书名），中华书局，1979 年，上册，119—120 页。
③ 参见罗志田，《再造文明之梦——胡适传》，330—331 页。
④ 这也证明此前关于"问题与主义"的争论在胡、李之间实不算多大一回事。且此前的争论是在中共成立之前，而此时已在中共成立之后。胡适对早期中共的了解超出我们过去的认知，他在 20 世纪 50 年代所作的口述自传中，便曾指出中共是1920 年"诞生"的（参见《胡适口述自传》，184 页），而当时一般党史研究是按照中共决议将其"诞生"置于 1921 年 7 月，不排除胡适从陈独秀、李大钊二人或其中之一那里获得一些这方面的讯息。

一般学界如胡适、李石曾辈，进行其所谓'好政府'之预备也。"①
军警方面显然不是过于"敏感"，因李大钊当时确实积极参与了社
会主义青年团在北京组织的活动。但是，在上海的中共中央却不同
意"好人政府"的设想，并感到有必要公布自己的政治主张，由此
开启了中共与胡适等人之间的正式争论。

二、 胡适与中共的观念歧异（对内）

据张国焘回忆，胡适等人发表《我们的政治主张》后，参与署
名的李大钊曾向中共中央表示这不失为一种差强人意的办法，一些
党外的新文化人也希望中共支持"好人政府"；但中共中央开会未
能同意，并决定公开自己对时局的主张，推陈独秀起草，这就是
1922 年 6 月中发表的《中国共产党对于时局的主张》。②

在此之前，李大钊等在少年中国学会的联名提案已号召："任
何主义者，我们以为，都应该在这时抛弃一切武断的成见，客观的
考查中国的实际情形，应该在此时共同认定一联合的战线（United
Front），用革命的手段，以实现民主主义为前提。朋友们，我们再
不能延宕了，我们不能再使内部分裂，反与敌人以可乘之隙
了。……为革命的民主主义，我们全体动员了，我们不要躲在战线
后，空谈高深的主义与学理，我们要加入前线，与军阀及军阀所代

---

① 参见京畿卫戍总司令王怀庆给大总统的报告（1922 年 11 月），转引自萧超然，
　《北京大学与五四运动》，381 页。
② 张国焘，《我的回忆》，香港明报月刊出版社，1971 年，233—235 页。唐宝林和
　林茂生的《陈独秀年谱》（上海人民出版社，1988 年）基本采信了张国焘的说法，
　参见其 167—168 页。

表的黑暗势力搏战。"①

　　这里强调"革命的手段"或许是对《我们的政治主张》的某种界定和修正，但其结尾与好人必须起来"奋斗"以产生"决战的舆论"仍非常相似。特别是李大钊等专门以"不谈主义只研究问题"为开场白，结尾再重复不要"空谈高深的主义与学理"，更明确提出"联合的战线"，主张"我们不能再使内部分裂"，其传达出的信息应该再明白不过了。

　　如果说提案是以少年中国学会北京同人的名义发出，《中国共产党对于时局的主张》则可以说是针对胡适等人《政治主张》的正式回应，其中说，要改善中国现状，只能用民主政治来代替军阀政治；"民主政治当然由民主派掌握政权，但所谓民主派掌握政权，决不是在封建的军阀势力之下，选一个民主派人物做总统或是选几个民主派的人物组织内阁的意思，乃是由一个能建设新的政治组织应付世界的新环境之民主党或宗旨相近的数个党派之联合，用革命的手段完全打倒非民主的反动派官僚军阀，来掌握政权的意思"。②

　　文件直接点到"好政府主义诸君"之名提问说："军阀势力之下能实现你们所谓好政府的涵义吗？你们观察现实京、津、保的空气，能实现你们政治改革的三个基本原则和六个具体主张吗？"你们"刚才发出'努力''奋斗''向恶势力作战'的呼声，北京城里仅仅去了一个徐世昌，你们马上就电阻北伐军。据中外古今革命史上的教训，你们这种妥协的和平主义，小资产阶级的和平主义，正

① 黄日葵等，《北京同人提案——为革命的德莫克拉西》，《李大钊文集》（5），360—361 页。

② 本段与下段，《中国共产党对于时局的主张》（1922 年 6 月 15 日），中共中央党校党史教研室编，《中共党史参考资料》（1），人民出版社，1979 年，331—341 页。

都是‘努力’‘奋斗’‘向恶势力作战’的障碍物”。不过，中共中央也明确表示了要“共同建立一个民主主义的联合战线”的愿望，仍将“好政府主义诸君”列入打倒军阀政治的一边（详后）。

这一文件由张国焘带到北京，得到李大钊对中共中央意见的赞同后，又由李大钊将文件分送主张好人政府的诸公，并说明这不是陈独秀个人的意见，而是包括他自己在内的一个新兴集团的慎重主张。[①]　这一沟通显然是成功的，胡适立刻将中共《对于时局的主张》所提出的十一条目标全部转载于《努力》，并评论说，“这十一条并无和我们的政治主张绝对不相容的地方。他们和我们的区别只在步骤先后的问题”。他认为中共的主张与自由主义者的主张可以相通，所以他的回答是：“我们并不非薄你们的理想和主张，你们也不必非薄我们的最低限度的主张。如果我们的最低限度做不到时，你们的理想主张也决不能实现。”[②]

但中共方面有人不同意，在欧洲的周恩来说：“我们却要代答

[①] 张国焘，《我的回忆》，235 页；唐宝林、林茂生，《陈独秀年谱》，168—169 页。

[②] 胡适，《这一周》（1922 年 7 月），《胡适文存二集》，卷三，167—169 页。这在那些年应是具有某种代表性的言论，蒋介石在北伐时也说：“中国共产党若要达到最后目的，一定要求中国国民革命赶快成功。中国国民革命成功之后，中国共产党是不会不发展、不会不成功的。”蒋介石，《总理纪念周训话》，1926 年 6 月 7 日，收入《蒋校长演讲集》，（广州）中央政治军事学校，1927 年，107 页。类似的思路和表述在学术领域也有，顾颉刚在 1933 年解释他何以不站在唯物史观立场上作研究说，他“自己决不反对唯物史观”，不过学术是发展的，信古的清代学者整理古书的成果，传下来却“给我们取作疑古之用！所以然者，他们自居于‘下学’，把这根柢打好了，我们就可跳一级而得其‘上达’了。他们的校勘训诂是第一级，我们的考证事实是第二级。等到我们把古书和古史的真伪弄清楚，这一层的根柢又打好了，将来从事唯物史观的人要搜取材料时就更方便了，不会得错用了。是则我们的‘下学’适以利唯物史观者的‘上达’；我们虽不谈史观，何尝阻碍了他们的进行，我们正为他们准备着初步工作的坚实基础呢！”顾颉刚，《古史辨第四册序》，上海古籍出版社 1981 年重印本，22—23 页。整个口　（转下页）

胡先生道：'我们却很菲薄你们的最低限度的主张，而尤其信依着你们最不努力的方法，你们最低限度是永远做不到的。至我们的主张，只有用政治争斗的革命手段才能达实现，我们殊不愿上你们无革命精神的大当。'"不过，这里的"代答"一词说明这是周恩来个人或中共旅欧支部的观念，且此文一开始即说，"胡适先生本是我们所敬爱的一个人，他的思想和言论很有些令我们佩服的地方。但我们看他最近在《努力》周刊中所发表的一切政论"，表明"胡先生对于政治太缺乏了革命的精神"，故"使我们非常失望"。①口气还是比较友善的。

在国内，高君宇也尖锐地指出，王宠惠虽然"曾与好几位时贤"一起发表《我们的政治主张》，在署理阁揆后，却"把从前主张的丢之脑后"，仍一承旧政，为军阀搜款。不仅外间有人批评"学者做官也一样做了军阀的账房，且有讥他为失品格的；就是他同夥发表主张的《努力报》记者，也有嫌他不发表计划，竟因质问'为何不实行我们的政治主张'，弄到面赤耳红"。② 后者的确一针见血，胡适等人正为王宠惠内阁并不实行他们这些"好人"提出的建议而甚感恼火。③

（接上页）气非常像胡适对中共态度的表述。他们虽从不同角度出发，却均承认共产党的目标更高远。人往高处走本是通性，加上近代以来"毕其功于一役"的观念相当流行，既然中共的目标更为高远得到正式承认，许多边缘知识青年直接走入最高目标之所在，也相当自然。

① 周恩来，《评胡适的"努力"》（1922年12月），收入刘焱编，《周恩来早期文集（1912.10—1924.6）》，南开大学出版社，1993年，下卷，401—404页。

② 本段与下段，见君宇，《王博士台上生活应给"好人努力"的教训》，《向导》5期（1922年10月11日），人民出版社，1954年影印向导周报社汇刊本，42—43页（以下引用《向导》页码均为汇刊本页）。

③ 关于胡适向王内阁提建议而很少被接受，参见胡适1922年8—11月的日记，不一一引述。

但高氏认为应该"责难"的实质问题是，王宠惠"'努力'的不是通道。现在做中国政治有力因子的是军阀和外国帝国主义，北京政府尤其是显然为他们操纵；在这种情势之下，就是较王博士强干而有棱角的来做'好人努力'，也逃不脱为高压在当头的势力利用"。他强调，"在一种自己做不得政治主动的情形之下，想以'好人努力'的方法将政治整理向宰制势力利益的反面，这不是呆小子的梦想，便是骗子手的谎诺"。这种情形足以"证明'好人努力'的破产"，故应该"另找一条努力的通路"，就是"打倒军阀和外国的压迫"。他呼吁说，"小资产阶级妥协牵就的心理的努力是已证明在我们眼前失败，且为我们仇人利益利用了"。

最后一句"为我们仇人利益利用"表明高君宇仍将胡适等人视为同盟者，高氏文章发表后不久，得吴佩孚支持而上台的王宠惠"好人内阁"很快因直系内部的矛盾而于 1922 年 11 月下台，正式宣告"好人政治"的失败。对曾经非常努力地为王内阁提建议的胡适来说，打击最大的可能还不是王内阁的垮台，而是王等在台上时已不能实行胡适等人提出的建议；所以他又将议政的重心从中央转到地方，正面反驳"我们的朋友陈独秀"否定联省自治的主张，认为"建设在省自治上面的联邦的统一国家"是"打倒军阀割据的第一步"。① 结果又引起中共方面的反击。

陈独秀说，他不反对"联省自治即联邦这个制度的本身"，但当时"中国政象纷乱的源泉"正是"大小军阀各霸一方，全国兵马财政大权都操在各省督军总司令手里，中央政府的命令等于废纸，

---

① 胡适，《联省自治与军阀割据》《这一周》，《胡适文存二集》，卷三，109—128、145—272 页。

省长是督军的附属品，省议会是他们的留声机器，法律舆论都随着他们的枪柄俯仰转移"。他"正告适之先生：中国此时还正在政治战争时代，不是从容立法时代"，故其"断然不敢承认联省自治能够解决现在的中国政治问题"。陈氏质问说，在胡适所谓"已行自治的"湖南、广东和"正在经营自治的"云南、四川，这些地盘本是"军阀用兵力取得的，他们肯以军权换省自治吗？他们果真是为了省自治才拥兵割据吗？他们宁肯抛弃军权不肯抛弃省自治吗？先生这种公平交易的估价，恐怕军阀听了要大笑不已"。①

　　蔡和森进而指出，"十年以来军阀专政和军阀割据的封建残局"的形成，是因为"中华民国乃是革命阶级羽毛未丰，将就封建的旧支配阶级势力，与之调和妥协而后苟且成立的"。故"今日不但直、奉、皖，各系军阀为前清遗下的北洋派之嫡系；就是川、湘、滇、粤等经过民主革命领域的新军阀，也是在这封建政治的残留局面之下孳乳出来的"。联省自治就是后一类"武人主倡的"。胡适主张以省议会等工具来"增加地方的实权，使地方能充分发展他的潜势力，来和军阀作战，来推翻军阀"，虽可说是联省自治论中的大进步，"但我要明白告诉适之先生：你这种英国式的议会政策用在政治问题解决后——即封建的军阀被推翻后——是有点作用的；若用来解决政治问题乃是绝对不可能的"。在军阀没有铲除的时代，"想借议会来推翻军阀，结果只有军阀推翻议会，这是武人政治下的必然律，证以过去现在的事实，没有人可以否认"。②

　　他分析说，倘"在今日而讨论未来的政制"，可以说是无病呻

---

① 独秀《联省自治与中国政象》，《向导》1 期（1922 年 9 月），2—3 页。

② 本段与下段，见和森，《武力统一与联省自治：军阀专政与军阀割据》，《向导》2 期（1922 年 9 月 20 日），14—16 页。

吟；"若讨论现实的政制，则决不能置现状于不顾"。军阀正是"中国政治的乱源"，故"现在根本的问题不在政制而在怎样推翻军阀"。若"以为改变一种政制就可以止乱定国，那末，不将乱源嫁于政制，便将政制认为是止乱的方法，胡适之先生便完全犯了这种错误"。他"那种新发明的'统一'史观"不过是"梦想改变一些纸上的制度来和平改良"，只要明确了中国的乱源在于军阀本身，就知道今日除革命外没有别的出路。所以"我们要高声说：他那种牵强皮相的分析是很谬误的"。蔡和森模仿胡适的语调说，"我们也可以大胆告诉适之先生：打倒军阀割据的第一步在民主的革命"；也只有"革命的统一"才能解决中国的问题。

双方的分歧在于，究竟以何种方法来打倒军阀、实现统一。胡适并不反对打倒军阀，但他不认为那时就能以"革命"的方式来实现此事；或者按照他前述的思路，要在恶势力实在不容纳改良之时，才有取革命手段的必要，此前仍应"尝试"改良。他"再三考虑现在的政治情形"后得出的结论是：武力统一绝不可能，单靠宪法来统一此时也做不到，私人的接洽不是正当办法，"大革命——民主主义的大革命——是一时不会实现的，希望大革命来统一，也是画饼充饥"。则"今日的唯一正当而且便利的方法是从速召集一个各省会议，聚各省的全权代表于一堂，大家把袖子里的把戏都摊出来，公开的讨论究竟我们为什么不能统一，公开的议决一个实现统一的办法"。①

以今日的"后见之明"看，胡适的想法的确有些太书生气（也应注意胡适先有改良不成即可革命的主张）。《向导》的读者陈此生

---

① 胡适，《这一周》，《努力周报》22 期（1922 年 10 月 1 日），1 版。

以为，胡适主张召集一个各省会议来解决时局，但他"讲这番话的时候，已经忘却阻碍统一的唯一物是实力派的'军阀'"。就算这样的会议得以召开并议决出一个实现统一的办法，若军阀们"置诸不睬"，又能怎样？故"只有实行民主主义的大革命，把所有军阀完全推倒，才有实现统一之可说"。胡适"对于这种会议居然迷信他有万能的本事了，我真不懂解胡先生为何不知军阀是妨碍统一的人物，为何不先解决推倒军阀的法子"？寄希望于各省会议来统一，那才"真是画饼充饥"！①

高君宇也指责说，胡适所谓"省自治"本是指"分权于民"和"打破现在割据局面"，但他在《努力》上却称誉"陈炯明割据的广东和赵恒惕割据的湖南为'已行自治的各省'"，不啻"专门替军阀找冒牌的方便，来欺骗我们被压迫的老百姓"。② 具有讽刺意味的是，在陈炯明这一"最反动的军阀"治下的警察眼中，《努力周报》与《向导周报》其实还很接近。在 1922 年 11 月广州一次警察检查新青年社书店的行动中，不仅搜缴了《向导周报》，又"将店中所有的社会主义书籍一齐取出，新出版的社会主义讨论集亦在内，并将别类的书籍和报章也各搜了一份；吹鼓'联省自治'之《努力周报》，亦遭池鱼之殃，真可为之抱屈"。③ 这一《向导》的通信作者虽语含讥讽，唯这一倾向性明显的书店本身同时出售两种周报，也从侧面提示出两者确有接近的一面。

其实胡适不仅支持联省自治，稍早还真为陈炯明打孙中山有所辩护，他在《努力》的时评里抨击近来"旧道德的死尸的复活"时

---

① 陈此生，《一个会议能解决时局吗？》，《向导》7 期（1922 年 10 月 25 日），60 页。
② 君宇，《"新创民治之关外"！》，《向导》6 期（1922 年 10 月 18 日），52 页。
③ K. J.，《陈炯明与向导周报》，《向导》11 期（1922 年 11 月 22 日），92 页。

举例说，陈炯明的一派"推翻孙文在广东的势力，这本是一种革命；然而有许多孙派的人，极力攻击陈炯明，说他'悖主'，说他'叛逆'，说他'犯上'"，他认为"在一个共和的国家里"，不应以这类"伦理见解"来解释政治行为。而且，"究竟怎样的行为是革命？怎样的行为是叛逆？蔡锷推倒袁世凯，是不是叛逆"呢？胡适承认，"陈派的军人这一次赶走孙文的行为，也许有可以攻击的地方；但我们反对那些人抬出'悖主''叛逆''犯上'等等旧道德的死尸来做攻击陈炯明的武器"。① 对孙、陈之争的"评价"成为胡适与中共的另一冲突。

反对旧道德本是几年前新文化运动的重要主题，胡适从这一角度提出怎样算"革命"，使当年提倡"道德伦理革命"最力的陈独秀很难在伦理上为孙派国民党辩护，遂提出一种以发展眼光看待革命与反革命的主张："段祺瑞在赞成辛亥革命反对洪宪帝制讨伐张勋复辟时，本是革命的人物，后来组织卖国机关（安福俱乐部）讨伐西南护法军，便是反革命的行为了；……陈炯明在辛亥革命时代在漳州时代，在讨伐陆荣廷莫荣新时代，都是一个很好的革命党，后来阻挠北伐军，驱逐孙中山，便是反革命的行为了。胡适之先生说陈对孙是革命行动，这实在是一个很大的错误；因为陈炯明举兵逐孙，不但未曾宣告孙中山反叛民主主义之罪恶及他自己有较孙更合乎民主主义之主张，而且逐孙后，做出许多残民媚外的行为，完全证明他是一个反革命的军阀。"②

---

① 胡适，《这一周》，《努力周报》12 期（1922 年 7 月 23 日），1 版。
② 独秀，《革命与反革命》，《向导》16 期（1923 年 1 月 18 日），收入任建树等编，《陈独秀著作选》，上海人民出版社，1993 年，第 2 卷，403—404 页。

不过，一方面当时中共本身对孙、陈之争的看法也不一，[①] 同时中共正在开始联合的国民党本未排除以和平方式达成"统一"的可能性，根本是孙中山自己在正式开展国共合作后不久就与陈独秀眼中已发展到"反革命"阶段的段祺瑞等合作，北上谈判召开国民会议或善后会议以解决时局。在孙中山本人也可能参加善后会议时，中共方面的态度也相对温和，不过认为"今日一班苟安麻木之国民，对革命终无信仰，对军阀心存依赖，如胡适及虞洽卿等，均可代表一部分国民期望军阀赐与和平改革之心理"。[②]

其实胡适等人早已对军阀没有多少"期望"，代胡适主编《努力》的高一涵在 1923 年 8 月就表示："我们对于北京政府绝望；对于南下议员绝望；对于北附议员也老早就绝望；对于研究系，政学系，安福系，直隶系，甚至于对于国民党，也都一律的绝望。"[③] 这与前引李大钊 1921 年初观察到各方面都试图拉拢北大教授群相距不过两年多的时间，他们对中国政治已感到整体的失望。有同感的胡适在两个月后正式提出停办议政的《努力》，因为"此时谈政治已到'向壁'的地步。若攻击人，则至多不过于全国恶骂之中，加上一骂，有何趣味"。[④] 但胡适那实验主义的尝试精神终使他不能放弃每一次实验的机会，所以他尽管态度有所保留，仍参加了 1925 年的善后会议。

---

① 据说广东地方的共产党不少站在陈炯明一边，陈公博并因此事而退出中共。参见唐宝林、林茂生，《陈独秀年谱》，159 页。

② 仁静，《最近北方政象及民众势力之勃兴》，《向导》100 期（1925 年 1 月 28 日），838 页。

③ 高一涵，《我们最后的希望》，《努力周报》64 期（1923 年 8 月 5 日），1 版。

④ 胡适，《与一涵等四位的信》（1923 年 10 月 9 日），《胡适文存二集》，卷三，143 页。

　　对胡适似颇具"了解之同情"的瞿秋白正从尝试的角度对胡适参加善后会议进行了婉转的批评，他说："胡适之加入善后会议，报上说他是去尝试的。这尝试两个字，在每段新闻里都带着些滑稽口吻。其实我们倒很可以替适之抱不平，因为他本是个尝试主义者，他去尝试，实在无可讥笑。我们要看他试得怎样，再加批评。再进一步说，单是说他尝试失败，说他尝试的结果不好，也还不够，因为，一则我们明知他这次尝试必然失败，适之自己也未始不知道；二则尝试不过是适之的一种政治态度，还不是他政见的本身。所以我们不必斤斤于他尝试的怎样，成功还是失败；我们却要看他怎样尝试，提出怎样的政见。"①

　　瞿秋白认为，从段祺瑞方面看，善后会议的成功就是通过一个段式国民会议组织法，可以将其"临时执政'扶成'一个正式执政"。而"适之虽然不革命，未必便肯把这样的'成功'，算做自己的成功。……适之所要的成功，大概就是想善后会议——段氏政府通过他的国民会议组织法"。但这只有"胡适之的政见完全和安福系相同"或"善后会议变成人民的会议"才有可能。"从五四运动前后，直到如今，胡适之总算还是社会上公认的民治主义者，要他立刻变成安福系，未免太快些。那么第一个办法是不能实现了。"

　　由于胡适"向来是个民治主义者，或者他在人民的善后会议上公布的真正民治主义的政见来，可以通得过"。那他就"应当赞成孙中山先生的主张，要求社会团体加入善后会议"；若能做到，"亦许胡适之的尝试会成功"。然而"胡适之竟没有多试这一试"，他

---

① 本段与下两段，见双林（瞿秋白），《胡适之与善后会议》，《向导》106 期（1925年 3 月 14 日），883—884 页。

"不但表示他的尝试主义不彻底，而且已经表示他那民治主义也就不大高明了——不拿到人民会议上去试，却偏要在一群安福系里试"。瞿秋白接着指出，胡适提出的"国民会议组织法草案"在"表面上看来，确是民治主义极了"，但草案中有不识字者"不得有选举权及被选举权"的条款，等于剥夺百分之八十中国公民的选举权。这种草案在善后会议上是否能通过尚不得而知，胡适已因河南打仗而"自认尝试完全失败而退出了"会议。

　　整体而言，胡适试图改革中国政治的"努力"和"尝试"确如中共所言，不能算成功。正如高一涵所说："中国政府坏到这步田地，如果我们仍抱着头痛医头脚痛医脚的办法，终究是没有功效的。我们的社会简直是百孔千疮，比不得欧美的社会大部分健全，只有小部分生点癣疥。所以英美的实验主义派可以主张零碎修补，我们便不得不主张根本改造。"尽管高氏提出的"根本改造"其实也是一般意义的改良，[1] 此语由《努力》说出，终代表着对现实的某种承认。

　　胡适主张学美国式"一点一滴的改革"渐进方式，却忽略了一个他自己曾指出的重要现象，那就是近代中国的社会重心已失，据思想言论中心者大都"小成即堕"，不过几年就让位。[2] 当年各派各

---

[1] 高氏所谓"根本改造"不过是寄希望于教育界和工商界这些"大有希望的阶级"，实施"学者制宪"（由教育界"选出专门学者充任宪法起草委员"）改革政治、工业界出来主张"无职业者不得充任国家一切官吏"和"商业界出来干涉财政"等，与国共两党主张的"革命"相去甚远。同时应提请注意的是，高氏这里所说的"英美的实验主义派"乃是实指英美，他并不是要区别于"中国的英美实验主义派"。参见高一涵，《我们最后的希望》，《努力周报》64 期（1923 年 8 月 5 日），1 版。

[2] 参见罗志田，《失去重心的近代中国：清末民初思想权势与社会权势的转移及其互动关系》，《清华汉学研究》第 2 辑（1997 年 11 月）。

人对解决中国问题的方案是名副其实的五花八门，而且谁也说服不了谁；没有一个大家基本接受的共同立脚点，也就不存在搞一点一滴改革的基础。近代中国本是动荡多变的"乱世"，胡适却总想引进美国这个"治世"的渐进方法；药不对症，当然也就未必能治中国的"病"。更重要的是，外国在华存在（the foreign presence in China）的帝国主义性质无人能够否认；在列强已全面"介入"中国权力结构的背景下，怎样处理对外问题，是胡适与中共的另一重大歧异。

三、 胡适与中共的观念歧异（对外）

前引中共《对于时局的主张》主要是针对"封建军阀"这一革命目标，1922 年 7 月，中共二大发出宣言，则主要针对另一革命目标"帝国主义"。① 胡适随即针对中共的主张说："我们的朋友陈独秀先生们在上海出版的《向导周报》，标出两个大目标：一是民主主义的革命，一是反抗国际帝国主义的侵略。对于第一项，我们自然是赞成的。对于第二项，我们觉得这也应该包括在第一项之内。"他不同意中共对帝国主义与军阀关系的分析，以为缺乏事实根据，"像乡下人谈海外奇闻"。胡适强调，中国内部"政治的改造是抵抗帝国侵略主义的先决问题"，他"很恳挚的奉劝我们的朋友们努力向民主主义的一个简单目标上做去，不必在这个时候牵涉到什么国际帝国主义的问题。政治的改造是抵抗帝国侵略主义

---

① 《中国共产党第二次全国代表大会宣言》（1922 年 7 月），《中共党史教学参考资料》（1），人民出版社，1979 年重排本，3—16 页。

的先决问题"。①

　　除了"像乡下人谈海外奇闻"稍有些语涉轻薄外，②胡适上述意见本不无所见。可是他忽略了一个非常重要的基本因素，那就是外国在华势力已成为中国权势结构的直接组成部分。即使是纯粹内部的"把自己的国家弄上政治的轨道"的努力，只要含有对既存权势结构挑战之意，就不可避免地要涉及帝国主义列强的利益。胡适自己稍后就发现，连谈"全国会议、息兵、宪法"这类具体的"问题"，都"势必引起外人的误解"，③可见"外人"在中国涉足极深，干预范围甚宽。

　　中共方面对胡适的文章做出了迅速的反应，《向导》第5期上刊登了一条"读者注意"，说本报收到张国焘君《中国已脱离了国际侵略的危险么?》一稿，"系驳胡适君《国际的中国》的。因本期版已排就，不克加入，俟下期登载"。④随后刊发的张文说，"美国哲学博士胡适先生，素来与美国驻华政治家、舆论家、学者来往亲密，于美国'文明'多所介绍"；其最近发表的《国际的中国》"竟完全替英美帝国主义辩护，并武断中国现在已没有很大的国际侵略的危险；末尾一段还劝本报同人此时不必反对国际帝国主义。像这样为英美帝国主义辩护的文章，似乎比美国每年花上三千万银子雇

---

① 胡适，《国际的中国》（1922年10月1日），《胡适文存二集》，卷三，128a—128i页。

② 在1923年胡适与梁漱溟的争论中，梁漱溟曾致信胡适，指出"尊文间或语近刻薄，颇失雅度"；胡适承认梁的批评"深重适作文之病，盖他作文为求活泼，""有时不觉流为轻薄，有时流为刻薄"（梁漱溟致胡适，1923年4月1日；胡适致梁漱溟，1923年4月2日，收入《胡适文存二集》，卷二，86—87页）。此亦一例，尤其胡适自己是留学生，这样说别人听了更觉是"有的放矢"。

③ 胡适，《与一涵等四位的信》，《胡适文存二集》，卷三，143页。

④ "读者注意"，《向导》5期（1922年10月1日），44页。

派许多牧师、记者、侦探、顾问、学者等向我们所做的亲美宣传，还更明显而且有力，真是出人意料之外"。①

在列举了胡适文章的大意后，张国焘说，胡适劝我们"不要反对国际帝国主义，只要专心整理国事，使政治上轨道。我们呢，老早就想说明中国人民为什么要反抗任何国的帝国主义，为什么非打倒英美日等国的对华侵略主义，不足以改造国内政治，现在胡适先生既给我们这个机会，我们乐得把胡适先生的谬论略加驳覆，以当我们对于这个问题的说明"。然后即以相当长的篇幅对胡适的观点进行了系统反驳。

张氏指出，中国现在不是"已没有很大的国际侵略的危险"，而是帝国主义的侵略方式已由19世纪的武力为主转变为经济侵略为主，后者"既省钱，又省力，还不易引起重大的反感"，然其"残暴厉害"更甚于前者。由于"列强在华利益素来错综复杂，就是要瓜分中国也难得分赃平均"，故"瓜分土地的事实现在或许不会发生了"，然而外国资本家经济侵略的危险更加严重，且列强对中国市场的竞争也不稍减，形成一种"相互竞争的侵略"。

列强的"政策既然不一致，因此各个扶持一派势力，进行他们的暗斗，为的实行各自的政策"。张国焘承认胡适关于"远东问题只是英美日三国的问题"这一分析不错，但重申中共《宣言》所说："日本帝国主义者先后扶助安福部、张作霖、新旧交通系等当权的北京政府，为的是要利用北京政府为实现日本侵略计画的工具。英国便站在吴佩孚派的督军后面，为的要借此巩固他在长江一

---

① 本段及以下数段，见国焘，《中国已脱离了国际侵略的危险么?》，《向导》6期，45—50页。

带的权利和势力范围的推广。美国却勾结中国新兴的资产阶级和知识阶级分子，想用掩眼法来实现他国际托辣斯的经济侵略政策。"军阀是帝国主义的工具是当年国共两党的共同看法，然而张氏并未举出多少足以印证其说法的实据。①

与时人一般将英美并论不同，张国焘注意到美国与英国的区别及其特殊政策。当时舆论多以为中国在华盛顿会议上有所收获，张氏指出，"这也是帮助美国开放中国的门户呀！中国虽然挽回一点微小的利权，但是多引进一个富有经济力的抢掠者"。他特别提醒国人，"美国资本家银行家是不知道怜悯受痛苦的中国人民的，即使真有几个舆论家学者援助中国，与美国资本家侵略中国的勾当也是不相干的"；不能"因为美国有几个学者舆论家和我们卖弄假风情，就连美国资本主义吞噬四万万中国人的雄图都忘记了"。这显然是针对杜威访华所起的广泛影响。

他发现，就连英国最近也因"北京政府是亲美派人物，中国新兴资本家都习于任用美国机器，以及一班学者、教员、政治家、政论家都替美国吹嘘［因为他们多由留美学生出身］大起醋意，认英国没有注意中国留英学生问题，实属危及商业利益。他们最近注意到留英学生问题"，就是希望"在中国政治上、经济上、舆论上"多一些"各种侵略的介绍人和中间物"，以利其下一步的经济侵略。

---

① 以今日的后见之明看，当时除日本与奉系的关系比较实在外，英国援助吴佩孚的说法的确缺乏充分的证据。双方的联络不能说没有，在一些具体问题上可能也有一些当时当地的"现场合作"，但似未到达决策层面。其实苏俄也曾把吴佩孚列为拉拢和援助的对象并进行了具体的尝试，一些中共人士如李大钊还参与其中。不过，当年并非国共两党这样说，不少政治倾向不明显的报刊上也多可见类似的表述，故这类说法在多大程度上是"事实"固然还需进一步斟酌，其已成为相当一部分人的"共识"却不假。相关问题当另文探讨。

张氏的结论是，国际帝国主义侵略中国有几十年了，现在的经济侵略比武力侵略更危险，列强间虽有竞争，但会继续侵略中国则是共同的。"因此国际帝国主义是中国人民的第一个敌人，是势不两立的敌人，为了解除中国人民的痛苦，为了中国的独立和自由，非急速打倒他不可。"

胡适在文中曾列举了一些中国人感觉到外国势力的"好处"，其实那都是上层阶级的感受，"我们小百姓到不觉得是这样"。中国人民"同时也受军阀的摧残、官吏的诓诈、厘金制的剥削，痛恨的对象不专是国际帝国主义"，但不能"借此隐蔽国际帝国主义的罪恶"；故在打倒军阀官僚的同时，也要打倒国际帝国主义。他质问道："为什么那自命'政论家'的胡适先生竟眼小如豆，只知道武力的侵略是危险的，竟不知道经济的侵略更是危险呢！这或者经济的侵略只能使四万万中国劳苦群众受痛苦，不会使美国学者的胡适先生受痛苦，所以他不能感觉到那些危险罢。胡适先生也是中国人，也是和我们一样受了几十年外国的压迫和侮辱，那继续不断的外国压迫想也忍受不了，更厉害的经济侵略的危惧又在目前，胡适先生还应多替中国苦同胞设想一些才好！"

张国焘特别声明："并不因为我们是马克思派，所以这样反对国际帝国主义；我们正为中国人民的利害关系，所以要提醒和引导中国人民一致来反抗国际帝国主义。"他指责胡适"企图减轻国人对于外人侵略的注意，促成帝国主义者们的侵略顺利情势"，这显然冤枉了胡适，因为胡适在意识层面并无此"企图"。但当胡适说外国投资者也希望中国的安宁与统一，并举美国接受英国铁路投资为例来证明国际投资不会有危险时，张氏抓住了胡适思路的一个根本问题，即"以半殖民地和列强角逐场的中国和那时的美国比较"。

不论是否以"半殖民地"来定义中国的性质，不平等条约体系下的中国的确是"列强角逐场"，在接受国际投资方面与美国实不可同日而语。

除了张文这样的系统驳斥外，中共对胡适说他们"像乡下人谈海外奇闻"一语记忆颇深，约一年后，罗章龙发现连国会的"吴景濂这流政客"在北京各界欢迎加拉罕的演说词中也提到国际帝国主义对中国的压迫，而"一年以前的大学教授尚在目为奇谈〔去年胡适在《努力》周报中对于中国共产党解释英美帝国主义侵略中国，认为海外奇谈〕"。① 到 1925 年蔡和森在论及"革命势力的觉醒"时又说："中国人民最近几年的政治生活完全为反帝国主义反军阀的运动支持着。革命势力的觉醒一天扩大一天，革命宣传的感受一天深入一天。犹忆二年前本报初揭载国际帝国主义侵掠中国之理论与事实时，北京大学教授胡适之目为海外奇谈，现在这种海外奇谈竟成为普遍全中国的政治常识。"②

另外，不少中共党人都很不欣赏胡适的亲美言论，邓中夏在 1923 年即重复张国焘的用语，指责胡适等办的《努力》周报"公然与美国花了三千万银子雇派的许多牧师、记者、侦探、顾问等向我们所做的亲美宣传一鼻孔出气，武断的说'中国现在已没有很大的国际侵略的危险'"，是"最可惜的"。且其"言伪而辩，未尝不麻醉一部分人的神经，紊淆一部分人的观听。其所造罪恶并不在梁启超、章行严之下"。③ 不过邓中夏的表述明显带有惋惜的口气，并不特别对立。

---

① 章龙，《外交家的体面》，《向导》41 期（1923 年 9 月 23 日），311 页。
② 和森，《孙中山逝世与国民革命》，《向导》107 期（1925 年 3 月 21 日），893 页。
③ 邓中夏，《努力周报的功罪》，《中国青年》3 期（1923 年 11 月 3 日），6—7 页。

胡适另一能"麻醉一部分人的神经"的观念就是美国与其他帝国主义有区别，这是张国焘已经努力驳斥的。曾经与胡适的"好人政府"主张相当接近的恽代英到 1926 年说，就美国在"巴黎和会、华盛顿会议两次为自己利益牺牲中国利益以迁就日本与近年事事与英朋比压制中国观之，可知美帝国主义与其他帝国主义无异致，乃亦以有教大［按似指教会大学］与留美学生如胡适之博士，与其他教育界、学术界名人为之说辞，至今尚有人认为中国唯一之友邦"。①

两人在驳斥胡适的同时，都承认其言论还有一定的影响，似乎胡适在反帝方面比其在内政方面的议政稍更"成功"（从前引吴景濂的言论看恐也未必）。其实《国际的中国》这篇胡适谈中外关系的重要文献也是他最不为人理解的文章之一，直到晚年，胡适仍在慨叹，共产党骂这篇文章，"国民党也不会了解此文"，意谓共产党实际上并未了解此文。② 从其文章的整体意思看，胡适对中共大体仍是他爱说的"诤友"态度。

毋庸置疑，中共与胡适当年在对内对外的政治主张上都有较大的歧异。那么，这些分歧在多大程度上影响了双方的关系呢？从当

① 恽代英，《反对帝国主义的文化侵略》，原载《广东青年》4 期（1926 年 6 月 30 日），收入《恽代英文集》，下卷，人民出版社，1984 年，826 页。
② 胡适致郭廷以，1960 年 1 月，引在胡颂平编，《胡适之先生年谱长编初稿》，台北联经出版公司 1990 年修订版，第 2 册，508 页。其实胡适向有对不同的人讲不同的话的取向，在中外关系上表现得最明显：凡是主张不反对帝国主义的言论，都是对中国人说的；而他对外国人或教会人员讲话时，却常常指出帝国主义对中国的侵略及其对外国利益自身的危害。他这样做大概是想要表现其"大国国民的风度"，却似乎少努力要让人知道这一点；其士大夫意识使他很愿意体现其"特立独行"，对一般人的误解很少辩解，只求自我心安，结果造成了立说者与听众之间的传播障碍。参见罗志田，《再造文明之梦——胡适传》，267—279 页。

年中共的政策及相当数量中共重要成员的公开表述看，一方面由于胡适整体上采取了友好而非对立的态度，同时不仅广州警察不欣赏《努力周报》，北京政府负责治安者也多少视胡适为"过激派"，中共正在推动的民主主义联合战线本是针对"更反动势力"的集结，在批评胡适一些主张（因胡适追随者众，其影响不可忽视，故不能不批评）的同时，对他仍采取了联合的方针。

四、 中共的"联合战线"与胡适

前引中共 1922 年 6 月《对于时局的主张》已明确提出："无产阶级在目前最切要的工作，还应该联络民主派共同对封建式的军阀革命，以达到军阀覆灭能够建设民主政治为止。"在提出十一条具体的奋斗目标后，中共表示要"邀请国民党等革命民主派及革命的社会主义各团体，开一个联席会议，在上列原则的基础上，共同建立一个民主主义的联合战线，向封建式的军阀继续战争"。文件以"中外古今革命史上的教训"来奉劝"好政府主义诸君"，显然仍将后者列入打倒军阀政治的"革命"一边。到 7 月，中共的《二大宣言》又提到"无产阶级和贫苦的农民都应该援助民主主义革命运动"，且"只有无产阶级的革命势力和民主主义的革命势力合同动作，才能使真正民主主义革命格外迅速成功"。①

胡适随即在《国际的中国》一文中正面回应中共《二大宣言》说："中国共产党近来发出一个宣言，大意是说他们现在愿意和资

---

① 《中国共产党对于时局的主张》，《中共党史参考资料》（1），331—341 页；《中国共产党第二次全国代表大会宣言》，《中共党史教学参考资料》（1），14 页。

产阶级的民主主义革命运动联合起来，做一个'民主主义的联合战线'，这件事不可不算是一件可喜的事。"① 按前引那两句话是《二大宣言》唯一与"联合战线"相关的内容，与胡适所述并不十分一致。胡适特别提到这一点，可能是因为他接着要反驳中共关于帝国主义的主张，先表明友善的态度；也许他心里仍记着中共《对于时局的主张》；甚至可能因为中共那段时间和他在"联合战线"方面持续沟通，胡适对中共意向的了解超过《宣言》本身。

实际上中共二大确实通过了一个关于"民主的联合战线"的内部决议案，② 不排除胡适多少了解这一决议内容的可能，因为中共那段时间一直让胡适知道这方面的事。如李大钊 1922 年 8 月底给胡适的信中就通报说："昨与溥泉、仲甫商结合'民主的联合战线'（Democratic front），与反动派决裂。"③ 信中"与反动派决裂"一语值得注意，李大钊这样说而不加解释或界定似乎提示着此前已有所联络，彼此所知尚更多；至少在李大钊放弃《我们的政治主张》中的立场后，胡适对此能够理解，大家仍相互视为同盟者。

到 9 月，胡适又和李大钊一起署名于蔡元培领衔的《为陈独秀君募集讼费启事》。胡适向来秉承"惟名与器不可假于人"的古训，他支持陈独秀自是老朋友当为之事，但通常未必肯参与"外人"或层次较低之人的共同行动；而这一启事除蔡元培和李石曾、蒋梦麟

---

① 本段与下段，参见胡适，《国际的中国》，《胡适文存二集》，卷三，128g—128i 页。

② 决议案见《中共党史参考资料》（1），344—346 页；陈公博的《共产主义运动在中国》（中译本，中国社会科学出版社，1982 年，134—136 页）也收录了这一议案。

③ 李大钊致胡适，1922 年 8 月底，《李大钊文集》（5），310 页。

等少数几位教授外，其余更多是张国焘、蔡和森等少壮中共成员。①
胡适这次能与这许多"少年"共同署名在一个启事之上，很能表明
他确实将中共视为"我们"。

　　同在 9 月，陈独秀在反对联省自治时再次提出："我主张解决
现在的中国政治问题，只有集中全国民主主义的分子组织强大的政
党，对内颠覆封建的军阀，建设民主政治的全国统一政府；对外反
抗帝国主义，使中国成为真正的独立国家。"② 胡适在撰文反驳"我
们的朋友陈独秀"的主张之前，也特别表示"完全赞成"陈独秀关
于"集中全国民主主义的分子组织强大的政党"的主张，这与他在
《国际的中国》一文中先正面回应中共的写法是一样的。③

　　或即因胡适此时对中共的批评大体采取他爱说的"诤友"态
度，他与中共的争论基本没有影响中共推动其对胡适的"联合战
线"。张国焘在系统反驳胡适《国际的中国》那篇长文中便不忘指
出："胡适先生既然赞成我们的民主主义革命运动，我们自然是很
欢迎的。"他也学胡适的口气"恳挚的奉劝胡适先生：中国的智识
阶级商业和工业的资产阶级要自己能够避免美国的愚弄，他们的民
主运动才能依正轨进行"。④

　　大概是为将中共二大的决定贯彻到胡适所代表的政治派别之
上，张国焘又专门撰文"劝告"胡适等人。他分析说："在小资产

---

① 《启事》原载《晨报》1922 年 9 月 24 日，转引自唐宝林、林茂生，《陈独秀年
　谱》，178 页。
② 陈独秀，《对于现在中国政治问题的我见》，《努力周报》18 期（1922 年 9 月 3
　日），收入《陈独秀著作选》，第 2 卷，378 页。
③ 胡适，《陈独秀〈对于现在中国政治问题的我见〉编者按语》，《努力周报》18 期
　（1922 年 9 月 3 日），3 版。
④ 国焘，《中国已脱离了国际侵略的危险么?》，《向导》6 期，50 页。

阶级和平派中间，胡适先生或可为一派的代表，他发刊《努力周报》，活动甚力。这个资产阶级的学者曾发表那有名的政治主张，标榜好政府主义。他还梦想他自己是个漂亮的外交家，主张由各省政府、省议会、商会、教育会等派代表组织一个会议，要求一班军阀官僚把袖子里的把戏拿出来，做到'杯酒释兵柄'的故事；并大倡联省自治，梦想用这种制度削减军阀实权。这位先生也曾多少站在一个政府党（王宠惠内阁）后面，企图把他的主张慢慢实现。结果经过这几月的试验，不但竟是一场春梦；反被王怀庆等加上他一个过激派的头衔，要把他捉将官里去。"①

这表明了北京政局的变化，即"由吴佩孚指挥北京政府的稍微进步时期已是过去，政府现已落在曹锟手里"，后者"受一班帝制派和反动官僚的包围，变成更反动〔的〕军阀领袖了"。若其稳握政权，北京便会现出恐怖的色彩。"凡属带着一点所谓新的色彩的分子，无论是革命的或是非革命的，□〔将〕来都要遭受同一的危惧。"换言之，胡适派以及"研究系的左派"蒲伯英派等"各种进步的势力"都面临着共同的威胁。"倘若你们细心考察这种政治情况，倘若你们想到反动的势力都已结合一气的事实，或者能提醒你们感觉与革命势力携手的必要罢。"

中共认为，历史事实和目前现状都证明："所有温和的改良运动，立宪运动，是会毫无结果的；目前解决政治的惟一方法，是革命的民主派和各派社会主义团体联合的革命运动。……无论哪个诚实希望改造中国的人，现在是没有法子否认我们的革命方略了；而

---

① 本段和以下四段，见国焘，《我们对于小资产阶级和平派的劝告》，《向导》13 期（1922 年 12 月 23 日），105—106 页。

且他们现在是没有旁的道路走了，除非跟着我们一块儿走去。这个多年躺在文化运动底下的胡适先生，因为奉直战争时局变更，促着他献身政治宣传；这个蒙上社会运动面具的蒲伯英先生，也因为那次政变，促起他注意国会制宪事业。现在一个有捉将官里去的危险；一个目击多数议员卖身给军阀去了，或能感觉制宪的无价值了。先生们，现在在你们面前的一个问题，就是目前你们如何干法呢？"

张氏针对胡适说："现在呢，或者是使他细嚼过去经验的时机到了，或者是使他重审过去的政治主张和决定目前的方针的时机也到了。我们要问问他：目前你怎么办呢？还是三十六计，跑为上计呢？还是坚持原来的主张呢？还是从此更有新的觉悟呢？"既然"更反动势力都已联合拢来了"，各进步势力不也应该进行"共同抵御"吗？他进而明确说出中共对所有"小资产阶级和平派"的态度："现在我们要求你们做什么呢？我们仅仅要求你们来抵御更反动的势力。……我们决不要求你们和我们一样的向军阀进攻，但是我们要求你们来共同抵御这种危惧。"

具体言之："我们所希望于你们的，是在不与任何外国侵略家发生关系之下，在不帮助叛贼陈炯明辈之下，和在不宣传不可能的和平主义而阻碍中国的改进之下，与我们共同抵御更反动的军阀势力。再说显明些：胡适派或者目前应该放弃替王正廷辩护的态度，放弃替顾维钧、罗文干声冤的态度，也不要一溜烟跑了；而且在上项条件之下，努力做暴露反动军阀祸国卖国的宣传。……用这样的方法干去，就是说你们在唤醒大家痛恨军阀的事业上做了一些工夫，这就是说你们在改造中国的事业上尽了一点力量。"

张国焘问道："你们敢接受我们的要求么？请你们快快答覆这

个问题，用事实答覆这个问题。"且现在还有"许多知识阶级分子在后面看着你们：他们会看着你们现在怎样干法，借此审定你们到底是什么样的人"。倘若你们不能照上面所说去做，"我想那些知识阶级分子再不会让你们在政治上说话了罢"；而若能照这样做，"虽然我们在政治上是立在不同的基础上，我们相互中间，目前是没有大冲突的"。

此文并非个人口气，显然是在贯彻中共二大的决定，应是对胡适态度的一种回应。几个月后，陈独秀又呼吁说："知识阶级诸君呵！最近政象已明白告诉我们：我们若不愿投降于军阀，只有民主革命这一条路可走，别无中立徘徊之余地。"知识阶级"不但不应当怕劳动阶级的组织及运动，而且应当竭全力以赞助此等组织及运动"。① 到 1923 年 7 月，陈独秀更具体地提出："适之所信的实验主义和我们所信的唯物史观，自然大有不同之点，而在扫荡封建宗法思想的革命战线上，实有联合之必要。"因为当时"号称新派学者"大多半新半旧，"真正了解近代资产阶级思想文化的人，只有胡适之。张君劢和梁漱溟的昏乱思想被适之教训的开口不得，实在是中国思想界一线曙光"。②

邓中夏虽然在《努力周报的功罪》一文里反驳了胡适的亲美言论，但他在三个星期后又发表《中国现在的思想界》，明确把梁启超等《改造》同人加上梁漱溟、章士钊等新文化运动的对立面划为"东方文化派"，把胡适等人划为"科学方法派"，再把共产党人划

---

① 独秀，《怎么打倒军阀》，《向导》21 期（1923 年 4 月 18 日），收入《陈独秀著作选》第 2 卷，441 页。

② 陈独秀，《思想革命上的联合战线》，《前锋》1 期（1923 年 7 月 1 日），收入《陈独秀著作选》，第 2 卷，517—518 页。

为"唯物史观派"。他指出，"东方文化派是假新的、非科学的；科学方法派和唯物史观派是真新的、科学的。现在中国思想界的形势"，应是"后两派结成联合战线，一致向前一派进攻、痛击"。①与陈独秀一样，邓中夏最看重的，恰是胡适等人与所谓"东方文化派"的对立。

正是在扫荡"东方文化派"所代表的"封建宗法思想"这一目标下，中共关于思想界派别的划分与胡适所划分的"我们"与"他们"基本一致。邓中夏据唯物史观分析这些思想派别的产生说，"科学方法派可说是代表新式工业的资产阶级思想，唯物史观派可说是代表新式工业的无产阶级思想"；尽管最终"资产阶级思想必被无产阶级思想征服"，但在"中国新式产业尚未充分发达"之时，"代表劳资两阶级思想的科学方法派和唯物史观派尚有携手联合向代表封建思想的东方文化派进攻的必要"。这一学理层面的分析非常值得重视，因为这意味着两派联合的时段可能会相当长。

约两个月后，邓中夏再次撰文正面呼应陈独秀关于"思想革命上的联合战线"的主张，他说，陈独秀为"扫荡封建宗法思想"而提出的"唯物史观"和"实验主义"结成联合阵线，"在现在中国这乌烟瘴气的思想界中不特是必要，而且是应该"。他并认为，仅仅是这两派"联合的范围似乎太狭一点，不能使我们革命派的势力增厚和地盘加大"，故进而提出扩充范围，与"行为派的心理学家""三民主义的政治家""社会化的文学家"和"平民主义的教育家"四种"气味相投趋向相近的生力军"一起"结成联合战线，向反动

---

① 本段与下段，见邓中夏，《中国现在的思想界》，《中国青年》6 期（1923 年 11 月 24 日），2—6 页。按朱文华的《胡适评传》（重庆出版社，1988 年，204—205 页）已论及邓中夏这一主张。

的思想势力分头迎击、一致进攻".[①] 邓氏上述三文的发表时间在三四个月内，且明确主张联合的是后两文，说其已"把胡适从'我们'中推出去，和梁启超同划为'他们'了"，实不合其原意。

如果说陈独秀和邓中夏等主要侧重在思想方面，毛泽东则从政治力量上做出类似的划分，他在 1923 年 4 月发表《外力、军阀与革命》一文，把当时中国各派势力划分为三，即"革命的民主派"（包括正合作的国民党和共产党）、"非革命的民主派"（含"胡适、黄炎培等新兴的知识阶级派"）和北洋各系组成的"反动派"；并指出"因为反动势力来得太大了"，革命及非革命的民主派"在稍后的一个时期内是会要合作的"，以"成功一个大的民主派"。而所谓"稍后的一个时期"，即指军阀当道之时，"会要有十年八年都说不定"。[②] 若按前引邓中夏据历史唯物主义的社会发展观所做的分析看，到"中国新式产业充分发达"之前，都属于"代表劳资两阶级思想的科学方法派和唯物史观派"结成联合战线的时段，其时间还要更长得多。

大体而言，与胡适自视为中共之"诤友"而既批评又赞赏其"联合战线"相类，共产党人当时对胡适的具体主张有许多不同和不满的看法，不仅正面指出了不同，批评了其对军阀"妥协"和不甚反帝的主张，但基本视其为可以联合也应该联合的对象。[③] 萧楚

---

① 邓中夏，《思想界的联合战线问题》，《中国青年》15 期（1924 年 1 月 26 日），6—10 页。

② 毛泽东，《外力、军阀与革命》，收入中共中央文献研究室编，《毛泽东文集》，第 1 卷，人民出版社，1993 年，10—11 页。

③ 中共对胡适言论始终关注的一个重要原因，是胡适在读书人中的影响一直较大。同时，尽管胡适在中共眼里或者太温和甚至落后，北京政府却总把胡适视为带有"过激"色彩之人。不仅前引张国焘所说胡适差点被"捉将官里去"，（转下页）

女在 1923 年底的文章是个典型的代表，他对胡适等提倡整理国故表示了强烈的不满，称之为类似"老妈子补破裤"，全文几乎不见前引周恩来和邓中夏文中所带的善意口气，但他最后仍呼吁说："且快快放你们手中底破裤，来做个'时代'的拥护者，和我们组成联合战线；扫灭那些饿鬼，那些野心军阀——那些法西塞蒂。"①

在 1927 年 4 月国民党正式开始"清共"以前，国共合作既然是中共全党的基本政策，某种程度的"联合战线"也始终是中共的既定方针。从张国焘的"劝告"、陈独秀的正式提出"思想革命上的联合战线"以及邓中夏的连续呼应，都提示着中共二大的决定已贯彻到思想战线之上，"思想革命上的联合战线"应包括在前一联合战线之内。至少到 1924 年初，不仅"联合战线"仍在执行，上引中共重要领导人的一系列公开表述也都将胡适等容纳在联合范围之内（前引毛泽东所言"稍后的一个时期"已表明了这一"联合"时段仍在延长，而邓中夏所做的两派阶级分析更大大延伸了联合的时段）。

"胡适"这一姓名所代表的象征性意义本与五四新文化运动相连，后者与马克思主义在中国的兴起有直接关联，故得到中共的重视。但国共合作及 1925 年五卅运动后，中共所关注和侧重的问题已有所变化。随着中共的"革命工作"日益进入具体的工农运动甚至武装斗争阶段，纯粹"思想战线"本身受到的关注已较前为轻，胡适及其代表的"派别"在国共正式合作后在联合与反对两方面都

（接上页）陈独秀也指出："北京国立大学请胡适之教书著书，而北京警察厅却查禁他的书。"参见独秀，《两件不可解的事》，《向导》75 期（1924 年 7 月 23 日），604 页。

① 楚女，《教育界的法西塞蒂"国学"》，《中国青年》11 期（1923 年 12 月 29 日），1 页。

逐渐不那么受到中共重视了。①

1926 年 1 月，瞿秋白连续撰写两篇长文论述五卅运动的划时代意义，其中一个重点也涉及中国革命史上五四新文化运动和五卅运动这两大里程碑的关联。他非常重视五四时代，注意到那时"知识阶级里，社会主义的思想，自然地随着笼统的新文化运动、德谟克拉西的要求和反宗法社会的斗争而普遍的广泛的发展"。故"中国社会里，新的革命力量正在这一时期渐渐的形成"。② 可以说，"中国民众革命运动的开始"和"中国国民革命运动的发端"都在五四时代。瞿秋白将五四时代的新文化运动定为"资产阶级性质"，当时的"新文化思想——反对孔孟、反对旧礼教、白话运动、妇女问题等等，都是中国资产阶级发展所需要的"。③

在他看来，"资产阶级的民主革命，反对宗法封建军阀的革命，内部必定含孕着无产阶级革命的种子"。中国"这种资产阶级的民主革命运动"在"事实上思想上都是受世界革命潮流的冲动"，如1917—1919 年间，"中国新思想的勃兴，谁又能否认俄国革命、德国革命、英美大罢工、劳动问题的世界化等等的影响呢？那时的青年和学生，差不多个个人都注意报上世界革命运动的消息，个个人都想谈几句劳动问题、社会主义。这些社会主义的思想，当然是很笼统

---

① 但要证明其确被排除出"联合"对象之外，尚需提出至少相对正式或明确的依据（如正式的决议、党组织或领导人的内部或公开表述等）。实际上，部分正因为重视程度降低，对于像胡适这样有着"反封建"佳绩的知识精英，中共也未必就会做出"不联合"胡适等的正式决议。

② 瞿秋白，《国民会议与五卅运动——中国革命史上的一九二五年》，《新青年》（本文所用是人民出版社 1954 年影印本），第 3 号（1926 年 3 月），1 页。

③ 本段与下三段，瞿秋白，《国民革命运动中之阶级分化——国民党右派与国家主义派之分析》，《新青年》第 3 号，21—25 页。

模糊的，然而就在这一源流里生长出中国无产阶级的政治思想——共产主义。《新青年》杂志的左倾与其共产主义化的过程，便是明证"。

无产阶级革命的种子含孕在资产阶级民主革命之中这一特点正体现出"联合战线"的意味：当时"社会主义、共产主义、无政府主义以及劳动社会问题的研究热与上述各种运动混流并进。这是很明显的资产阶级与无产阶级以及小资产阶级的联合战线，反抗宗法封建社会"。到五卅时候，"广州国民政府的成立，上海工商学联合会的领袖五卅运动，尤其是无产阶级指导下之联合战线发展的最高点"。不过，由于"中国无产阶级运动长足的进步"，由于"无产阶级在这国民革命过程中，确已占得多份的优势"，资产阶级"看见国民革命的进行中资产阶级要牺牲自己的私利……于是开始反动而求争回革命的指导权以消灭革命"，具体表现在"国民党右派和国家主义派的兴起"。[①]

总体言之，"五四到五卅，这六七年确是中国历史上的一个时期，有重大的政治上文化上的意义"。但五卅运动本身又是分水岭，最明显的变化是："五四时代，大家争着谈社会主义；五卅之后，大家争着辟阶级斗争。"瞿秋白认为，"半年来思想界里的反动潮流，从主义上策略上革命领袖问题上以及道德文化上所发生的争执"，都是"阶级分化"这一现象的表演。或可以说，正是"五卅"体现出的划时代转变把"五四"推入已逝的往昔。阶级分化的结果自然导致"联合战线"本身的改变，作为五四新文化运动标志之一的胡适，

---

① 同时，资产阶级本身也分化了："革命的小资产阶级及智识阶级也就逐渐显现他们的左倾；——最近半年来北京方面有《猛进杂志》《莽原杂志》，上海方面有《洪水杂志》等等；至于国民党内如柳亚子、朱季恂、甘乃光、陈公博等居然形成强有力的群众的左派，汪精卫、蒋介石等革命倾向之确定更不用说。"

恰又素不赞成"阶级斗争"，其所受中共重视当然也就今非昔比了。[1]

不过，瞿秋白也指出，为了促成国民会议会的召开，仍需要"切实的结合一切反帝国主义和军阀的力量；资产阶级在妥协失败之后应当觉悟，小资产阶级在受了妥协政策的迷误之后尤其应当立刻站到革命的平民一方面来"，连国家主义派和国民党右派也在联合范围之内："各地工商学农各界、国家主义、国民党右派、国民党左派、共产主义派，大家联合起来组织国民会议促成会，就当地实行民众的意志，组织武装力量，反抗军阀的统治。"[2]

可以看出，尽管瞿秋白的态度有较大的保留，在军阀这一"封建势力"仍当政时，资产阶级就仍在争取之列。当年中共意识形态尚在形成之中，尤其是对知识分子的定位长期悬而不决；[3] 像胡适

---

[1] 胡适在五卅事件前参与善后会议，被认为是认同于北洋政府；在五卅事件后也曾劝学生专心读书，不必管这些身外之事。故不仅中共党人对胡适等的表现不满，认为胡适"落伍"是那时新老各派中不少人的共同看法。参见罗志田，《再造文明之梦——胡适传》，317—319 页。

[2] 瞿秋白，《国民会议与五卅运动——中国革命史上的一九二五年》，《新青年》第 3 号，20 页。

[3] 从马克思主义理论层面言，这牵涉到"知识分子"的阶级属性问题；当时不少人是将知识分子算作资产阶级或小资产阶级的，这又牵涉到"新民主主义革命阶段"资产阶级（包括后来才区分清晰的民族资产阶级与官僚资产阶级）和小资产阶级的地位和作用问题。所有这些理论问题在北伐前仍属"发展中"的讨论阶段，比如张国焘在 1922 年底就认为："在素来缺乏政治活动的中国人民中间，那极少数的知识阶级是最彻底最有革命精神的成分，占政治上的重要地位。"参见国焘，《知识阶级在政治上的地位及其责任》，《向导》12 期（1922 年 12 月 6 日），98 页。直到北伐前夕，中共在主张退出国民党时，所持的一个理由仍是"中国共产党人不是工人阶级的代表，实质上是知识阶级反对派"。参见古比雪夫（季山嘉）和拉兹贡，《给中共中央执行委员会的信》（1926 年 1 月），中共中央党史研究室第一研究部译，《联共（布）、共产国际与中国国民革命运动（1926—1927）》，北京图书馆出版社，1998 年，上册，18 页。这样的观念与后来确立的产业无产阶级最具革命性的主张颇不相同。

这样阶级属性似定未定的知识精英，其"反封建"一面向来为左派所承认，自然也是可以争取或联合的。前引瞿秋白对胡适参加善后会议的批评虽带揶揄口气，大体还算温和，并且他到底承认胡适"总算还是社会上公认的民治主义者"，这是当时以民主主义革命为口号的中共对胡适坚持"争取"方针的基础。

而且，胡适以及北京知识界相当一部分人那几年的政治倾向有其独特之处，很难以黑白分明的划分法来认知。在当时中共一般的思路中，帝国主义和苏联是对立的势力，通常捧苏俄的不喜欢英美，反之亦然；而在胡适及一些人眼中，苏俄也是"西方"的一部分，他们对两边都赞赏，确实使中共很难把胡适这样有影响的人划出"联合"的范围。1926 年夏，胡适途经苏联到英国参加中英庚款会议，中共（以及苏俄）便对他实施了一系列"争取"的努力，而且取得了一定的成功。

五、 胡适与中共"舌战"莫斯科

五卅前中共希望联合胡适等人的期待与当时思想界的倾向大体吻合，自苏俄宣布废除不平等条约之后（实际并未完全实行），北京的学界思想界左倾亲俄风气本相当盛，到五卅后更有增无减。在张彭春看来，当时知识精英自己也处于一种矛盾心态之中，然而却对推动世风走向激进负有不可推卸的责任：这些"年岁稍高的人"一方面"劝青年冷静好好读书"，一方面又不免教猱升木，"主张共产，与苏俄合作"。他们既"主张用外交机关，承认已有的政府，缓缓进行"；又"鼓动国民救国，对内对外同时用力，以群众运动为工具，以赤俄为模范及后援"。①

张彭春的观察大致准确，早在 1922 年苏俄代表越飞访华时，北大就设宴招待越飞，胡适也出席。据说蔡元培在席间表示"愿以中国居于俄国革命的弟子之列"，遂有法国电讯说"北京大学过激化了"。而中共的高君宇则表示，若真如此，"那是我们被压迫的人民要欢迎的呀"!② 到 1923—1924 年间中苏两国就恢复邦交进行谈判，苏联代表加拉罕在与北京政府谈判陷入僵局时曾提出以"中国人民"为外交对象，这一相当不符合国际外交谈判正常程序的举措，却适应了当时中国各界民众对政府不信任并要求参与外交的心理，在不同程度上得到了各类中国人士的应和。如一般并不视为特别激进的张君劢就要求加拉罕本着外交公开的宗旨，将其对中国政府所提出之条件公示于中国国民，国民必能秉公道正义以赞助加拉罕。③

1925 年下半年苏俄是敌是友的问题曾在北方高层次知识分子中引起一场大争论，以《晨报》和《京报》的副刊为主要阵地（这

---

① 张彭春，《日程草案》（即日记），1925 年 6 月 29 日。原件藏美国哈佛燕京图书馆，我所用的是台北"中研院"近代史所的微缩胶卷。

② 君宇，《北京大学过激化了吗?》，《向导》7 期（1922 年 10 月 25 日），55 页。

③ 《晨报》，1923 年 9 月 11 日，6 版。关于《中苏条约》和中苏谈判过程，参见何艳艳，《1924 年中苏建交谈判述论》，四川大学历史系未刊硕士论文，1999 年 5 月。进一步的例子是，曾在欧洲学国际法的周鲠生稍后在自由主义知识精英所办的《现代评论》上发表《革命的外交》一文，主张"对于既存的国际规则、惯例或条约的束缚，都要一概打破"；同时更要"利用民众势力"，以"遇事生风"和"小题大做"为革命外交的"要诀"。他更明言："流氓的方法，实在是对待帝国主义列强政府最有效的外交方法。"参见周鲠生，《革命的外交》，收入其同名论文集，上海太平洋书店 1928 年，1—11 页。

与北洋军阀的"反赤化"虽然同时，思想上也有关联，却不是一回事)。① 张奚若那时便说，"在今日人人对于这个重要问题不敢有所表示的时代"，《晨报》敢站出来公开发表反对共产和苏俄的言论，"令人非常可佩"。② 公开发表反对共产和苏俄的言论已需要勇气，可见当年北京世风有多么激进。那年末冯玉祥在第二次直奉战争中倒戈，北京政局一度出现左倾的趋势，张彭春自己也因"北京国民党得势"而感觉"共产主义快到临头，必须研究它了"，乃"专看俄国革命书"。③

胡适对苏俄的态度与思想界上述倾向非常接近，他虽不曾"主张共产"，大体也属于张彭春所说的"年岁稍高的人"中的一个，其在 1926—1927 年间的言论应可以算相当亲俄。④ 而且，胡适在 1925 年所作题为《今日教会教育的难关》的演讲中，因其听众是教会大学人员，曾明言，以收回租借地和废止不平等条约为代表的"新起的民族主义的反动"（a new nationalistic reaction）是"很自然的、很正当的"。他对中共党人赞扬义和团并不赞成，但在文中大量正面引述中共的反帝观点，然后指出："这种反动是不可轻视的。他们的理由就是八十年来列强欺侮压迫中国人的历史；他们的证据就是外国人在中国取得的种种特权和租借。这些不公道一日不除，这些不

---

① 此事学术界尚乏研究，原始材料都收入章进编，《联俄与仇俄问题讨论集》（上），由北新书局于 1927 年在北京和上海同时出版。

② 张奚若，《苏俄究竟是不是我们的朋友》，《晨报副刊》，人民出版社 1981 年影印，1925 年 10 月 8 日，13 页。

③ 张彭春，《日程草案》，1925 年 11 月 30 日、12 月 27 日。

④ 参见罗志田，《再造文明之梦——胡适传》，351—354 页；《个人与国家：北伐前后胡适政治态度之转变》，收入其《乱世潜流：民族主义与民国政治》，231—233 页。

平等的情形一日不去，那么，这些反动的喊声一日不能消灭。"①

　　1925 年 6 月胡适在中国少年卫国团演讲时，更明确提出应当"要求于最短时期内开一个根本修改一切不平等条约的会议，以铲除一切冲突的祸根"。因为"那些条约或是利用他们的武力，或是利用我们的愚痴，其不公平而应该修正，理至明显"。针对六国使团的通牒"说我们有排外的运动，他们发生最大的恐怖"，胡适"试问这恐怖哪里来的？完全由于他们基于不平等的条约，享有特殊的权利而来。所以我们提出修改也是极正当的"。他认为修约不仅"很有可能的性质，而时机还算成熟了"。这部分因为"美国也有人主张修改条约，而俄国自是赞成的了"。② 中苏条约一年前已经签订，此时苏俄"赞成"中国修订与他国之约正是其反帝主张的一部分，胡适的口吻说明苏俄宣传的成功仍在继续，而他对俄国的作为显然持肯定态度。

　　这些言论在多大程度上引起主张反帝的中国人之足够注意，尚难确定，但对中外关系言论有特殊关怀的苏俄在华人员却很可能注意及此（待考），故苏俄与中共对胡适稍后对苏联的访问寄予厚

---

① 胡适，《今日教会教育的难关》，《胡适文存三集》，亚东图书馆，1930 年，卷九，1159—1162 页。按这本是胡适的英文演讲，中文文本里的反帝排外主张皆有出处，明确可知是来自中共；英文文本在 1925 年曾两次刊发，首次是 7 月，其中的反帝排外主张虽未注明出处，但从其引文，特别是关于 "cultural imperialism" 的界定等，仍可看出是中共言论。参见其 "The Present Crisis in Christian Education,"收入《胡适英文文存》，周质平主编，台北远流出版公司，1995 年，第 1 册，187—191 页。胡适在 1926 年 3 月把这一演讲用中文 "追记"出来，并于 1930 年收入其文存三集，都提示着某种倾向的持续。

② 胡适，《对于沪汉事件的感想》（1925 年 6 月），《胡适文集》，欧阳哲生编，北京大学出版社，1998 年，第 12 册，723 页。演讲的时间约在 6 月 17 日，最初刊发在 6 月 26 日的《晨报副刊》上。

望。① 为安排胡适访问莫斯科中山大学，② 驻华大使加拉罕曾为其写介绍信。据胡适自己的记录说，他于 7 月 29 日下午 2 时到莫斯科，到旅馆洗浴后即出门径往中山大学访校长拉狄克，很能体现其心情的迫切。到中山大学时，拉狄克已走了，学生多在乡间歇夏，胡适将加拉罕的介绍信交给一位认得他的中国学生（此人曾在北京听过胡适演说），然后去中国大使馆。③

当晚胡适出门"走了一会，回来见于右任先生留下一张条，不知他怎样知道我来了"。第二天有苏俄方面安排的参观，隔日（7 月 31 日）胡适又往中山大学访右任先生不遇，但其"寓中有一人，乃是蔡和森。相别甚久，彼此竟不认得了。我们纵谈甚快，陆续来者甚多，有刘伯坚、任××、王人达、马文彦等。后来越来越多，至十余人之多。右任也回来了。我与和森仍继续辩论，余人参加者甚少。从三点直到九点，Radek〔拉狄克〕来了，才把我们的舌战打断。Radek 谈了一会，先走了。我们出去到'大莫斯科饭店'吃饭。散时已十一点多钟了"。

这次与左派中国学生长谈是反映当年胡适与中共关系的重要史

① 或正因此，胡适虽努力说好听的实话，而苏俄和中共皆以为胡适的亲俄表述尚不够，大致也是事实。

② 关于莫斯科中山大学，参见 Min-ling Yu, "Sun Yat-sen University in Moscow, 1925 - 1930," Ph. D. Dissertation, New York University, 1995。

③ 胡适当年游俄时的日记不知为何没有收入台北远流出版公司 1991 年出版的《胡适的日记（手稿本）》，后由耿云志先生设法找到并整理刊发在他主编的《胡适研究丛刊》第 2 辑（中国青年出版社，1996 年）上，现已纳入本文所用的《胡适日记》，本段与下段参见 1926 年 7 月 29—31 日，第 4 册，233—237 页。沈寂先生最近讨论了胡适访问莫斯科一事，他虽基本未对既存相关研究做出因应，其文大体平实地引述了胡适日记，参其《胡适访苏及其感受》，《近代中国》第 150 期（2002 年 8 月 25 日）。感谢《近代史研究》编辑部提示我注意沈先生的文章。

事，而胡适自己的记录有其选择性，恰省略了他与蔡和森"舌战"的具体内容这一要素，故此事的"全貌"仍待中共和苏联方面的记录佐证，可惜在场的中大学生和苏联方面的记录现在尚未发现。① 不过，这次"舌战"在当年留俄人士中已成传闻的"事件"，目前我已见到两份关于此事的他人叙述，将此同一"故事"的三种不同叙述对看，虽未必能得其"真相"之全貌，却可以有稍更深入的体会。

曾就读北大的毛以亨 1926 年追随冯玉祥到苏联，他记载说：

> 胡适之过俄时，曾参观孙逸仙大学。拉〔狄克〕氏问他对苏联的观感如何？胡氏答得亦极幽默，说："有一群人，很努力的依据自己的理想在那里干。"问他干得好否，他说这是将来的事，他非预言家。此乃孙逸仙大学当时的学生对我说的，而且大骂胡氏，谓为资产阶级训练出来的东西，难道苏联会干不好么？似乎胡适之的幽默战胜了拉狄克，倘不认为吃了胡适之的亏的话，大家不会气愤历久而不已。②

另一记述出自汪菊农，他本人是留俄的学生，但胡适到中山大学时他因病在克里米亚疗养，所以他的记录也是听同学转述的：

> 〔胡适抵达莫斯科时，〕在中山大学、东方劳动大学的中国

---

① 我曾就此问题请教过专门研究莫斯科中山大学的余敏玲教授，她说未见关于此事的俄文记录。胡适日记中提到积极参与谈话的学生如蔡和森、刘伯坚等皆中共党员，以中共和苏联方面对此事的重视，我猜想当年应有某种形式的记录或报告，可能还需要进一步的搜寻。
② 毛以亨，《俄蒙回忆录》，台北水芙蓉出版社，1983 年，166 页。

留学生，以及中国驻苏联大使馆的工作人员，齐集莫斯科车站
迎接他，人山人海，盛况空前。胡适下车伊始，我们中山大学
的同学，又复邀请他来校作一次演讲，校长拉狄克主持其事。
胡适登台之后，首先盛赞苏联一九一七年革命的成功并表示佩
服。不料他说到国际形势时，立论却突变了，竟说美国对华政
策是亲善的，首先退还庚款，为中国培养科学与文化的人才，改
变旧中国为新中国云云。其时有一同学，写一纸条递上讲台，质
问胡博士看过《中美望厦条约》没有？胡适随即作答："那是美国
过去的历史，现在美国对华的政策的确是亲善的。"弄得同学们啼
笑皆非，大家都很不愉快。校长拉狄克作结论时，高举手杖，大
声疾呼："我要教导我的学生，学成归国，奋斗！革命！"①

两份他人叙述虽都出自那段时间在苏联的中国人，然均非亲历，
而是听中山大学学生讲述，且都是较晚的回忆，自不能要求其特别准
确。但正如"知人"需要"论世"一样，任何事件的"真相"本蕴涵
在其前后左右的时空脉络之中。这些从当时传闻得来的二手叙述，为
我们提供了当时当地当事人认知中的"胡适访问莫斯科中山大学"大
致是怎样一回事，与第一手"实录"性文献相比，别有其史料价值。②

---

① 汪菊农，《胡适二三事》，收在颜振吾编，《胡适研究丛录》，生活·读书·新知三
　联书店，1989 年，20 页。
② 其实就连档案中也包括"虚构"成分，若进一步深入考察，"故事讲述者"怎样
　讲述故事本身也可以告诉我们许多史事真伪之外的论世知人的内容。参见 Natalie
　Z. Davis, *Fiction in the Archives: Pardon Tales and Their Tellers in Sixteenth-
　Century France*, Stanford University Press, 1987, pp. 1 - 6, 111 - 114。该书近已
　有中译本，《档案中的虚构》，杨逸鸿译，台北麦田出版社，2001 年，可参看
　32—51、302—309 页。

据胡适日记可知，中山大学等校的中国学生齐集车站迎接胡适以及请他到中山大学演讲都只是传说而非事实。就整体事实而言，汪菊农所记虽更多具体的细节描述，毛以亨所记相对更符合于胡适日记中的记述。至于胡适与中国学生和拉狄克等的讨论内容，毛、汪二氏虽各有明显的倾向性，[①] 然根据胡适其他的文字表述看，两人所记大致都非常接近，似可以互补。

例如，汪菊农所记胡适先盛赞苏联又立论"突变"，就非常符合他这段时间涉及中共与苏俄的撰文风格；区别美国"过去的历史"和"现在对华政策亲善"，也是胡适向有的主张。在前引《国际的中国》中，胡适就说列强在清末还想征服统治中国，但民国以来列强对华态度明显改变，外国投资者也"希望中国和平与统一"。中国人若能"把自己的国家弄上政治的轨道上去"，使外国投资有了保障，也就没有理由再在中国实施帝国主义政策了。[②] 汪菊农并明确了中山大学"同学们"和拉狄克对胡适不满之所自，即表彰苏联不够，而又公然为美国说好话，虽为传言，也相当能说明问题，这与前述中共对胡适的不满是一致的。

又如毛以亨所记胡适陈述其对苏联的观感是"有一群人，很努力的依据自己的理想在那里干"。这在胡适一面，完全是实话实说，并非毛氏所说的"幽默"。前引胡适的《后努力歌》里已提出"努力"或"干"是解开各种互为因果的连环之唯一办法。在其公开发

---

① 两位叙述者各自的立场值得注意，毛在海外，基本倾向于胡适一边；汪则大致站在中山大学学生一边，唯其与胡适有个人关系，也颇注意不把胡适"讲坏"（朱熹曾说："屈原之赋，不甚怨君，却被后人讲坏。"转引自章学诚，《史考摘录》，收入仓修良编《文史通义新编》，上海古籍出版社1993年，339页）。

② 胡适，《国际的中国》，《胡适文存二集》，卷三，128a—128i 页。

表的赞颂苏俄文字中，胡适明确提出"我们要干政治"的主张，而且是"什么制度都可以"。当时《晨报副刊》上一篇署名伯山的作者就看出胡适"明显地流露出不据学理不择方法去干"的倾向，他发现，胡适"近来的精神"就体现在"他那'肯干''能干'的豪气"。① 可知"一群人很努力的依据自己的理想在那里干"乃胡适那几年素所向往，用之于表述对苏联的观感，在他个人已是相当高的赞誉。

时人传言中学生"齐集车站欢迎"虽非事实，仍揭示出某种心态；那时正与中共青年一起在莫斯科中山大学的于右任当晚即往访胡适（后来胡适正在于舍见到蔡和森等），颇能印证中共和苏俄确实对胡适的访问期望甚高。② 这里很可能有胡适的老朋友李大钊所起的作用，而加拉罕为胡适写介绍信给拉狄克，更说明中共和苏俄非常想"争取"胡适。蔡和森和刘伯坚在"舌战"后回访胡适，两人都希望胡适"在俄国久住一些时"日，③ 提示着他们并未放弃"争取"胡适的努力。

实际上苏俄已尽量努力影响胡适，且其努力还相当成功。胡适到莫斯科的第二天和第三天连续被安排参观革命博物馆和第一监狱，让他从不同侧面认识新俄。从胡适那两天的日记看，他的观感和反应完全是正面的。胡适在关押重罪犯的第一监狱看到"每二人一室，不穿囚犯制服，允许穿其家送来之衣服。每日工作八时，所

---

① 关于胡适对苏俄的赞颂，参其《欧游道中寄书》，《胡适文存三集》，卷一，73—90 页。伯山，《与适之先生论干并及新自由主义》，《晨报副刊》，1927 年 1 月 6 日，3 页。
② 或正因此，胡适虽努力说好听的实话，而苏俄和中共后来皆以为胡适的亲俄表述尚不够，大致也是事实。
③ 《胡适日记》，1926 年 8 月 1 日，第 4 册，237 页。

得工资，除必需之费用及作工原料外，皆寄与其家人。作工之外，各依其性情与教育，组为各种文化的与教育的活动，如补充教育，音乐会，文学讨论会，政治讨论之类"。狱中"每室有自来水，有一桌二凳"；有一室因一犯人为音乐家，"平日须作谱"，特增一桌。监狱有常驻狱医，专门医生如花柳专家、心理病专家和牙医也不时会来。他并试吃了犯人自做的面包，觉得比他所住旅馆的还好。①

在胡适离开莫斯科的火车上，邻室恰有一位苏俄外交委员 Theodore Rothstein，在胡适表明了自己的政治见解（即亲美而不那么反帝且怀疑苏俄的专政）后，Rothstein 指出，"英美等国名为尊崇自由，实是戴假面具，到了微嗅得一点危险时即将假面具撕去了"；其实"他们也是一种 Dictatorship，只是不肯老实承认。苏俄却是言行一致，自认为无产阶级专政"。胡适以为，"此言却甚有理。我看苏俄之《刑事律》及《苏俄指南》，皆十分老实，毫无假装的面孔"。②

当然，胡适也不只听信苏俄的"一面之词"，他与那时恰在莫斯科的芝加哥大学政治学教授 C. E. Merriam 两次交谈，第二次更"谈甚久"。胡适提出了一系列的问题："（Merriam）以政治学说史家的眼光看苏俄，感想如何？以一党专政，而不容反对党的存在，于自由的关系如何？所谓 Dictatorship 的时期究竟何时可终了？既不许反对党的存在，则此训政时期岂不是无期的延长吗？"Merriam 答复说："此间作此绝大的、空前的政治试验，自不容没有保障，故摧残一切所谓'反革命的行为'是可以原谅的。向来作 Dictator

①《胡适日记》，1926 年 7 月 30 日、31 日，第 4 册，235—236 页。
②《胡适日记》，1926 年 8 月 2 日，第 4 册，238 页。

的，总想愚民以自固其权力。此间一切设施，尤其是教育的设施，都注意在实地造成一辈新国民，——所谓‘Socialistic generation’，此一辈新国民造成之日即是 Dictatorship 可以终止之时。"胡适基本接受这一解释，以为"此论甚公允"。①

他立刻将这位教授的观念引用到寄回国发表的书信之中，指出专制必愚民，而苏俄则"真是用力办新教育，努力想造成一个社会主义新时代。依此趋势认真做去，将来可由狄克推多过渡到社会主义民治制度"。② 在斯大林 1927 年完全掌握苏俄权力中心并推行依靠自己力量集中发展重工业之前，苏俄曾努力想获得西方的经济援助，其教育也颇受美国影响，胡适的老师杜威即曾"大夸许苏俄教育"。③ 胡适在莫斯科期间特意阅读了苏联"教育部所作《公家教育》，不能不感觉八年来的教育成绩可惊。其教育方针实根据于新的教育学说"。④ 大概正是基于专制可经教育变民主这一判断，胡适在 1930 年断言，苏俄与美国"这两种理想原来是一条路，苏俄走的正是美国的路"。⑤

在访问莫斯科的同时或稍后，胡适写了一系列文章，高度推崇新俄的"空前伟大的政治新试验"。他甚至认为中国应当学墨索里尼的意大利，应当学德国、学日本，"以养成一点整齐严肃的气象"。倒是英国不足学，因其"名为 evolution ［渐进］，实则得过且

---

① 《胡适日记》，1926 年 7 月 31 日，第 4 册，235—236 页。
② 胡适，《欧游道中寄书》，《胡适文存三集》，卷一，75 页。
③ 《胡适日记》，1934 年 5 月 31 日，第 6 册，389 页。并参见 Robert C. Tucker, *Stalin in Power: The Revolution from Above, 1928 - 1941*, New York: Norton, 1990, pp. 40 - 43, 74 - 76。
④ 《胡适日记》，1926 年 7 月 31 日，第 4 册，236 页。
⑤ 《胡适日记》，1930 年 3 月 5 日，第 5 册，681 页。

过，直到雨临头时方才做补漏的工夫"。这一切，用胡适自己的话说，就是他的"新的兴奋"。① 与几年前陈独秀提出的"拿英美作榜样"相比，胡适为了国家的快速发展，竟主张以当时几个最著名的集权国家为榜样，其观念的变化是相当巨大的。

这样一种观念的巨变，显然与胡适对苏联现象的现场观察直接相关。正如徐志摩所说："你一出国游历去，不论你走到哪一个方向——日本、美国、英国、俄国，全是一样——你总觉得耳目一新，精神焕发，……除非是白痴或是麻痹，谁去俄国都不免感到极大的震惊，赞成或反对他们的政治或别的什么另是一件事，在那边人类的活力几乎超到了炙手可热的度数，恰好反照我们这边一切活动低落到不可信的地位。"②

的确，近代中国士人个个都盼望中国强盛，而苏俄正提供了一个由弱变强的新模式，故俄国的兴起对任何中国知识分子都具打动人心的作用。且"新俄"对中国人的吸引力是多重的：国民党人和共产党人或者看到的是革命夺权的成功，自由主义者看到的恐怕更多是夺权后的建设和"改造社会"的措施，苏俄的"新教育"和莫斯科第一监狱的现象对胡适而言正可谓"求仁得仁"（若后者的安排不是出自胡适本人的要求，说明俄方对胡适还确有几分"了解之同情"）。

从胡适与前引芝加哥大学教授的谈话中可知，怎样认识苏俄所实行的"无产阶级专政"是他那时特别关注并一直在考虑的问题，也是他的许多老朋友不能接受"新俄"的关键。任鸿隽虽然同意胡

---

① 胡适，《欧游道中寄书》，《胡适文存三集》，卷一，73—90 页。
② 徐志摩，《一个态度及按语》，《晨报副刊》，1926 年 9 月 11 日，17 页。

适所说中国人的毛病"一个是迷信'底克推多',一个是把责任推在外国人身上",但他也提出了一个根本性的问题:"迷信'底克推多'是由不信'德谟克拉西'来的,而现时俄国式的劳农专制,正与美国式'德谟克拉西'决胜于世界的政治舞台。我们若要排除'底克推多'的迷信,恐怕还要从提倡'德谟克拉西'入手,你说对吗?国内的朋友对于你赞成苏俄的论调发生疑问,也就在这一点。"①

对胡适而言,任鸿隽提出的关键问题已由那位芝加哥大学教授帮他解决了。非常有意思的是胡适用孙中山的"训政时期"来指谓苏俄的"一党专政",这既提示出他对国民党政治的某种看法,也暗示了他在提问时已将苏俄的"一党专政"预设为一个可以有下限的历史时段,故其得到的仍是"求仁得仁"的答案(这里也隐伏了胡适稍后对国民党的正面肯定:既然苏俄的"训政时期"可以最终"过渡到社会主义民治制度",正接受苏俄援助并仿效苏俄政治行为的国民党之"训政时期"自然也可能发生类似的转化②)。

胡适的另一朋友徐新六也对胡适那"新的兴奋"有所疑问,他说:"兄西游后,政治思想颇多变更,在各处通讯中所见兄之议论,弟赞成者甚多。例如对俄国革命态度之修正,认为对于全世界之大challenge[挑战],调和稳健即是因循苟且,以及我辈政治活动能力之薄弱,均是无可驳击。"但是他也指出:"俄国革命对旧式社会虽有震撼摧拉之力,我辈亦不能见其力大而即以为是。"徐氏认为:

---

① 任鸿隽致胡适,1926年12月8日,《胡适来往书信选》(以下径引书名),中华书局,1979年,上册,411—412页。
② 关于胡适与国民党,参见罗志田,《个人与国家:北伐前后胡适政治态度之转变》,收入其《乱世潜流:民族主义与民国政治》,226—274页。

"俄国革命之特色，一为政治上党治之试验，一为经济上共产之试验。"他显然注意到胡适急于要"干政治"的兴奋，特地提出："我辈当平心静气研究此二点之是否，以及对于我国此时是否为对症之良药。如其不然，当研究出一方案来。"在胡适"对于政治如未用过上述几层工夫以前，不必急提方案，而却不可不苦用一番工夫，或可终于提出一个方案"。①

徐新六的观察甚敏锐，"力大"（因而效果明显）正是新俄对胡适（及其他许多人）的魅力所在。他的问题实际是：对苏俄的"共产"和"党治"，中国究竟学不学？如果不学，又学苏俄的什么？胡适那时主张向俄国人学习的，首先是"努力肯干"的认真精神，多少带有前引伯山所谓"不据学理不择方法去干"的倾向。可以说，重在行动是胡适当时政治主张的一个重要的特征，正是在此基础上，一些在常人看来矛盾、冲突或对立的政治趋向才可能被胡适"兼容并包"而熔于一炉。不了解这一点，就较难对胡适那段时间所表述的政治理念及其表现出的政治态度产生"了解之同情"。

任鸿隽关注的"俄国式的劳农专制"与"美国式'德谟克拉西'"的对立和竞争关系本实际存在，许多人由此视角看问题亦甚自然。类似思路一直影响到后来，张忠栋即曾说，胡适在 1927 年初从欧洲到美国后，即扫除了他对苏俄的兴奋，再度认定美国的价值。②此说颇为其他一些学者采纳，其实恐怕误解了胡适。胡适当

---

① 徐新六致胡适，1927 年 1 月 12 日，《胡适来往书信选》，上册，419—420 页。不过，任、徐二氏的质疑都只是私下的交流，而胡适对新俄的赞颂和提倡"干"的主张却是公开发表的，这当然会有不同的影响。身在国民政府治下的顾颉刚稍后就告诉胡适：先生最近"主张我们没有反对俄化的资格，这句话也常称道于人口"（顾颉刚致胡适，1927 年 2 月 2 日，《胡适来往书信选》，上册，426 页）。

② 张忠栋，《胡适五论》，台北允晨文化公司，1987 年，37 页。

然更加认同美国，不过前引其 1930 年关于苏俄与美国"这两种理想原来是一条路"的断言表明，胡适认同美国方式并不以放弃对苏俄的兴奋为代价，他本人即曾明言自己对新俄的梦想一直持续到 20 世纪 40 年代。①

张先生似也过于夸大了苏俄之后的欧美观感对胡适的影响。从前引胡适日记及毛、汪二位的回忆看，胡适在苏联时就公开表述了其倾向美国的态度，且因此引起招致拉狄克和中共学生的不满。可以肯定，胡适在莫斯科时就未曾疏离于美国式政治，完全无须到欧美考察后再"重新"认识到美国方式的价值或"回归"到美国方式。

从任鸿隽到张先生似乎都太过强调一般认知中美国与苏联体制的对立，但对胡适来说，既然他认为"苏俄走的正是美国的路"，显然更强调两国"取径"的"共同"而非其"不同"。胡适对西方有着自己的亲身认识，他并不像一般人那样笼统看待广义的"欧美"或"西方"政治。观其当时公开说英国不足学，可知他在英国的观察较多负面印象，这与他对苏联的颇多正面印象非常不同，值得特别注意。而且，胡适那段时间一直把苏俄看作"西方"的一部分；从 1919 年开始，他长期以来与马克思主义者的争论是关于输入什么样的学理、怎样输入以及某些学理是否适合中国等问题，但从未质疑这些学理属于"西方"。

胡适在游美后的确指出："世间的大问题决不是一两个抽象名词（如'资本主义''共产主义'等等）所能完全包括的。最要紧的是事实。现在许多朋友却只高谈主义，不肯看看事实。……拿一个'赤'字抹杀新运动，那是张作霖、吴佩孚的把戏。然而拿一个

---

① 说详罗志田，《再造文明之梦——胡适传》，351—355 页。

'资本主义'来抹杀一切现代国家，这种眼光究竟比张作霖、吴佩孚高明多少?"① 但在这段时间里，胡适对苏联的好感是持续的，则其对中共的同情也未必因"历经美国"而消失。观其仍用"朋友"来称谓其批评对象，便可知他仍维持着"诤友"的态度。

由于我们并不特别清楚胡适与蔡和森的具体辩论内容，我倒倾向于认为，胡适访苏的当时及稍后一段不长的时间内，凡是涉及对中共有所批评的言论可能都与那次胡蔡"舌战"相关，有些恐怕就是将辩论中的话重述一遍，并不需要美国观感来支持。这当然只是"大胆的假设"，但不同意"拿资本主义来抹杀一切现代国家"正可与汪菊农回忆中胡适与中山大学学生的辩论内容相呼应，似可作为这一假设的旁证。

其实胡适对苏俄政治方式的保留也是持续的，无须到美国后才改变。他承认和接受苏联所进行的"绝大的、空前的政治试验"并不意味着他已认可苏俄的政治方式（详后）。更重要的是，胡适对美国政治方式的赞赏也是有分寸的。尽管他长期以来有意无意间试图将美国方式运用于中国，但在因一段时间的议政而较仔细地考察过中国国情并实地参观了新俄的社会主义制度后，胡适对什么样的体制更适合中国似乎有了新的认识，与蔡和森等人的"舌战"显然给了他思想上的刺激，使他产生了一些突破性的想法。

简言之，若用之于中国，胡适并不完全认同美国当时的政治和社会政策，而是强调一种更加社会主义化的美国式政治。这些内容可见于胡适8月3日的日记，其中一段非常重要，值得全文引在下面：

---

① 胡适，《漫游的感想》，《胡适文存三集》，卷一，63—64 页。

今日回想前日与和森的谈话，及自己的观察，颇有作政党组织的意思。我想，我应该出来作政治活动，以改革内政为主旨。可组一政党，名为"自由党"。充分的承认社会主义的主张，但不以阶级斗争为手段。共产党谓自由主义为资本主义之政治哲学，这是错的。历史上自由主义的倾向是渐渐扩充的。先有贵族阶级的争自由，次有资产阶级的争自由，今则为无产阶级的争自由，略如下图［图略］。不以历史的"必然论"为哲学，而以"进化论"为哲学。资本主义之流弊，可以人力的制裁管理之。党纲应包括下列各事：1. 有计划的政治。2. 文官考试法的实行。3. 用有限制的外国投资来充分发展中国的交通与实业。4. 社会主义的社会政策。①

在离开莫斯科时的私下思考中，胡适主张"充分的承认社会主义的主张"，并把人为制裁管理"资本主义之流弊"列为其主要施政目标之一。其设计的自由党"党纲"凡四条，其中"有计划的政治"和"社会主义的社会政策"两条就非美国当时所实行（此可与徐新六所说苏俄的"政治上党治"和"经济上共产"之两大"试验"对看）。而"用有限制的外国投资来充分发展中国的交通与实业"一点也明显是在因应反帝一方的思考。他显然认为，若用以"社会主义的社会政策"为基础的"有计划的政治"来制裁和管理"资本主义之流弊"，似乎比强调阶级斗争和"一阶级专制"的苏联方式更合适于中国的国情；恰因不甚赞同正仿效苏联方式的国民党和中共路径，他才产生出自己"应该出来作政治活动"并组织政党的想

————————
① 《胡适日记》，1926 年 8 月 3 日，第 4 册，239 页。

法，希望走出一条包容美国政治方式和苏俄社会政策的实干之路。①

从学理上言，胡适那时特别强调自由主义与社会主义之间的共性。前引日记中有一段极其值得注意的话，即胡适发挥其以"进化论"哲学为基础的"历史眼光"，提出"历史上自由主义的倾向是渐渐扩充的：先有贵族阶级的争自由，次有资产阶级的争自由，今则为无产阶级的争自由"。既然"无产阶级争自由"是自由主义的最新发展阶段，则自由主义的开放性和包容性已相当宽广，不仅可以容纳当时英国工党的政治主张，甚至可以向苏俄政治和社会政策的一些面相开放。

胡适从苏俄到英国后即反复对英国人强调：社会主义不仅是西方早期更重个人的民主观念的补充，是西方民主运动的历史组成部分，而且是"西方文明最伟大的精神遗产"。他认为西方人在第一次世界大战后已不能正确认识自己文明的优点，即不能认识社会主义的价值；而中国能对今后的世界新文明做出的贡献，即在帮助西人认识他们未看到的社会主义的价值。胡适教导英国人说："我们或许可以不喜欢社会主义。但它显然是人类所发明的关于社会秩序的最高理念之一。"实际上，"世界正在不知不觉中变成社会主义的世界"。②

---

① 我过去曾说胡适此时干"什么制度都可以"的干法"后来证明仍未出议政的范围"（《乱世潜流：民族主义与民国政治》，231 页），这只能是就其实际行为而言，从其日记最后的组党打算看，我至少低估了胡适当时的雄心。

② 参见胡适《在利物浦大学的演讲》，1926 年 11 月 25 日，《在曼彻斯特大学的演讲》，1926 年 11 月 26 日，均为当地报纸报道，附在《胡适的日记（手稿本）》同日的条目中。更详细的论述见胡适 1926 年 11 月 9 日在英国皇家国际事务研究院的演讲，刊发在 *Journal of the Royal Institute of International Affairs*, VI: 6 (1926), pp. 265 – 279；及胡适的英文论文"Civilization of East and West," in Charles A. Beard, ed., *Whither Mankind*, New York: Longmans, Green, 1929, pp. 37 – 41。并参见罗志田，《胡适与社会主义的合离》，《学人》第 4 辑（1993 年 7 月）。

可以看出，胡适那段时间虽然给人以"不据学理不择方法去干"的倾向，但主要是针对他所认知的国人"政治活动能力薄弱"这一缺失；他那时当然特别强调努力肯干，但也有其学理的基础，即现代自由主义和社会主义的共性。而其"重在行动"的取向则给予胡适更大的活动空间和回旋余地，使其在学理上和实际操作上都更具开放性和包容性，能容纳一般人眼中对立的政治和社会取向。尽管胡适组党"干政治"的冲动后来未能付诸实践，有关他 1926年对莫斯科中山大学访问的几项记录却能帮助我们进一步了解其当时的心态和思考。

六、　胡适赞颂苏俄的余波

胡适"新的兴奋"引起了中共的注意，毕竟前引任、徐二氏的质疑都只是私下的交流，而胡适对新俄的赞颂和提倡"干"的主张却是公开发表的，这当然会有不同的影响。如果苏俄和中共对胡适前次未接受蔡和森等的邀请可能有些失望，他们随后即从胡适公开发表的文字中看到了苏俄新气象的真正影响力。胡适到美国后得知，李大钊曾提出："我们应该写信给适之，劝他仍旧从俄国回来，不要让他往西去打美国回来。"① 看来中共对"新俄"的魅力颇具信心，故希望能进一步向胡适展示。

在此后一段时间里，胡适赞颂苏俄的言论也常被中共提及，彭述之就充满信心地说："苏俄在国际上的影响，国际上的潜势力一日扩大一日，欧洲产业国的工人与殖民地和半殖民地被压迫的民族

① 胡适，《漫游的感想》，《胡适文存三集》，卷一，61—62 页。

一日接近苏俄一日，如中国民众近来亲俄的表现及欧美赴俄参观团增多便是事实。即是向来代表资产阶级的实验主义的胡适博士看了苏俄之后，也不得不表示赞佩。总之，苏俄仿佛是太阳光，慢慢将全世界都要晒遍而晒热的，全世界因这太阳光热度之增高而必有一天要大起变化的。"①

一向主张新旧不两立的陈独秀曾在 1926 年 9 月发表文章认为，当时国内战争双方都是"有主义、有社会目的之战争"，即"赤与反赤""半封建势力与民主势力"之战争。他并把当时"关系两方之社会势力"也分成半封建派（反赤的）和民主派（赤的）"两大营寨"，前者包括奉直军阀、官僚、洋行买办、大学教授、地主土豪、交通系、安福系、研究系、联治派、国家主义派、复辟派及新社会民主党、老民党、各种宗教徒；后者有国民党及国民政府、国民军、农民、工人、学生、有政治觉悟的工商业家、中小商人、共产党、共产主义青年团、语丝派创造派等文学家。他明确地把大学教授划在了半封建派一方，似应包括胡适在内；但他在具体分析两派之间"很少有中立之余地"时又特别对将"常常装出中立的态度"的研究系一派人"列在半封建派之内"做出了解释，指出其一向"拼命和民主派作对"。②

可知陈独秀只是笼统地做一个对应的比较（教授对应学生），他把研究系列入对立"营寨"尚需解释，遑论一向并未"拼命和民主派作对"的胡适呢！尤其按陈氏的定义，"半封建派"和"反赤"

---

① 述之，《十月革命第九周年的苏俄之经济政治的进步》，《向导》178 期（1926 年 11 月 15 日），1857 页。

② 陈独秀，《我们现在为什么争斗？》，《向导》172 期（1926 年 9 月 25 日），收入 《陈独秀著作选》，第 2 卷，1106—1111 页。

是画等号的，而他在此后一段时间里连续引用胡适对苏俄的赞颂来反驳"反赤"一边，更可证明陈独秀并未将胡适划入"半封建派（反赤的）"这一"营寨"之内。他在发表上文半个月后即引胡适的话来呼吁北京教育家不要反赤："胡适之由赤俄写信给北京一班主张'仇赤友白'的朋友说：'我看苏俄的教育政策，确是采取世界最新的教育学说，作大规模的试验。'如此看来，我们的教育家还要反赤吗?"①

不久他发现"反赤派首领"福建后方司令李生春取缔赤化布告说"苏俄实行赤化，时未数年，几致国破人亡，其由饥饿而死者，竟达全国五分之二"；并表示"一经发觉有赤化嫌疑者，即为国人所共弃，身死极刑"。乃感叹道："军阀眼中口中的赤化与苏俄，无一不是这样。然而胡适之先生偏要十分顶礼佩服苏俄，岂不犯了嫌疑吗？适之先生的一班友白仇赤朋友，应该快快电告适之，万万不可回国，免为国人所共弃、身死极刑!"②

恽代英直到 1927 年初还把"胡适之思想的变化"作为"最近有三件比较可喜的事情"的第一件。他肯定胡适关于苏俄的言论"表明他多少是有些进步"，虽然知道作为教授的胡适"至多只能为'赤'说这多的公道话"，而且还不能不以各种方式"表示自己之并非赤化"，但也已"给那些像徐志摩等一般思想落后的人的当头一棒"，而胡适"这些意见在思想界的影响"就包括使陈源等"文学

---

① 陈独秀，《我们的教育家还要反赤吗?》，《向导》175 期（1926 年 10 月 12 日），收入《陈独秀著作选》，第 2 卷，1119 页。
② 陈独秀，《军阀口中的赤化与苏俄》，《向导》177 期（1926 年 11 月 4 日），1840 页。

家亦受革命热潮的鼓舞"，表现出"比胡适之更进步"。①

北伐期间身处南方国民政府治下的顾颉刚也注意到，胡适"主张我们没有反对俄化的资格，这句话也常称道于人口"。这应该是指包括国共两党之人的态度，且更多可能指中共方面，因为国民党一部分实力派此时已在淡化与苏俄的关系了。② 陈独秀1927年3月发表的言论颇能证实顾颉刚的观察，他说："自从胡适之发表了称赞苏俄教育的几封信以后，便有徐志摩和瞿菊农一班人极力反对苏俄的党化教育，又有张象鼎一班人极力赞成党化教育，其实两方面都是闭着眼睛瞎说。"③ 可知中共到此时仍看重胡适言论的正面影响，特别是注意到胡适与其好友徐志摩观念的不同。

但顾颉刚在同一信里也向胡适建议，"先生归国以后似以不作政治活动为宜"，若"继续发表政治主张"，则新当局者"恐必有以'反革命'一名加罪于先生者"。④ 顾先生对他的老师和南方形势都有比较清楚深入的了解，不论胡适怎样赞颂苏俄，他与国共两党都还有许多原则分歧。

其实胡适约在1925年底就对陈独秀说，旧势力"早已没有摧残异己的能力了"，反倒是陈氏的"同党少年"这类"自命为最新人物的人"颇不容忍，对胡适进行攻击。他知道"你们主张一阶级专制的人已不信仰自由这个字了。我也知道我今天向你讨论自由，

---

① 恽代英，《思想界"反赤"运动之过去、现在与未来》（1927年1月1日），《恽代英文集》，下卷，978—979页。
② 顾颉刚致胡适，1927年2月2日，《胡适来往书信选》，上册，426页。
③ 陈独秀，《苏俄何尝有什么"党化教育"!》，《向导》190期（1927年3月6日），2046页。
④ 顾颉刚致胡适，1927年2月2日，《胡适来往书信选》，上册，426页。

也许为你所笑。但我要你知道，这一点在我要算一个根本的信仰。我们两个老朋友，政治主张上尽管不同，事业上尽管不同，所以仍不失其为老朋友者，正因为你我脑子背后多少总还同有一点容忍异己的态度"。否则的话，"我们不但不能做朋友，简直要做仇敌了"。①

　　尽管胡适这是肯定表述，即认为陈独秀尚能容忍"老朋友"胡适这样的"异己"，但他不能不这样申说，仍清楚地表明，双方对其政治主张的"不同"都无让步之意。胡适对苏俄的赞颂可能使彼此稍更走近，终不能解决其根本的政治分歧。

（原刊《近代史研究》2003 年 4 期）

---

① 胡适致陈独秀（稿），约 1925 年 12 月，《胡适来往书信选》，上册，355—357 页。

斯文关天意： 陈寅恪与
1932 年清华大学入学考试的对对子风波[①]

　　1932 年清华大学入学考试的国文试题主要为陈寅恪所出，当时即曾引起争议，可以算是一个小小的事件。虽然占分数更多的作文题和仅占分数百分之十的"对对子"都曾遭到非议，但后者当时最为醒目，后来也长留在人们的记忆中，成为这一风波的标帜。[②]此后这事不时受到关注，不过借为谈资者多，而实际研究者少；在可以算作研究的范围里，基本不甚关注以对对子考国文这一"本事"，[③]而更多是因陈先生的解释带出的引申讨论。这个问题未必延

① 题目前半乃撷取陈寅恪在《挽王静安先生》里所说的"吾侪所学关天意"及其在《广州赠别蒋秉南》中所说的"文章存佚关兴废"（《陈寅恪诗集》，清华大学出版社，1993 年，9、80 页）。"斯文关天意"应是陈先生一向的主张，他在《杨树达〈积微居小学金石论丛续稿〉序》中也曾说："物极必反，自然之理也。一旦忽易阴森惨酷之世界，而为清朗和平之宙合，天而不欲遂丧斯文也，则国家必将尊礼先生，以为国老儒宗，使弘宣我华夏民族之文化于京师太学。"（《金明馆丛稿二编》，生活·读书·新知三联书店，2001 年，261 页。）本文撰写中所使用的材料，承蒙不少朋友提示，北京大学历史系梁心同学尤其协助搜寻核查了不少报刊资料，特此致谢！
② 实际上，作文题引起的争议不比"对对子"的少，参见罗志田，《无名之辈改写历史：1932 年清华大学入学考试的作文题争议》，《历史研究》2008 年 4 期。
③ 最近的一项研究是个例外，即王震邦的《陈寅恪论学的四个面向》（台湾中正大学历史学研究所博士论文，2006 年），该文的第 4 章"失焦的辩论：对对子和文法"即专论此事，颇述及一些"本事"。大陆方面述"本事"稍多的是王川的《刘文典与陈寅恪学术交往述论》（《四川师范大学学报》2003 年 1 期）一文。

伸到那么远，也不那么简单，其本身还有可探讨之处。应区分以对对子考国文和具体出什么对子这两回事，后者确有戏谑成分，但前者可能带有真正深远的考虑，或许要上升到陈寅恪自己所说的"吾侪所学关天意"的高度去认识。

　　要知道那是在"九一八"事变后的第二年，举国情绪尚处动荡之中，而北伐后的国内政局也尚未达到"理顺"的程度；教育界同样不安宁，教师索薪和学生闹学潮是那时常见的现象；学术体制和规范尚未确立，专门的学术刊物不过刚刚起步；可以说，足以影响中国文化发展的各个方面都有不少重要事项正处发展之中，以陈寅恪一向恬淡的处事风格，在这个时候出而"标新立异"，不能没有一些严正的考虑，且恐怕未必侧重在一般研究者所关注的什么中外比较之学上面。

　　退而言之，不论以"对对子"考试学生一事是否有及有多少含义深远的预设，它本身也折射出非常重要的意义：晚清甚嚣尘上的中西"学战"此时已内化为中国的新旧之争，而"对对子"事件便是这广义的近代中西学战的一个组成部分。时任陈寅恪助手的浦江清后来说："在我们这一辈，把中西分别得清楚。但是，在中西合流的新文化里所培养出来的青年，他们对于原来的所谓'中''西'已不复能区别，在意识里只感到古今新旧的区分。"① 这一看似直观的认知揭示了中西新旧之间的深度互渗，也提示了考察"对对子"事件的一个重要视角。

　　1932 年参加大学招生考试的正是"新文化里所培养出来的青

① 浦江清，《论大学文学院的文学系》（1948 年），《浦江清文史杂文集》，浦汉明编，清华大学出版社，1993 年，239 页。关于近代的中西"学战"，参见罗志田，《权势转移：近代中国的思想、社会与学术》，湖北人民出版社，1999 年，20—48 页。

年"，在一些时人眼里，以"对对子"的方式来考核这些人是一种倒退，甚至是对"新文化"的挑战。而在陈寅恪等人看来，中国文化传统可能正在无声无息地消逝，或被以欧美的方式"改写"，而当下严重的国难更凸显出维持"国性"（national identity）的必要。在中西"学战"已内化为新旧之争后，对立的双方不一定是通常所见的激进与保守，甚至不必表现为中西之间的直接对垒；在"西方分裂"的背景下，"西与西斗"的表象也可能反映着中西之争的实质。①

在那时的中国，"新文化"和"留学生"都是看似明晰其实蕴涵繁复的符号；由一个留学生来承担"挑战"新文化的角色，就有着更为曲折的寓意。要真正理解清华国文考试争议所反映的时代意义，必须重建当下的历史语境，在语境中认识"本事"。而且，同样的时代背景对不同的人可能产生颇不相同的影响；对不同社会地位的人来说，国难当头而政治紊乱、社会无序，其感受和反应可能千差万别。只有将相关史料置于史事的形成发展过程中解读，才可能呈现史事那丰富纷纭的层次。本文即尝试从这样的角度来考察"对对子"事件，尽可能详人所略、略人所详，对他人已述及且本文无甚异议者，当径引其成说，而不再重复申述。

一、 语境： 国难与国性

对中国读书人来说，1932 年是很不平安的一年。一月，日军侵

---

① 关于民初的"西方分裂"和"西与西斗"，参见罗志田，《西方的分裂：国际风云与五四前后中国思想的演变》，《中国社会科学》1999 年 3 期。

上海；三月，"满洲国"成立——两项新的威胁都向国人提醒着上一年的"九一八"事变。这是自鸦片战争以来最严重的国难，"亡国"的威胁比以往任何时候都切近。当时政府正筹备召开国难会议，清华教授列名者共五人，其中就有陈寅恪。与陈先生接触甚多的浦江清发现："陈公素恬退，此次为国难刺激，甚激烈。"读书人救亡的方式可能有很多种，但那时陈先生显然认真考虑着赴洛阳参加国难会议。[①] 稍后陈寅恪改了主意，表示"不拟参加"国难会议了（这可能因为他主张"今日当对日绝交"，那时大概已了解到政府尚不拟采取这样的方式）。[②]

"素恬退"的陈公突然"甚激烈"，这是个关键。[③] 与那个时代的多数读书人一样，陈寅恪当然也有着"澄清天下"的关怀，但他的自定位更多是一个致力于"提高"而非"普及"的学者，且更逐渐缩小到史家之认同。治学首要心静，而史学面对的是已逝的往昔，心绪的宁静尤其是获得"了解之同情"的先决条件；否则便很难"神游冥想，与立说之古人，处于同一境界"。[④] 陈寅恪即采取了"关门闭户，拒人于千里之外"这样一种不近人情的方式，来寻求

---

① 浦江清，《清华园日记》（增补本），生活·读书·新知三联书店，1999 年，1932 年 2 月 2 日，69 页。

② 蒋天枢，《陈寅恪先生编年事辑（增订本）》，上海古籍出版社，1997 年，79 页。

③ 应该说，陈寅恪的"恬退"多少也有"修养"的成分，担任助教的浦江清毕竟年辈稍晚，所以更容易看到陈寅恪"恬退"的一面；同辈的李璜就曾注意到陈寅恪性格中那"不似象牙塔中人"的另一面，在他记忆中，在德国读书时的陈寅恪"对国家民族爱护之深，与其本于理性而明辨是非善恶之切"，一旦"酒酣耳热，顿露激昂"。李璜，《忆陈寅恪·登恪昆仲》，张杰、杨燕丽编，《追忆陈寅恪》，社会科学文献出版社，1999 年，15 页。

④ 陈寅恪，《冯友兰〈中国哲学史〉上册审查报告》（1930 年），《金明馆丛稿二编》，279 页。

心境的安宁和学术的专一。① 在他心目中，备课授课和出席教授会议等现代大学里教师的基本"常务"，都属于扰乱心思的"应酬及杂务"。② 必从这个角度去理解他平素的"恬退"，才能充分认识到后来甚为"激烈"的深意。

然而学人也不能轻卸其社会责任，鲁迅就曾说"真的知识阶级""对于社会永不会满意的，所感受的永远是痛苦，所看到的永远是缺点"并"预备着将来的牺牲"。③ 这多半是夫子自道，但也有相当广泛的代表性。陈寅恪亦大体如此，不过他基本以"专业"学人自居，故虽始终关注着时代的走向，于当下之社会、政治，则大体取其对经学的态度，"间亦披览而不敢治"之。④ 然其心中的痛苦，或未必少于他人；若说到文化危机感，恐怕比很多人更甚。

另一方面，陈寅恪很早就感到自己关于政治学术的见解与世风相左，故秉持一种"不论政，不谈学"的态度。因为"明眼人一切皆已自悉，不须我之述说；若半通不通而又矜心作气者，不足与

---

① 傅斯年致胡适，约 1937 年 5 月 27 日，耿云志编，《胡适遗稿及秘藏书信》，黄山书社，1994 年，37 册，426 页。

② 陈寅恪致傅斯年、罗家伦函，1929 年 6 月 21 日，《罗家伦先生文存（附编——师友函札）》，台北国民党党史会，1996 年，272 页；《吴宓日记》，生活·读书·新知三联书店，1998 年，1927 年 6 月 29 日，第 3 册，363 页。

③ 鲁迅，《关于知识阶级》（1927 年），《鲁迅全集》（8），人民文学出版社，1981 年，190 页。

④ 这只是就基本的心态而言，具体到个人怎样做，仍程度各异。胡适晚年自述道："我对政治始终采取了我自己所说的不感兴趣的兴趣。我认为这种兴趣是一个知识分子对社会应有的责任。"（唐德刚译注，《胡适口述自传》，华东师范大学出版社，1993 年，36 页。）比较起来，胡适比陈寅恪远更"入世"，但在他个人看来，这也不过是"不感兴趣的兴趣"。无论如何，双方的社会责任感是相近的。

言，不能与辩，徒自增烦恼耳"。① 他后来更明言自己长期"论学论治，迥异时流"，而趋新的外在时势已形成所谓"话语权势"的控制力量，使"落后"者不得不自我禁抑。故陈先生在"学"与"治"两方面的观念，也一直"迫于事势，噤不得发"。② 这就是说，陈寅恪的"恬退"，既是一种不与世风妥协的主动选择，在相当程度上也是一种在"时流"压抑下的让步，颇有些他所说的"不得不如是"的意味。

这样一个为治学心静而"拒人于千里之外"的学者，在国难刺激下突然激动起来，行为自然与前不同。所谓书生报国，虽不必落实在"执干戈以卫社稷"，也要有所表现。故其"迫于事势噤不得发"的观念，恐怕就不能不表述出来，以期"转移一时之风气，而示来者以轨则"。③ 清华曾是留美预备学校，校园心态或更具外倾性。当时很多清华教授的一个共同思虑，就是学术独立。这首先是针对"世界学问"而言，也包括独立于政治或社会。

梁启超在 1925 年曾对清华学生谈"学问独立"，先承认"世界学问"那时已成为"所谓'新学'"，在这方面中国"当然为后进国，必须经过模仿裨贩之一时期"。随着清华留美生逐年学成归国，"在社会上形成一新学风"，就不能再以模仿裨贩为满足；今后"应渐脱离模贩时期，入于独立时期"。他特别指出，"美国社会组织及其日常生活，与吾国相隔太远，在彼最适用者，在我或为最不适

---

① 吴宓以为陈寅恪所说乃"伤心人之言"，信然。《吴宓日记》，1919 年 9 月 7 日，第 2 册，59 页。
② 陈寅恪，《读吴其昌撰〈梁启超传〉书后》（1945 年），《寒柳堂集》，生活·读书·新知三联书店，2001 年，168 页。
③ 语出陈寅恪，《〈王静安先生遗书〉序》（1934 年），《金明馆丛稿二编》，248 页。

用"。若照搬其学问，不过"尽变成'洋八股'，归来一无所用"；只有多注意学习"其研究方法"，回国后应用于本国实际，才能有贡献。同时，与中国相关的自然现象和历史文化，"在全人类进化阶段上皆有莫大关系"，这类研究"决非外国人所能胜任，又非本国无学识之人所能胜任"，必须"以本国人应用现代治学方法"，才能有"惊世的发明"。①

这样的"学问独立"，当然是针对着已成为"新学"的"世界学问"（所谓"独立"，也不过是陈寅恪所谓佛家初级阶段的"预流"而已，详另文）。陈寅恪在1929年书赠北大史学系毕业生的诗中说："群趋东邻受国史，神州士夫羞欲死。田巴鲁仲两无成，要待诸君洗斯耻。"② 这是一首"史诗"，大体描述北大的三代师生：创办时期的第一代多留日，新文化运动时期的第二代也不那么成功，所以希望寄托在新一代身上。而第二句中"神州士夫"之"羞"恐怕是多重的，不仅是到外国去"受国史"，可能还包括到什么外国去"受国史"，以及接受何种取向的"中国史"。无论如何，其间所展现的中国学术不能独立，与梁启超所言基本一致。

但陈先生心中的学术独立还有另一面，他在1929年也曾说："士之读书治学，盖将以脱心志于俗谛之桎梏。"③ 这一"俗谛"，在当时固或多指刚入主北京以及清华大学的国民党及其意识形态，在较宽泛的意义上也针对着那使他"噤不得发"的流行"话语权势"。

① 梁启超，《学问独立与清华第二期事业》（1925年9月），《饮冰室合集·集外文》，夏晓虹辑，北京大学出版社，2005年，959—961页。
② 陈寅恪，《北大学院己巳级史学系毕业生赠言》，引自浦江清，《清华园日记》（增补本），1929年5月3日，36页。
③ 陈寅恪，《清华大学王观堂先生纪念碑铭》，《金明馆丛稿二编》，246页。

在吴宓的眼里，陈寅恪一生都坚持"不从时俗为转移"。[①] 其所谓
"时俗"蕴含甚宽，从广义言恐怕就包括近代尊西趋新的强劲世风，
特别是其中急功近利的一面。换言之，自己长期留学的陈寅恪当然
不反对学习外国，但对于学什么和怎样学，却有与"时俗"相左的
见解，有时甚至不得不疏离于"留学生"这一认同。

　　新文化运动期间，特别是五四学生运动后的十年，思想界一个
明显的趋势是留英美学生的优势日显，逐渐取代过去留日学生的地
位，而教育界中留美学生更日居主流。[②] 陈寅恪虽曾留学日、美、
欧，但他常选择区别于留美学生的自我认同，有时甚至"置身事外"
地整体性批评留学生，如他曾对浦江清说："祸中国最大者有二事，
一为袁世凯之北洋练兵，二为派送留美官费生。"[③] 在 1932 年秋开课
时，他又指出，以往研究文化史者，"旧派失之滞"而"新派失之
诬"。并具体指出："新派是留学生，所谓'以科学方法整理国故'
者。"[④] 可知陈先生所说的"留学生"基本仍是胡适等留美学生。[⑤]

---

① 吴学昭，《吴宓与陈寅恪》，清华大学出版社，1992 年，143 页。
② 在金融、法律、文学界以及实际政治中，留日学生仍较长时期占有优势。参见罗
　志田，《乱世潜流：民族主义与民国政治》，上海古籍出版社，2001 年，84—86、
　96 页；王汎森，《中国近代思想与学术的系谱》，台北联经出版公司，2003 年，
　194 页。
③ 浦江清，《清华园日记》（增补本），1928 年 6 月 14 日，4 页。
④ 这些内容均出自卞僧慧根据课堂记录所撰写的《怀念陈寅恪先生》（未刊稿），故
　不必是陈先生的原话（下同），蒋天枢，《陈寅恪先生传》，《陈寅恪先生编年事辑
　（增订本）》，222 页。
⑤ 陈先生在清华国学院和史语所的主要同事，就包括赵元任和李济这两位留美官费
　生。两人与他学术交往一般，但并不对立，而其私交似不错（参见杨步伟，《杂
　记赵家》，辽宁教育出版社，1998 年），故陈先生能反复做出这样的表述，恐怕真
　有些他所说的"不得不如是之苦心孤诣"（语出陈寅恪，《冯友兰〈中国哲学史〉
　上册审查报告》，《金明馆丛稿二编》，279 页）。

　　还在新文化运动尚处高潮时，陈寅恪就指出：“救国经世，尤必以精神之学问为根基。”然而当时的中国留学生却不知研究这类形上之学，反“误谓中国过重虚理”，故“皆学工程、实业”，体现出一种“希慕富贵、不肯用力学问之意”。由于“实业以科学为根本”，这样“不揣其本，而治其末，充其极只成下等之工匠”。但更严重的问题是，“专趋实用者，则乏远虑，利己营私，而难以团结谋长久之公益”；若“专谋以功利机械之事输入，而不图精神之救药，势必至人欲横流、道义沦丧，即求其输诚爱国，且不能得”。①

　　在相对承平之时，读书人的心态可以更放松，其所作所为的选择余地也更宽阔；留学生亦然。“九一八”之前，一群以清华毕业生为主的留美青年出版了一份《文艺杂志》，第一期里“好几篇写的是性的压迫、无聊的调情或放荡的夜游”。在浦江清眼里，这都是不“健康的个性”。他原本期待着留学生能透彻观察世界文学潮流，以“开风气之先，提倡一种文学新理论或一派新作风，以指导国内文坛”；结果却看到“留学生文风的卑靡”，与三十年前梁启超在国外办《新小说》时简直不能比。重要的是，“文学家是社会政治的预言者”。昔年留学生的文字“确有一种朝气，读之使人兴奋，使人高兴，以为中国还有希望”；但“三十年后，盘旋于留学青年的头脑中的又是什么？熏习不同，思想完全变了”！②

　　浦江清的观察当然不能代表三十年间留学生的变化，但身处国内的人显然对留学生有着更多的期待。也许正是留学生不能承担与中国之“希望”并存的期待，使浦江清感觉到了自身的责任。他在

---

① 《吴宓日记》，1919 年 12 月 14 日，第 2 册，101 页。

② 浦江清，《〈文艺杂志〉创刊号》（1931 年 7 月发表），《浦江清文史杂文集》，120—121 页。

次年初"对摩登主义恶感日深"，想要"办一杂志，以打倒高等华人、建立民族独立文化为目的，名曰《逆流》"。他明言："逆流者，逆欧化之潮流也。"不过，同意浦氏建议的向达指出了办这类杂志的困境："恐出而无销路，奈何？"[1] 他们的愿望和担忧皆可反证当日社会潮流之所在——尊西风尚仍是风靡一世的"时流"。

这些人的心态相当复杂，想要"逆欧化之潮流"当然表现出某种"独立自主"的意味，而其对留学生所寄予的希望又揭示出自信的不足，再加上欧化潮流就在中国本地，故他们所怀抱的不是一种简单直白的排外型民族主义；其建立民族独立文化所针对的，不仅是日渐入据中国的外国思想，而更多是代表着外来的"摩登主义"却又已经内化的"高等华人"。身处曾经主要培养留美学生的清华大学，浦氏等所感知的"时流"压力可能更直接，而他又担任着陈寅恪的助教，两人对"时流"的不认同和无奈，即使不尽相同，至少也是相通的。

但曾是留学生的陈寅恪尚多一层尴尬。1928 年春，陈先生曾应俞平伯之请为俞曲园的《病中呓语》撰写跋语，其中说及"吾徒今日处身于不夷不惠之间，托命于非驴非马之国"。[2] 这通常是陈先生指谓改朝换代前夕的代用语，[3] 其中的"吾徒"却是写实。处在这样的时代和社会，身为留学生而有意自外于得宠于社会的"留学生"，陈寅恪此时的个人认同大概也只能是不新不旧、非驴非马而已。这样的戏言又不是戏言，其中深有沉痛在——在一个日益黑白分明的世界里，找不到自己的认同，虽云清高，不亦太过缥缈乎？

---

① 浦江清，《清华园日记》（增补本），1932 年 1 月 10 日，61 页。

② 陈寅恪，《俞曲园先生病中呓语跋》，《寒柳堂集》，164 页。

③ 参见罗志田，《陈寅恪文字意趣札记》，《中国文化》第 22 期（2006 年 5 月）。

问题是，在陈寅恪眼里，上述留学生之所以"皆学工程、实业"，乃是基于过去"中国过重虚理"这一误识。这里的"虚"和"实"当然还可以斟酌，但若确属误识，则提示着中国文化传统不仅正在无声无息地消逝，在很多人的认知中实际已被欧美的方式"改写"了。① 陈先生在论述"新派失之诬"时，就指出新派与旧派的一大区别是"有解释"。他们"以外国的社会科学理论解释中国的材料"，美其名曰"以科学方法整理国故"，虽"看上去似很有条理，然甚危险"。因为这些假设的理论之所以成立，"是由研究西洋历史、政治、社会的材料归纳而得"。就人类活动本有共同之处一面看，这样得出的结论也可能正确，并适用于中国的材料；但也"有时不适用，因为中国的材料有时在其范围之外"。②

在表示"不拟参加"国难会议的同时，陈寅恪对一些清华学生表达了他的忧虑，即"中国今日旧道德与新道德两种标准同时并存。有人谓旧的已去，新的未到者，殊非事实。……今后旧者恐难复存，惟新者来自外国，与我国情形每有格格不入之处。吾人当准情酌理，行吾心之所安，总以不使傍人吃亏为准绳"。③ 所谓外来者"与我国情形每有格格不入之处"，其实就是上述"中国的材料有时在其范围之外"的同义语，不过因为这是对少数同学所言，故与课堂上的正式表述稍异而更直接。

这是一个非常重要的见解，意味着梁启超所说的新旧"过渡时

---

① 参见罗志田，《权势转移：近代中国的思想、社会与学术》，其中 20—48 页讨论的就是中西双方"谁改变谁的思想方式"。
② 蒋天枢，《陈寅恪先生传》，《陈寅恪先生编年事辑（增订本）》，222 页。
③ 蒋天枢，《陈寅恪先生编年事辑（增订本）》，79 页。按以上内容大约本卞僧慧《怀念陈寅恪先生》（未刊稿）之记录和回忆，蒋先生将其系于 3 月 13 日。

代"已进入新旧并存的阶段，唯旧者已日渐式微，而新者不仅并非
"未到"，根本是已到并占据了优势地位。关键在于，如果"新"实
际是"外"的内化，则在接受外来思想的同时，就必须依据中国情
形"准情酌理"，才不至于傍人吃亏。可以看出，陈先生对完全的
旧派并不认同，也知道复旧是不可能的；他也并不简单赞同梁启超
提倡的学习外国"研究方法"以应用于本国实际，而是希望在接受
外来事物的同时还要保持中国的主体性，不使"旧的已去"真成为
"事实"。

　　陈寅恪最为担忧的，就是在亡国危险迫近时，国性却无形中被
改写，即他自己在前一年所指出的："今日国虽幸存，而国史已失
其正统。"他概论当时中国"学术之现状"说："本国史学、文学、
思想艺术史等，疑若可以几于独立者，察其实际，亦复不然。"国
史状况如此，国语也同样不乐观："今日与支那语同系诸语言，犹
无精密之调查研究，故难以测定国语之地位，及辨别其源流；治国
语学者又多无暇为历史之探讨及方言之调查；论其现状，似尚注重
宣传方面。国文则全国大学所研究者，皆不求通解及剖析吾民族所
承受文化之内容，为一种人文主义之教育。"造成这样的现状，与
仿效外国的"科学方法"是分不开的，但那些尊西者又并不真了解
外国："外国大学之治其国文者，趋向固有异于是也。"①

　　还在 1923 年，陈寅恪已提出："如以西洋语言科学之法，为中
藏文比较之学，则成效当较乾嘉诸老更上一层。"② 而当时中国"治

---

① 本段与下段，见陈寅恪，《吾国学术之现状及清华之职责》，《金明馆丛稿二编》，
　 361—363 页。这里所谓"国史已失其正统"也是双重含义的，表面主要指研究国
　 史的正统似已不在本国，同时或也隐喻着国未必亡而国性渐亡的危险。
② 陈寅恪，《与妹书》，《金明馆丛稿二编》，355 页。

国语学者"大约更多想要仿效文艺复兴以后国语在欧洲民族国家形成中的作用，故更多"注重宣传"；① 若他们仅止于宣传，而不从事与国语相关的研究（即遵循"外国大学之治其国文"的方式从事"历史之探讨"和"方言之调查"），则不仅中国的学术独立还很遥远，且可能出现国虽幸存而国语不国的现象。传统必须被表述出来，而传统的表述本身也异常重要，它虽不必全然是传统的，却同样要求遵循不能"傍人吃亏"的准则，以维持自身的主体性。

或可以说，陈寅恪的《吾国学术之现状及清华之职责》一文是认识和理解他稍后如何出国文考题的一个关键。此文是为清华建校二十周年所作，其核心论旨即强调"中国学术独立"是"吾民族精神上生死一大事"，而他希望清华学人在这方面能承担起更重的职责。被陈先生寄予厚望的清华学生，当然需要在国文方面有较好的基础。实际的情形却不尽然，浦江清在 1932 年初评述清华学生的国文程度说："今日一般人国文程度太坏，大学生几如中学生。"② 而陈先生自述其"连岁校阅清华大学入学国文试卷，感触至多"。③ 这里的"感触"恐怕类似浦江清的认知，更多是负面的。

既有国难这一时代背景所促成的行为"激烈"，又有对清华学人在中国学术独立方面的殷切期望，更有对清华考生国文程度的了解，陈寅恪的有所作为已到蓄势待发的程度。这一切都因一次偶然的机会而触发。1932 年清华大学招生前，中文系代理系主任朱自清赴英访学一年尚未归，其代理系主任之职暂由刘文典代理，而刘文

---

① 参见罗志田，《再造文明的尝试：胡适传》，中华书局，2006 年，120、137—138 页。

② 浦江清，《清华园日记》（增补本），1932 年 1 月 18 日，64 页。

③ 陈寅恪，《与刘叔雅论国文试题书》，《金明馆丛稿二编》，249 页。

典则请陈寅恪代拟国文考题。① 这一连串的代理，似有些偶然，否则出题一事或不至于落在素来"恬退"到"拒人于千里之外"的陈寅恪身上。也就是这偶然的代理，导致了兴起一时风波的"对对子"事件。②

二、本事：对对子引发的诘难

1932 年 7 月底 8 月初，清华大学招考新生，各年级考生皆有不同的对对子题目，是当时一个创新之举。《世界日报》在报道时即以"国文题目各年级均有'对对子'一项"为副标题。记者敏锐地注意到国文题的新闻价值，随即联系了"该校出试题者"，据其解释说："为求试验考生之新旧国学的确实根底计，故拟定三种题目，一即试验学生明了平仄虚实字之'对对子'，一为普通作文，一为测验考生新式标点之能力。"从本科到研究所各年级的国文题，均为这三部分。其作文题也有特色，高层次的研究所作文题是"中国语在世界语言中，属何语系？其特点何在？其演变之历程如何？试举数例以说明之"，显然是有意配合"对对子"这一形

---

① 参见王川，《刘文典与陈寅恪学术交往述论》，《四川师范大学学报》2003 年 1 期。
② 虽然不能排除陈寅恪主动请缨的可能，但尚乏可靠的依据。另一方面，虽说事出偶然，但陈寅恪在此次国文考试中实居于负责的地位。他后来在答辩中解释评分标准说："分数则仅占国文三题中百分之十，倘字面对工，意思不差，则可得十分；如对得极好，可得四十分。"（《陈寅恪谈出"对对子"试题理由》，《世界日报》，1932 年 8 月 15 日，7 版。）也就是说，陈先生不仅负责出题，也可以左右阅卷时的评分标准。盖若本占百分之十的题最高可得四十分，该卷其余的评分势必相应调整，必当有人负此调整之责。可知这次从出题到阅卷的方式方法都颇有更易，很能体现陈先生的独特风格。

式创新。①

　　"对对子"和作文两部分都由陈寅恪出题，从上述报道看，陈本人并不回避新考试方式的社会关注，甚至可以说很早就参与了吸引社会对此的关注。② 故"对对子"很快引起讨论和争议，或在出题者意料之中；但可能出乎很多人意表的是，一年级的作文题"梦游清华园记"也引起了争议，且辩论的篇幅并不少于前者（详另文）。换言之，除标点部分无人提出异议外，陈寅恪出题的两部分都引起了不谐和音。过去一种较有代表性的看法是，清华以"对对子"考试，"许多人群起诘难，尤其是洋派人士，认为是开倒车、落伍、保守。寅恪并未公开答辩"。③ 实则陈寅恪不仅很快就"公开答辩"，且还数次为之。④ 另外，出而"诘难"者是否到了"群起"程度，或亦可商；但这是枝节，唯"诘难"者是否皆"洋派人士"，则确实值得斟酌。

　　多数"诘难"者当然趋新而不守旧，然若从中西角度言有时恐怕比陈更"本土"，他们的言说和关怀也常常逾越中西新旧之争（详后）；反倒是一些留学生比较能理解甚或赞同陈寅恪的做法。按照冯友兰的回忆，陈寅恪出题前曾和一些清华教授讨论过，"大家

---

① 各年级的对子和作文题目都见《清华新生昨日起考试——国文题目各年级均有"对对子"一项》，《世界日报》，1932 年 7 月 31 日，7 版。

② 清华所有其他考试内容均未见报道，或也从一个侧面提示出题者可能愿意甚至有意让此事"曝光"。

③ 汪荣祖，《史家陈寅恪传》，北京大学出版社，2005 年，38 页。不过，汪先生指出，陈寅恪"特别注意文字的特性"，以为"文字可改进，但特性不可丧失"，则确是解人。

④ 这一点已由汪先生的弟子王震邦所澄清，参见王震邦，《陈寅恪论学的四个面向》，第 4 章，其中注 13 特别回应了"寅恪并未公开答辩"一点。王先生在论文"谢词"中说到汪老师的点拨让他"受惠甚深"，不排除汪先生现在也赞同这一看法。

觉得他的主张也有道理，就请他出了一个对对子的题目"。① 从冯先生的回忆看，他本人或许就是那些赞同陈先生主张者中的一位。而研究生的作文题和前引陈先生在阅卷中可以大幅增减分数的做法，均支持此事得到相关人员赞同一说。而且，仔细考察当年发表出来的"诘难"，新旧和土洋虽亦涉及，却并非最主要的重点，真正的核心议题是陈寅恪试图引起注意的中学国文教育问题。

清华一年级新生考试结束于 8 月 1 日，而研究生和转学生等的考试到 8 月 5 日才结束。② 第二天，《北平晨报》报道了清华考试的几件"趣事"，其中涉及国文考试者仅一段，着墨不甚多，然皆为对对子内容，并用之以冠全文之标题——标题的最前面就是"'孙行者'对'胡适之'"数字，显然希望以此吸引读者。文中说"国文考试有对子一项，大一国文有'孙行者'一对；能对者固不乏人，其中以对'胡适之'者为最佳，然能工贴者实鲜。有对'猪八戒''沙和尚''清道人'……等。'猪八戒'不通，'沙和尚'及'花和尚'韵不协，'清道人'虽可，'清'字非姓，亦不工。某生以'韩退之'对，可谓善矣，然终不若'胡适之'之有意思也。"③

---

① 冯友兰，《三松堂自序》，人民出版社，1998 年，69 页。按冯先生回忆中所出的对子题目仅"孙行者"一题，不甚准确。且这里的叙述与陈先生的《与刘叔雅论国文试题书》基本一致，或许在回忆时看过陈先生的文字，多少受其诱导。不过，冯友兰北伐后曾先后任清华大学的秘书长和文学院长，那时在清华较有影响，且他自己也是参与每年评阅新生国文试卷之人，恐怕他至少在事前或事后对陈寅恪的做法表示了支持，这大概是陈先生多年后说"正反合之说，当时惟冯友兰君一人能通解者"（陈寅恪，《与刘叔雅论国文试题书·附记》，《金明馆丛稿二编》，257 页）的出处。

② 《清华新生考试前日已结束》，《世界日报》，1932 年 8 月 7 日，7 版。

③ 《"孙行者"对"胡适之"——清华新生考试几件趣事》，《北平晨报》，1932 年 8 月 6 日，7 版。按其中所说"韵不协"，准确说应指"平仄不协"。

记者能说出"以对'胡适之'者为最佳"，并婉转点出"某生以'韩退之'对，可谓善矣，然终不若'胡适之'之有意思"，似乎其已从阅卷人那里了解到相当内情。盖"胡适之"之所以"有意思"，必须由"韩退之"过渡，此为陈寅恪预伏的一个关键性解码因素。[①] 由此看来，《北平晨报》记者的消息来源大有讲究。

以当日信息流传的方式，清华新生考试的这类"趣事"在口传中当同步进行，且可能速度更快。8月7日，胡适在北平市私中联合会、中等教育协进会及北平市教育会合办的暑期讲演会上做了题为《中学国文教学法》的讲演，表面不露声色，暗中或有所针对。胡适自谓他在十数年前已两次讲过《中学国文教学法》，这是第三次，基本是把旧主张再拿出来"参照现在学制讨论"。他在演讲中提到了"这次北大招考新生，国文试验，以最容易的国文常识测试，而结果大多数学生不及格"，说明他此时心中确有与大学入学考试相关的思虑。胡适特别把教育部1929年颁布的高级中学毕业生最低国文标准共六条一一表出，又说出其自身的五点意见，认为

①　多年后陈寅恪自己揭出"胡适之"正是其所欲见之最佳答案，同时也表明，必先知"'韩卢'为犬名"，才能领会苏东坡诗中"前生恐是卢行者，后学过呼韩退之"一联何以"极中国对仗文学之能事"。则其自谓"一时故作狡猾"者，不仅以猢狲即猿猴指称胡适，更藏有呼猴为犬之妙（陈寅恪，《与刘叔雅论国文试题书·附记》，《金明馆丛稿二编》，257页），亦可谓极戏谑之能事也。但另一方面，前人最讲究的是拟人必伦，卢行者和韩退之都不是一般人物，陈先生虽以为胡适不到韩愈那样兼"正、反、合"的程度（包括以夷制夷），而更像慧能这个传教士，但以此二人做比较，所谓虽不能至，庶几近之，可见其对胡适的定位不低，故这次的"一时故作狡猾"是以善意为基础的。

两者实"相差不多"。①

实际上胡适三次演讲中自身提出的标准是有所转变的，这可以别论。有意思的是他对教育部标准的详细揭示和基本肯定，其言外之意也是明显的：国立大学入学考试中的国文，不正应该按教育部的标准进行吗?② 这一演讲内容随即在 8 月 8 日的报纸上刊出，果然，在后来质疑清华试题者的各种言论中，这成为一个持续的诘难。那些人当然不必是隐受胡适指使，而且他们和胡适恐怕都未必很喜欢当时的教育部（详后），但胡适确实提供了一件特别有力的武器——出题者本人或可以置之不理，作为国立大学的清华校方对此可不能掉以轻心。

不过我想强调一点，陈、胡二位高手过招，虽均劲力内敛，却无意伤和气，此所以不得不以隔山打牛的方式进行也。两人的文化态度固异，在不少治学取向上也互不认可，但在大方向上仍趋同，互相支持的地方也不少。尤其那两年正是双方论学往来最密切的时期，现在可以看到的二人之间往来信函，多在这一时段，颇涉及《西游记》和佛经内容，这是二人学问所最能交集之处（时胡适正

---

① 按演讲以《胡适第三次讲演中学国文教学法》为题发表在《大公报》1932 年 8 月 8 日，2 张 5 版，同日《北平晨报》以《胡适讲演：中学国文教学法》为题发表内容相同的报道（7 版），因《大公报》称是"国闻社云"，此稿大约是《大公报》同系之国闻社记者记录。又此演讲以《国文教学之研究》为题在《世界日报》连载（1932 年 8 月 8、9 两日，均 7 版），其记录文字与《大公报》版各有详略，本文两皆有所引用。北大历史系梁心同学有《胡适关于中学国文教育的三次讲演》一文（《社会科学研究》2009 年第 1 期——编者注），专门论及此事。

② 按《大公报》报道的副标题便洞见此中奥妙，即"十几年前的主张到现在尚未实行，如今再拿出来参照现行学制讨论……"云云（1932 年 8 月 8 日，2 张 5 版）。

撰写其哲学史或思想史之中古一段）。① 胡适或许对这一对子造成新闻效应感到不快，但当时恐未必就已识破陈寅恪呼猴为犬之谑。所以，后来事态的发展借助了胡适提供的武器，不一定意味着那就是胡适的动机；而陈寅恪稍后的答辩也未必就像一些研究者所推测的主要是在针对胡适（详另文）。

8 月 7 日起，北平《世界日报》的"读者论坛"陆续刊出投书，对清华大学的考试题目和对对子的方式进行讨论。最初的投书以质疑为主，其中也有人明确要求清华大学校方就是否支持对对子的考题表态。该报在发表陈寅恪本人的答辩意见后，也曾刊发一些为清华大学辩护的文章。就目前所知者看，《世界日报》是当时对这次清华新生入学考试讨论最多的报纸。② 多数读者是用笔名发表投书的，这样的隐身方式或会使其言论不那么负责，但在宣泄情绪方面可能更真实。这些颇具现场感的读者投书反映出的看法，与过去建立在传闻基础上的认知有一定差距，还可以进一步考察分析。

第一篇署名"丁零"的投书其实并未从根本上反对以"对对子"的方式考试学生，作者反而承认"'对对子'本是中国文的特殊性所形成的特殊艺术，清华的主考先生，既能利用这个短短的题目，来测得考生对于旧文学的修养，的确是很技巧的"。但他认为

---

① 参见陈寅恪和胡适二人的往来书信，多数收在《胡适遗稿及秘藏书信》，第 20 册，42—45 页；第 35 册，407—417 页。

② 《世界日报》"读者论坛"的系列投书及陈寅恪的答辩，长期少有人注意，可以说是由王震邦先生"发现"的。王先生以为"可视为新出土的史料"，信然。本文使用的该"读者论坛"影印材料，皆承王先生提供，谨此致谢！按《世界日报》由成舍我创办，是当时北京两份主要日报之一（另一份是《北平晨报》），以"面向读者"著称，尤以教育新闻见长，被视为该报的"生命线"。其"读者论坛"对清华考试的特别关注，或许即是该报这一办报倾向的体现。参见张友鸾等，《世界日报兴衰史》，重庆出版社，1982 年，特别是 82—85、119—126 页。

"让现在的青年来作这种东西"是"很成问题"的，因为这类题目"评判的标准"很难确定。作者已知一些考生所对的内容相当离谱，他怀疑主考先生也无法确定怎样来评判这类答案的分数。投书最后以一副不甚工稳的打油诗式对子结束，强调"实在太难为了学生"，且"恐怕先生也没法判"，所以"希望主考先生将来能发表他自己的原对"。这份投书更多从技术而非本质上反对这种考试方法，行文也不像出自投考失意的小青年。文章一开始就指出，这件事"一定会引起许多人的注意——无论是旧的或是新的人物"，[①] 此语颇具识见，用其作为一系列投书的开端，让人怀疑是不是栏目主持人的"约稿"。[②]

　　第二篇署名"振凯"的投书就完全是另一种味道，作者自称"小子"，仅一段涉及"对对子"，而更多是针对清华大学的感想和牢骚。关于"对对子"，作者挖苦说，清华大学若要"试验考生之新旧国学的确实根底"，"令他们来对对子，是应该的；但这样并不好——假使学生只会对对子而不会其他，又怎么办呢？这倒不如使他们作辞赋、作律诗、作骈体文、作八股文"等等，干脆"各代的文体，都来一套，那才确实能试验他们的根底，表现出清华大学的伟大"。[③]

　　又两日后刊出的署名"杰"的投书，则直指问题的核心，作者说："学生入学试验科目，无论何门，程度上都该有相当的标准，

---

① 丁零，《关于"对对子"》，《世界日报》，1932年8月7日，12版。

② 我无意指这次讨论是该报所"预谋"，但从此后刊出的内容看，很可能是收到一些投书后再"约"来一份表述较有分寸而又有所见的稿子，希望"以正视听"，免生误会。

③ 振凯，《由清华大学考试技术所引起的我的几句话》，《世界日报》，1932年8月8日，12版。

不当任意乱来。试问一般中学国文课程里面，应该有'对对子'一项吗？还是'对对子'应该是人们天赋的本能吗？"关键是"大学入学试题影响到中学课程，非常重大；以堂堂国立清华大学，竟标奇立异的出'对对子'，丝毫不顾全国中学的国文课程"。文章强调了清华的国立性质，及其入学考试与"全国"中学课程的关联，并点出了考试程度应该有标准，这都像是受到胡适演讲的启发。作者不仅要求"主考先生就中学毕业生应该知道的诗句或名字对出几个来"，更祭出了撒手锏："希望清华大学负责者对于这个出'对对子'的问题详细研究一番，如以为可，请发表颠扑不破的理由；如以为不可，请设法矫正；切勿持'相应不理可也'的态度。"并语涉威胁地指出，大学招生考试直接影响到中学今后的教学，这个问题"在教育界里可不算小"。①

这篇投书很短，却颇有些刀笔吏的风格，几乎字字见血。同日另一篇署名"春焰"的较长投书，则很像前引"振凯"的投书，主要并非讨论"对对子"问题，但也指出："关于出对子，我诚百思而不解其是什么意义？什么心理？以时代意义讲来，作对子就说不通，当然更无须乎说到评判也难得确定的标准。"作者显然也略知内情："据说'孙行者'也有一个绝对，幸而知道者则得全分，不知道者根据平仄对来亦不能完全，这岂能区分其有无学问？至于一般乱对的，又以什么为标准呢？"但其更想强调的是"时代意义"，故以为"要考人，要表示最高学府的新奇，倒不若作八股文来得干脆"。作者也从其他科目（可能是史学）的考题中关于朝代兴亡的年代和"光绪的母亲是不是慈禧太后"等，看出"清华主考人这次

---

① 杰，《对对子》，《世界日报》，1932 年 8 月 10 日，12 版。

似乎要特意表扬清华的考古性"。①

违背时代意义的"考古性"成为表示"新奇"的手段，倒是很能体现当年新旧纽结并相互覆盖的时代特性。这一现象同时也揭示出，清华考试之所以引起争议，出题者在"心理"上或显守旧，在"方式"上却甚新奇；而那些心理上的趋新者并不赞许方式上的创新行为，因为这挑战了从中学教师到考生等一大部分人的惯习。失意者及其同情者（或许还有惧怕失意之人）的心态其实也是"保守"的，他们所欲维护的是既存的当下惯习，而反对任何可能威胁其赖以生存和借以实现上升性变动的方式更易，不论其来自新的还是旧的方面。

几天后刊出的一篇游戏文章以嘲讽的口气对"清华大学招生居然也叫学生对对儿"，表示"很为'斯文'庆"。作者以为，"在维持中华民族的生存上，国学是必须要学的。国学既是必学，对儿自然更是必须对的了"。但其马上点出文章的主题，即其"不明白"的是，虽有这些必须，"我在中学里为何倒不学"？文章列举了当时一些中学教本及新文学参考书，重申其看后"更不明白对对儿在国学上占这样重要的位置，私塾倒可以学到，中学反而不学"？同时也发现，原来提倡整理国故的"胡适这些人都这样不注重国学"！②

文章提到，去年某大学入学试题曾问及二十四史的著者，实际不少中学根本没有二十四史。作者转而挖苦说："就连中国唯一的国学泰斗胡适之先生，也不见得把二十四史逐字都读过。"故大学

---

① 春焰，《我也谈谈清华的考试》，《世界日报》，1932 年 8 月 10 日，12 版。

② 本段与下段，见北黎，《对对儿（仿周作人）》，《世界日报》，1932 年 8 月 13 日，12 版。

教授出这样的试题，其目的"或者不为教中学生读二十四史，也是只教青年读'书目'"，恐怕这些国学大家的学问也不过是"建设在'书目'之上"而已。这是诘难者中一篇少见的把矛头也指向胡适的文字，作者似乎是在代中学教师立言，多少反映出这些人对象牙塔中"大学教授"的不满，显然认为他们"国学"程度本不高，更不了解中学的实际状况。

同日发表的一封署名"湘石"的投书是少数侧重对"对对子"进行较详讨论者，作者先表明自己"不是这次吃亏的考试学生"，所以并非因个人利益发言，而是要为其他考生说话。文章指出："这次所出的对子，不但有多数考法理二科的同学觉得困难，就是意欲研究中国文学的老夫子，恐怕茫然不知所对的，也大有人在。"作者同意"丁零"关于对对子"本是中国文的特殊性所形成的特殊艺术"，但用以作考题，则仅适合受过这种技能训练的前清科举时代的学子，而当时中学国文教育已经是"以养成能作叙事明晰、说理透辟、描写真切的文章"为主要目的，故对中学生而言，对对子已是一种很少接触过的"特殊技能"，考试中出现乱对应是自然的现象。①

文章进而列举教育部关于高中国文毕业程度的六条标准，并质问说，细察这些标准，"哪一条含有必能对对子这种特殊的意思"？清华的考试方式，恰表明"中国教育行政不统一"。一般中学生就是"能够把教育部规定的课程做得十分透彻，偏有这主考的教授把你未曾学习的东西来考你，你纵有天大的本事，对对子这个玩意

① 本段与下两段，见湘石，《我也谈谈对对子》，《世界日报》，1932 年 8 月 13 日，12 版。

儿，你未学，你还是把它莫办法"。历代科举考试也"总有个标准，有个范围"，故"无论主考怎样耍花样，试题总不能出乎科名之外"。但"现在明明有教育部规定的高中毕业时的国文标准，而清华大学在这次入学考试的国文题偏要别开生面的出这特殊艺术出乎教部规定标准的对对子"，则"一般学生真不知怎样做才对"。作者因此断言："现在大学的入学考试，比历代的科举考试都要困难。"

这篇投书文笔老辣，一再强调清华大学与教育部的对立，以证明"中国教育行政不统一"，极具杀伤力。文章同时也在技术层面具体质疑了这次对对子的题目，因为一般"出对子总是出上支对下支"，而这次试题，"除开'孙行者''人比黄花瘦'两句而外，其余都是下对"，要考生颠倒过来作对子，就更困难。尤其题中一些句子，"不是唐人的诗，就是宋人的词"，必须对以"同样的诗词句或成语"，才算是"巧合天成、属比恰切"；若仅仅是"字数相称、虚实无差，虽于原则可以通过，殊觉无甚意味"。如此层层加难，考生对对子的成绩自然不可能好。作者"听说出对子的先生是我的老乡"，说明他知道出题者是谁。同时他也表示"想如丁零君的希望，领教他自己的原对"。提示出此人和"丁零"都非一般学生，且是对对子一行的里手，可知这次诘难者背景成分相当复杂。

8 月 14 日，《世界日报》以采访出题者和阅卷员的方式刊发了陈寅恪关于清华"国文试题中之'对对子'答案及所以如此出题之理由"的解释（详后）。① 但该报随后刊发的几篇支持考试"对对子"的投书多写于陈先生的解答之前，故仍在此讨论。

_____

① 《清华中国文学系教授陈寅恪谈出"对对子"试题理由》，《世界日报》，1932 年 8 月 15 日，7 版。

彭俊材的投书写于 8 月 9 日，是对"振凯"之文的反驳，他把"振凯"的论点分成五节讨论，其中仅第二节涉及"对对子"。作者认为，清华想要"试验考生之新旧国学的确实根底"，其实"是一种无可非议的理想"；在国文考题中，除作文和标点外，"来一点对对子，也并非绝不可行"，是"未可厚非的"。作者似乎比较老实，其对"振凯"提出考试中把"各代的文体，都来一套"的挖苦当作正面的建议而予以肯定，但认为尽管"清华所规定的时间并非特别短"，实际上仍"不能容许考生于两小时内表演尽古今各种文体"。可以看出，作者的反驳除表态赞同外，并未对清华以"对对子"考试学生提供多少有力的支持。①

另一篇署名"伯辛"的投书是对"杰"和"春焰"两人的共同答复，题目虽然说的是"对对子"，然而与其所答复的两封投书相类，其主要内容不在"对对子"之上。文章肯定"'对子'是中国文学上一种特殊格式的文艺，测验对者对于音韵的认识、文思的灵活，是比较巧妙的法"。但用于清华本届新生试题，"因为不合一部分考生的脾胃"，遂被"接二连三地攻击"，且都不是"平心静气地以正当的态度提出讨论"，而多带意气用事的意味。但作者也承认，"大学入学题目，应当合乎中学课程标准"。而普通中学学生，"虽不敢说完全都会对对子，可是会对对子也不在少数"，故问题其实在于所出对子的难易。这次清华考试的"对子出得太难，是出者一种大意的地方"；因此，"出对子并不是错误，出难对子、不合中学程度的对子，［则］是种错误"。作者显然看出这样的答辩对出题者

---

① 彭俊材，《读了振凯君的〈由清华大学考试技术所引起的我的几句话〉之后》，《世界日报》，1932 年 8 月 15 日，12 版。

帮助不大，进而说"题目上写明是试对，对不出也无甚影响，不过试验而已"，这就基本近于信口胡说了。①

从这些不得已而勉强为之的答辩可以看出，辩护者实不能理解出题者的心意；同时也反映出，在一般人心目中，大学考试出"对对子"题目的正当性并不充分。从报纸角度言，两封辩护投书分别针对的恰与原先质疑的次序相同，虽可能是投书先后次序所致，也不排除编辑对所收到的投书进行了适当的编排组织。而"丁零"和"湘石"的投书却无人反驳，也有些意味深长；既可能确实无人针对其投书，也可能因为编辑知道作者的真实身份，而压抑了针对其言论的投书。

到 8 月 16 日，《世界日报》分别刊发辩护和反对的投书各一封。辩护者周葆珍言明自己是清华的学生，但其辩护仍相当无力，即国文题目主要是考作文及阅读能力，"对对子那一道题的分数，占的很少，所以对不上也无关紧要"。② 这有些"饱汉不知饿汉饥"的味道，10% 的考分完全可能决定进退，考生决不能接受这样的辩解。而署名"穷小"者则承认自己是考生，并继续强调"不知道出题先生根据哪一年教育部的高中课程？好叫我们这些投考生往母校去问问校长，'为什么不添加对对子一门的功课'？或者好往教部上呈子请他撤换校长：'为什么不遵部令？'再者可让未来的投考者趁早预备，以免临场着忙，瞠目不知所对"。③ 文章以虚拟方式责问中学校长"为什么不遵部令"，等于婉转点出可以向教部上呈子要求

①　伯辛，《谈谈"谈谈对对子"》，《世界日报》，1932 年 8 月 15 日，12 版。
②　周葆珍，《由〈清华大学考试技术所引起的我的几句话〉的几句话》，《世界日报》，1932 年 8 月 16 日，12 版。
③　穷小，《我也谈一谈清华大学》，《世界日报》，1932 年 8 月 16 日，12 版。

撤换"不遵部令"的清华校长。

当天《世界日报》的"读者论坛"特别加了一段"编者的话"，宣布"关于清华大学招生试题，本栏曾发表了不少读者的意见，有的讥评，有的辩护；应说的话，大概也都说到了。这一问题的讨论，从此便告一结束"。① 实际到 8 月 19 日又刊发了一组投书，理由是"在宣告结束的那天，又接到几封读者的来信，都是在前一天付邮的，当然不受'宣告结束'的拘束"，故一齐发表出来。由于"反对的意见已经发表的很多，辩护的意见也已有几篇，而且出题的陈寅恪君也在教育界发表了谈话"，这回是真要结束讨论了。②

不过，最后发表的四篇投书，全是质疑"对对子"一方的，不排除报纸在刊发几篇辩护的投书后受到某种压力。四篇投书中有一篇是直接质疑陈寅恪之答辩的，将在后面结合陈先生的答辩进行讨论。其余三篇中有两篇是"春焰"和"杰"对"伯辛"投书的再反驳。有意思的是，"伯辛"原先的辩论主要并不涉及"对对子"，而更多是针对两人从作文题引申出的议论，但"春焰"和"杰"的答复却几乎全在"对对子"之上。

"春焰"首先澄清他自己不是清华的考生，"写那篇文字的动机，是几个与考的朋友回来说得滑稽有趣而引起的"。故其并非因"对对子"的考试方式不合脾胃而"攻击"，不过是代人出头而已。在略抒其关于"对对子"与"文思"关系的议论后，作者揭出了问题的实质："老实说，问题的中心并不是出对子能测验什么，也不在一般人懂乎否，而是当今之世究竟应不应当出对对子？倘若应

---

① 《〈读者论坛〉编者的话》，《世界日报》，1932 年 8 月 16 日，12 版。
② 《〈读者论坛〉编者的话》，《世界日报》，1932 年 8 月 19 日，12 版。

当，为何教部不明令规定？小学中学乃至大学为何不添设这科？"①

与此相类，"杰"的反驳也坚持清华考试违背全国中学课程这一中心论点。投书强调，"现在讨论的不是中国文学上'对对子'的有无，是大学招考新生应该不应该出'对对子'"；关键是"'对对子'这一种练习，全国中学课程里都没有。清华大学是国立的大学，乃竟不顾我国中学生所学的课程"，已超出常理范围。作者重申："中学课程没有'对对子'，大学入学试验题就不该出'对对子'来考中学毕业生。清华大学出题者绝不至于不知道中学国文课程的大概，那么，出'对对子'来考中学毕业生，岂非'不教而考'？"②

另一篇署名"尘悯光"的投书则是反驳彭俊材的，作者以为，处现在的社会，对对子"可说是半点用处都没有"，盖"无论对子对得怎样工稳，在现代用以为传达言语表现思想工具的各种文体中"，都不能占得一个有用的位置，当然也就不应用来占据至为宝贵的"青年们的时光与脑力"。投书挖苦彭俊材连"振凯"的讥讽话都看不懂，可见其"具着一副怎样封建社会残余的古董头脑"！并进而强调："根本上对对子就是中国旧日封建社会中的文人不务实际、专意瞎费脑力干着玩儿罢了！而以素负重名之清华大学，也就把学生往以之亡国的不事实际上引。"③

第二轮质疑基本是强化此前已提出的核心观点，即国立大学应

① 春焰，《再论清华的考试——答伯辛君》，《世界日报》，1932年8月19日，12版。
② 杰，《关于"对对子"问题》，《世界日报》，1932年8月19日，12版。
③ 尘悯光，《读了〈读了振凯君的由清华大学考试技术引起我的几句话之后〉之后》，《世界日报》，1932年8月19日，12版。

遵守教育部规定而照顾全国中学课程，再次凸显出站在"社会"立场以监督"国家"的意味，余无太多新意。但"尘悯光"的投书把"对对子"上升到"封建"与"现代"的对立，并提出让学生"不事实际"就可能引上"亡国"之路，虽不免过于泛政治化，却也大体反映出诘难者对国事的当下忧虑。

三、　陈寅恪的答辩及其旨趣

陈寅恪的公开答辩有数稿，前两次分别以他本人对报刊"发表谈话"的方式刊登在 8 月 15 日的《世界日报》和 8 月 17 日出版的《清华暑期周刊》之上，意思大致相同，然也有些出入，既不排除报刊各自有所微调，也可能是陈寅恪本人对其中一稿略做校改修饰，如《世界日报》称"记者偶晤该校中国文学系阅卷员，询及国文试题中之'对对子'答案，及所以如此出题之理由"，未涉及作文题；而《清华周刊》则说是"关于国文试题对对、作文之一种"，显更周全。另外，《世界日报》中陈寅恪自称"余"，而《清华周刊》中多自称"我"，这是陈先生本人善对不同读者的姿态，还是报刊的代改，亦尚待考。①

两稿均提及陈先生拟开学后在清华的"中国文学会"讲演出题用意及学理，后来是否实际安排演讲，尚未见实据，但陈先生撰有

---

① 参见《清华中国文学系教授陈寅恪谈出"对对子"试题理由》，《世界日报》，1932 年 8 月 15 日，7 版；《"对对子"意义——陈寅恪教授发表谈话》，原刊《清华暑期周刊》1932 年 6 期，收入《陈寅恪集·讲义及杂稿》，生活·读书·新知三联书店，2001 年，447—449 页。以下两本并用，仅一本独有之文句及措辞的不同可能影响到所表达之意思的，会在文中说明。

正式的文字，即《大公报·文学副刊》同年 9 月 5 日发表的《与刘叔雅论国文试题书》，是为其第三项公开答复，侧重"学理"之说明，也是后来主要流传的版本，并被绝大多数既存研究视作"陈寅恪答复"而使用。[①] 实际上，陈先生就事论事的答复和学理的说明虽有密切关联，所针对者实不尽同，似应区别处理。另外，陈先生在大约同时（8 月 17 日）曾致函傅斯年谈到这次考试出题之事，是理解其意图的重要参考文献，当结合讨论。[②]

陈寅恪 8 月中旬在报刊发表的言论，是对社会的答复，虽也涉及学理上的一些要点，但主要侧重回应的是报刊所反映的社会关注点。陈先生解释说，考试国文，是要"测验考生国文文法及对中国文字特点之认识"。中国文字属于缅藏系，有其固有的种种特点，不能应用印欧系的西文文法之标准。中文文法的完善，须通过与同属缅藏系的文字进行比较研究。在文法尚未完善时，只能选"最能表现中国文字特点、与文法最有关系之方法"来考试。"对对子"就是这样的方法，可以测验考生词类之分辨、四声之了解、生字量大小及读书多少，以及"思想"能力，因"妙对不惟字面上平仄虚实尽对，'意思'亦要对工，且上下联之意思要'对'而不同，不同而能合，即辩证法之'一正，一反，一合'"。这些都与国文文法有密切之关系，无疑是"最根本、最方便、最合理之测验法"。

不过，"对对子"是否国文文法"最合理之测验法"是一事，它是否应该用来测验当时的中学生又是另一事。一篇署名"皡"的投书就指出，关于"对对子"方面"陈君研究学术的见解，尽可发

① 直到最近，王震邦先生的前引论文才开始回归到陈先生原初的答复。
② 近年的几篇论文已使用此材料，然仍有关键语句虽引用而不甚注意。

表论文，或公开讲演，以资提倡；或呈请教育部于中学课程内添入'对对子'的练习；但不能在现在清华大学举行入学试验时出这种题目来提倡或测验，因为不合现在全国中学的国文课程，并且'对对子'也不能算是现在一般中学生对于国学上的常识"。[①] 前引"春焰"的第二次投书也质问说，就算陈教授举出"种种有价值的证明，也当于平时讲求研究，又何必于考试的刹那间对于初出茅庐尚不知有对对子世界的学子玩一套教部也未注意到的把戏呢"？[②]

这当然是承续着前面一系列投书试图把教育部引进来的基本做法，但也确实指明一个关键：陈寅恪支持"对对子"适宜用以考试的理由，不见得能支持用其来考试中学生的当下做法，因为对学生不教而考，的确不能说很合理。不过，对陈寅恪这样的大学教授来说，要想改变中学教育，似乎又只有在招生考试中有所提倡，这也正是他的目的（详后）。

除了简单说明出对子的学理依据，陈先生也说明，上述各点既是出对子的测验目的，也是判卷标准。且整个"对对子"分数仅占百分之十，似乎影响不是太大（这个说法考生恐未必赞同）。接下来陈先生指出了这次考试的一个特别之处，即考题和阅卷对普通生和特长生有不同的对待，"普通人字面对上即可"，而"对对题中有较难者，实为有特长之考生预备"也。评分亦然，只要"字面对工，意思不差，则可得十分；如文法恰好，巧合天成，可得四十分"。这样区别甚大的处理方式，最能体现陈寅恪的特立独行风格，可能有利于选拔真正的人才，但阅卷者实承担着巨大的责任。陈先

---

① 皥，《关于"对对子"质陈寅恪君》，《世界日报》，1932 年 8 月 19 日，12 版。
② 春焰，《再论清华的考试——答伯辛君》，《世界日报》，1932 年 8 月 19 日，12 版。

生自谓这是"于提倡中已含通融宽待之意"，一般考生恐怕难以接受。

那篇署名"皞"的投书就说："考试计分，应当有一定的标准，不能随意迁就。譬如某考生对对子得十分，又一考生得四十分，那么，其余两项分数该怎样办呢？若说对对子对得好，其余的分数就该减少些，否则就该加多些，恐怕没有这个道理。即便照陈君的'通融''宽待'，是否有碍于学校行政？"[①] 这一质疑相当有力，盖不论阅卷者怎样出以公心，应试者实不能排除阅卷者有见仁见智的选择。而且，在判定"对对子"的分数之后，如何相应调整其余两项考试内容的分数，在程序上和操作上并无事先的安排，也容易造成不公平的后果。简言之，整个阅卷方式实质上是一种"荣誉制"，全凭阅卷人的公心，在一定程度上也的确挑战了"学校行政"。如果不是《世界日报》随即中止了讨论，估计这一条会引起极大的争议。

另外，针对报纸上数次要求出题者宣布原对，或声称题中多为绝对，陈先生辩解说，要"悬案多年、无人能对"者才是"绝对"，此次并非如此。且"中国之大，焉知无人能对"？若出题者自己拟妥一对，而将其一联出作考题，那才真有"故意给人难题作"的嫌疑；故"余不必定能对，亦不必发表余所对"。但他还是就考生对"孙行者"所对较好者举出二例，即"祖冲之"和"王引之"，而后者更妙，因有王父即祖父之解，恰与"孙"字对，且从平仄言，"引"字又较"冲"字为佳。《世界日报》记者又增补一段，指出较好者还有"韩退之"和"胡适之"。此外，还有一些考生"仅由字

---

① 皞，《关于"对对子"质陈寅恪君》，《世界日报》，1932年8月19日，12版。

面上对以'翁坐乎''子去也'。有某生对'我来也'，下注古文盗窃人名，虽平仄不谐，但亦可见彼知对专名词及虚实字，仍得相当分数"。当然也有应对"甚不通"者和"根本不明'对对'用意者"。

前面说过，这一答复之两种版本有歧异之处，可能是陈寅恪本人对其中一稿曾略作校改修饰。《清华暑期周刊》的出版时间略晚一二日，且语更周全，更可能是修改稿。而"周刊本"一开始便出语稍悍，"日报本"所说的"近来有人批评攻讦，余不便一一答复"，在"周刊本"中则是"外面有人批评攻讦，均抓不着要点，无须一一答复"。在说到外间对作文题的"误解"时，"周刊本"又比"日报本"多出"浅薄无聊，殊属可笑"的判语，也显得更强悍。此非吹毛求疵，盖虽仅数字之增易，语气已大不同；倘系作者自改，即表现出其态度的转变。故若温和版本为后出，则表明其数日内心态转好；若强悍版本后出，则可知其心绪转恶。从陈寅恪8月17日致傅斯年函中说"今日之议论我者，皆痴人说梦、不学无术之徒"一语看，[①] 后者可能性更大。尤其陈先生出身世家，素重修养，而能公开出语伤人，可见心情已不快之至。

这种不快也明显表现在陈寅恪说："明年清华若仍由弟出试题，则不但仍出对子，且只出对子一种，盖即以对子作国文文法测验也。"正如王震邦先生所说，这已经是"意气用事"了。且同一函中"马眉叔之谬种"和"《马氏文通》之谬说"等语皆"跃然纸上，亦可见陈寅恪为此甚有情绪"。[②] 但使陈先生如此不快的究竟是"马

① 此句及下两段，皆参见陈寅恪致傅斯年，1932 年 8 月 17 日，《陈寅恪集·书信集》，生活·读书·新知三联书店，2001 年，42—43 页。
② 王震邦，《陈寅恪论学的四个面向》，111—112 页。

眉叔之谬种"本身还是"今日之议论我者"？窃以为应是后者。理由很简单：如陈先生函中所言，"若马眉叔之谬种，尚在中国文法界有势力，正须摧陷廓清，代以藏缅比较之学"。一个在中国文法界已有势力的取向，无论多么荒谬，都不可能在几天内使其心绪转恶（若不快则早已不快）。①

陈寅恪在此函中的确申述了"西洋文法亦有遗传习惯不合于论理，非中国文法之所应取法"；同理，出于西洋文法的"印欧系格义式《马氏文通》之文法"也"不能运用于中国语言"。他更强调了世界上存在着藏缅系"语言统系"及其"比较文法学"这一少为国人所知的学说，应该以"藏缅比较之学"来取代目前流行的"马氏谬说"。② 但这并非大学入学考试可以解决的问题。陈先生明言："清华对子问题，乃弟最有深意之处。"而其"深意"所在，信中也有明确表白，即"弟意本欲借此以说明此意于中国学界，使人略明中国语言地位，将《马氏文通》之谬说一扫，而改良中学之课程"。故那些涉及中外比较的学理申述都不过是其所凭借之手段，其目的正在于"改良中学之课程"。这才是大学入学考试可能解决的问题，也正是很多诘难者再三致意的要点。

中学国文教育在 20 世纪上半叶的中国教育界一直受到持续关

---

① 如前所述，"对对子"引起讨论和争议，应在陈寅恪意料之中，他本人也并未回避社会对其创新考试方法的关注，故这类社会反应至少部分是出题者求仁得仁的结果，而他仍然如此不快，显然事先低估了负面的反应，或者还对正面的反响预期过高。

② 关于这一点，特别是所谓"格义式的中国文法"，桑兵和王震邦二位的引申论述甚详，前者见《近代中外比较研究史管窥——陈寅恪〈与刘叔雅论国文试题书〉解析》，《中国社会科学》2004 年 1 期；后者即《陈寅恪论学的四个面向》，121—129 页。

注，包括梁启超、胡适等人都曾参与讨论，^① 而胡适本人更有三次同样题目的演讲。其间新旧中西的层次至为复杂，很多人的见解与我们的常规认知未必接近。如一般视为"《学衡》派"（故应较"保守"）的缪凤林，在呼应胡适主张的时候就曾说："先生主张国语的文法和古文的文法沟通起来，对照比较，原是很好；我的意思，还要更进一层，就是和英文文法合教。"^② 当一个可能偏于"保守"的人甚至都想要越过"格义式文法"的阶段而直接"与英文接轨"，陈寅恪的忧虑显然不是无的放矢。

在稍后的《与刘叔雅论国文试题书》中，陈寅恪进而申论了这方面的思虑，他说，自己"连岁校阅清华大学入学国文试卷，感触至多。据积年经验所得，以为今后国文试题，应与前此异其旨趣"。他想要找到一种形式简单而内涵丰富，且"与华夏民族语言文学之特性有密切关系"的考试方法，希望这样能"于开卷定分之时，有所依据，庶几可使应试者无甚侥幸或甚冤屈之事，阅卷者良心上不致受特别痛苦，而时间精力俱可节省"。在他看来，"对对子"虽不能说完善，但在"真正中国语文文法未成立之前"，仍是一种"诚意不欺、实事求是"的方法。^③

所谓"使应试者无甚侥幸或甚冤屈之事，阅卷者良心上不致受特别痛苦"，是当年参与阅卷之人的甘苦之言。据冯友兰回忆，他"在清华的时候，每年要看成千本新生入学考试的国文卷子"。其中

① 可参阅顾黄初、李杏保主编，《二十世纪前期中国语文教育论集》，四川教育出版社，1991年。
② 缪凤林，《对于适之先生〈中学国文的教授问题〉的讨论》，《时事新报》，1920年9月15日，4张1版。
③ 陈寅恪，《与刘叔雅论国文试题书》，《金明馆丛稿二编》，249页。

"真正好的很少，真正坏的也不多，大多数都是中流的"；往往"千篇一律，很难说哪一本一定是七十分，哪一本一定是八十分。看得多了，就觉得头昏眼花，很难抉择。当时采取了一种办法，一本卷子要几个人看，各人打各人的分数，最后把这些分数加起来平均"。这样虽"可以避免一些主观的偏见，但还是没有一个比较客观的标准"。陈寅恪的尝试，也是在技术层面因应这样一种标准不客观而阅卷者也痛苦的状况。①

而陈寅恪内心深处的隐衷，更试图借此以强调中国文化在国文考试以至大学入学考试中的主体性：他在公开答辩和致傅斯年信中都反复强调中国语言、文字"固有的种种特点"，而对子与其"最有关"。重要的是，"英文必须知文法，而国文岂遂可以不知乎"？这里隐约针对的，正是前已述及的以"高等华人"为代表的"时流"。所以他一则说"动、名词之区别，英文亦必须通而后可考取"；再则说中文的"平仄，譬诸英文 accent"；既然这些要素都反映在对子之上，则"舍与中国语特点最有关之对子，而更用何最简之法以测验学生国文文法乎"？②

针对各投书的核心质疑，陈寅恪在《与刘叔雅论国文试题书》中进一步阐述了"对对子"正是"高中卒业应备之国文常识"。陈先生指出，他首先要纠正的，就是"清华考试英文，有不能分别动词名词者，必不录取；而国文则可不论"的不正常现象。另外，出对子可以测知考生"读书之多少及语藏之贫富"。其所针对的是"今日学生所读中国书中，今人之著作太多，古人之著作太少"的

---

① 冯友兰，《三松堂自序》，69 页。
② 陈寅恪致傅斯年，1932 年 8 月 17 日，《陈寅恪集·书信集》，42—43 页。

状况。而"平仄声之分别，确为高中卒业生应具之常识"，不能等到大学阶段才开始训练，否则大学"讲授中国文学史及词曲目录学"的教授在课堂上"殚精竭力、高谈博引，岂不徒劳"？关键在于，"今日学校教学英文，亦须讲究其声调之高下，独国文则不然，此乃殖民地之表征也"。①

这已几乎说出了他的担忧所在：若国文的教学已采用以西文文法为基础的"格义式文法"，而国文的考试复不能像英文一样真正测验能体现其固有特点的语言要素，等于在文化上自居殖民地，岂不就是"国虽幸存，而国语已失其正统"吗！当然，有些提倡推动"格义式文法"之人并未在意识层面真正想要修改国语的固有特性（其中一些人，例如吴稚晖或新文化运动时的钱玄同，则真可能有），但"国性"被无形中改写的危险并不亚于有意的变更，尤其在亡国危险迫近之时。这大概就是平日"恬退"且意在"提高"的陈寅恪终于要"挺身而出"，直接在属于"普及"范畴的"中学课程之改良"方面有所行动的当下动机——他正是要通过大学考试来影响中学的国文教学。

以"后见之明"看，这的确不能算是无根据的担忧。次年苏州国学院的刊物上发表一篇陈旭旦的短文，明确不赞成清华大学以对对子考学生。作者强调："国学之名美，国学之任亦重。学非襞绩〔襀〕补苴之谓也。践形尽性，其体也；致用宜民，其用也；修齐治平，其目也。"站在这样的立场上，他斥责"今所谓学士大夫，拥皋比，称师保，方且矜奇斗巧，沾沾于薄物细故之中"。既无当于践形尽性，也无期于宜民致用，更无术于修齐治平，岂"非所谓

---

① 陈寅恪，《与刘叔雅论国文试题书》，《金明馆丛稿二编》，253—256 页。

明察秋毫而不见舆薪者耶"？要知道"大学者，学术之府也；学术者，民治之舆也"。执教大学之人应该珍惜自身对国家社会的影响力，像这样识小不识大，谈不上"国学"，只能算是"国学之蠹"。①

有意思的是，陈旭旦有着与陈寅恪相近的忧虑。他的文章一开始就说："海通以还，学术丕变，昧者不求本末，剽窃域外文化之肤革，轩轩然视诸人，人亦从而和之。究之，知有彼国之学术思想，不问其演进与环境奚若；骤睹其一时之膴强，强欲取彼以代我，更不问我之风土史实与彼又奚若。"他最担忧的，也是当时"言乎国，则朝不保夕；言乎国性，则先哲之信仰既失，过激颓废之说方昌于时"。唯一不同的是，在他眼中，以"对对子"这类"薄物细故"的"矜奇斗巧"来取士，正是"国之未亡，国性先亡"的表征。

陈旭旦后以诗名，据说曾受教于以实践"诗界革命"著称的金天翮（松岑），但此时显然仅达到"国学爱好者"的程度（他那时仅 21 岁），于诗或可以说尚未入门。② 他以挖苦的口吻说，清华考试所出对子"尤新异者，曰孙行者。于是有以胡适之对者，有以陈果夫对者，最隽者则为祖冲之，斯亦旷代才矣"。此虽以玩笑出之，实则同意"祖冲之"对"孙行者"胜过"胡适之"，说明他连起码的平仄规矩都不甚清楚。③ 这样一位专重国学之大任而以为陈寅恪

① 本段与下两段，陈旭旦，《国蠹》，《国学论衡》，第 2 期（1933 年 12 月），1—2 页（文页）。按该刊原名《国学商兑》，经章太炎提议，自本期改名《国学论衡》，但却是刊物的第 2 期而非第 1 期。

② 陈旭旦后长期执教中学，以诗名（关于其生平事业，可参见倪明，《诗人陈旭旦与同里罗星洲》，《苏州杂志》2001 年 4 期，58—59 页）。

③ 按"祖冲之"和"胡适之"对"孙行者"，都有一字平仄不协，然在三字对中，后两字重于首字，应是常识。

仅瞩目于雕虫小技之人，自己竟然不谙此小技，岂非反讽，实亦自讽，最为悲惨！

　　后来文史界中许多并不年轻的学人还曾反复争辩究竟陈先生属意何在，许多人仍视"祖冲之"为最佳；即使在陈寅恪公开宣布"胡适之"就是自己属意的对子之后，仍辩而不休。这其中不乏学养较深之人，他们可以不仔细斟酌平仄的妥帖与否，又可以对陈先生的文字视而不见，显然认为对这一"小道"虽未尝用功也具有充分的发言权。这最能体现传统无形中消逝的可怕——很多自以为知传统而能说话且敢说话之人，其实已经疏离于传统而不自知。①

　　相较而言，陈旭旦等的诗文修养似尚不如当年那位署名"皞"的投书人。盖陈寅恪为掩盖其心目中的佳对"胡适之"，不能不故意往其他方面引申。以"王引之"对"孙行者"，平仄上固完全妥帖，但似不甚符合陈先生自己说的"上下联之意思须'对'而不同，不同而能合"的标准。该投书指出："陈君说'王父即祖父之解，恰与孙字对'。这种对法，似乎有点牵强。譬如'荷'字可以对'菊'字，不能说人比黄花瘦的'黄花'即'菊'之解，就说'黄'字恰与'荷'字对。"② 此说虽亦故意引申，但尚能看出将

① 一个例外是梁羽生先生，至少他还知道此问题必须在平仄上求解决。梁先生曾于80年代在香港《大公报》"联趣"专栏连写18篇短文讨论陈寅恪所出"孙行者"该如何对。他认为"胡适之"虽属好对，却不如"祖冲之"工整。为证明此说，他特地将"行者"之"行"释为当读仄声而不读平声，并就对子的平仄作大段发挥，说颇牵强（因为这样苏轼的原诗就平仄不协，焉能作为上等"妙对"而屡受表彰）。他并回忆自己在1949年还曾亲谒陈寅恪本人，述其当以对"祖冲之"为工的意见。据云陈先生表示："你肯读书，也有见解。论字面是'祖冲之'较工稳，我取此联是和胡适之开玩笑。"这大约是陈先生对不熟的后学客气敷衍，惜梁先生未会其意，而理解为实述了。按这18篇短文后均收入其《名联谈趣》一书，上海古籍出版社，1993年，1—17页。

② 皞，《关于"对对子"质陈寅恪君》，《世界日报》，1932年8月19日，12版。

"王引之"视作最佳答案的"牵强"，与那些斤斤于"祖冲之"者，又不可同日而语。

冯友兰后来解释时人何以认为"对对子是复古"说："当时社会上对于对联不很了解。"[①] 前者在当时反应中不甚明显，[②] 后一语则相当准确。传统是个整体，而"孔孟之道"的一个重要特点即其融汇在日常生活的薄物细故之中。自以为真正看重和了解国学者，却已疏离于三家村塾师也力所能及的技艺，最是当时传统在渐渐消逝的表征。陈旭旦也看到陈寅恪所说的"对偶者，独体文字之所特具，亦即国学精神所寓也"，但仅视之为"辞甚辩"的"解嘲文"，全不能理解其中的深意。他与陈寅恪一样忧虑着"国之未亡，国性先亡"的危险，却不能意识到国性不是抽象的，它必须被表述出来；而国性的表述本身同样重要，被欧美的方式"改写"而送进博物院或被摒之于"薄物细故"而不屑一顾，结果都一样，即"失传"，最后都可能导致根本的动摇。

傅斯年晚年论及传统的生命力及其怎样被迫改变时，曾特别提出："一方面必须承认传统的有效性，同时也不能不预为传统受影响而预作适应之计。"[③] 在承平之时，所逝去的或者还可以寄希望于

---

① 冯友兰，《三松堂自序》，70 页。
② 从上面引用的投书可知，虽然新旧之分是时人一个考虑因素，但"复古"并非诘难者所侧重，直接使用这个词语的，只是《大公报》一篇总结性的小文，说考试后"骂声四起，在几个大报的'读者论坛'上便出现了许多清华复古的文字"（李琦，《北平杂忆——一个绵延的辩论》，《大公报》[天津]，1932 年 8 月 31 日，9 版）。这个总结虽不十分准确，但可能代表了当时一部分人预存的观察视角，更开启了由此角度解读此事的先河；后来许多专业研究者的主流见解，竟不过在重复当年报人一则未必符合事情本相的短评，思之不免使人不寒而栗。
③ 傅斯年，《中国学校制度之批评》（1950 年），《傅斯年全集》，湖南教育出版社，2003 年，第 5 卷，211 页。

文化本身的生命力而自然回归；当国难临近，传统的表述竟然不为崇仰国学者所熟悉，那就意味着"国之未亡，国性先亡"的可能已真正迫近了。这应该就是陈寅恪昔年忧虑之所在，而其特别关注到正在受教育的一代人，多少也是为"传统受影响而预作适应之计"的一种努力。

余论

1932 年清华大学的入学考试风波因陈寅恪出国文题而起，多少有些偶然；而其所作所为，也是当时的思想和社会语境所逼出来的。一位素来恬退而闭门著述的学者在国难的刺激下试图以书生报国的方式"澄清天下"，自亦有其远因。陈先生对晚清以来急功近利的世风早就不满，他比一般人更深刻地意识到日渐强化的尊西趋新士风正以不甚引人注意的方式在改写中国的传统，也比多数人更清楚地认识到传统的表述与传统本身那密不可分的关联。

陈寅恪当然不是一个文化的抱残守缺者，甚至也不是文化守成主义者，他毋宁是遵循着孔子关于三代皆因于前代而有所损益的思路，通过文化改造的方式来维护文化传统，以竞存于世界，并发扬光大之。换言之，在各文化竞存的过程中，保持文化的特性是必要的；不能只损益而不传承，也不能仅重事功而不顾"精神"。面对中西"学战"已内化为新旧之争而年轻一代又渐渐不能区分"中西"和"新旧"的现状，陈先生希望在接受外来事物的同时，仍能保持中国的主体性，并试图从最基本的语言和表述层面来维护中国学术的独立和中国文化的固有特点。

自新文化运动以来，文化的或日常的表述竞争几乎已经胜负分明：尽管文言白话之争只是其中一个象征性面相，在听众决定立说者地位的时代，文言根本不是白话的对手。反倒是在国文的教育和考试之中，文言还能和白话分庭抗礼。这是过去思考文白之争较少注意的面相，还可以进一步思考。更进一步的问题是，陈寅恪的作为提示出，日本帝国主义的直接入侵显然对进行中的表述之争产生了影响，但其究竟在多大程度以及哪些层面影响了与国文国语相关的表述之争，则还需要更深入的探索。

正如陈寅恪自己所说，清华对子问题是他"最有深意之处"，但其"深意"或许不在一般所说的中外比较之学。在国难促成的紧迫危机感之下，中外比较更多只是界定和支持"对对子"方式的学理依据，其间所述的"中藏文比较之学"等当然是其一贯思想，但他的忧虑和当下动机，更多是挽救消逝中的传统，以避免出现传统失传、国语不国的现象。对陈先生而言，传统的表述不能异化于传统，故国语就必须要"国"，且这样的基础努力要从中学教育做起。这或者即是他的"深意"所在吧。

另一方面，陈寅恪以"对对子"考国文虽有深远的思虑，但他在具体出对子时确有戏谑成分。这一善意的玩笑本有破解的符码，也似乎早有人知，无意之中却主导了后来不少研究，或非其始料所及。① 在一定程度上，辩论的开展也呈现出一些"有序"的意味：在表出的意思大致相同的情形下，语气诚恳的周葆珍就无人驳斥，而言辞辛辣的"伯辛"则遭到数人反唇相讥；既说明一些人出而争

---

① 如前所述，陈寅恪对胡适为代表的"留学生"风尚很不满意，对其提倡国语仅重宣传而少研究的具体取向也不赞成，但大体上两人此时关系不错，陈对胡偶有批评也基本是以"责备贤者"的态度含蓄表出。简言之，我不认为陈寅恪答辩时关于《马氏文通》的许多言说是针对胡适，更不是意在贬斥，或另文探讨。

论更多是情绪的宣泄，也显示出某种约定俗成的社会"行为伦理"。另一方面，"丁零"和"湘石"颇具杀伤力的投书却无人反驳，很可能因为报纸编辑知道作者的真实身份，而人为压抑了针对其言论的投书。

其实"丁零"的投书一开始就预测，这次国文考试的新奇"一定会引起许多人的注意——无论是旧的或是新的人物"。"注意"是一个有分寸的表述，它可以包括反对和赞同两种看法；而在反对和赞同的双方之中，恐怕也都包括新旧双方的人物，各自从其不同的立场支持或反对。正因为事涉新旧，才导致反对和赞同的都有人不愿出来说话（如冯友兰的赞许，就事隔半个世纪后才为人所知；而陈旭旦从貌似"守旧"立场的反对，恐怕也代表着相当一些未曾发言之人的意见），从而使一次可能的大争议消弭于无形。

很多不赞成以"对对子"考国文的人却又特别关心所出的对子究竟应当怎样对，实在是个意味深长而值得反思的现象。"对对子"的参与者和辩论者，包括赞同的、反对的和自以为真正了解国学的，多已疏离于过去三家村塾师也力所能及的技艺而不自知，最能体现传统的确在无声无息中消逝，而且那消逝仍在进行之中。然而，"对对子"的话题能够持久不衰，即使仅作为谈资，也喻示着传统换一种方式存活的生命力。①

前引陈先生给研究生所出的作文试题，已在铺陈出对子题的学

---

① 从这个意义上言，应当怎样"对对子"的持续讨论本身也是传统在传的表征。其实历史长河中所传承的，有多少未曾在传递的过程中改易呢？已被"改写"（甚或到面目全非程度）的传统，究竟还保持着多少原初的基因，是需要时间验证的；但只要存留于历史记忆之中，便不排除"春风吹又生"的可能。

理依据。这样的预作配合，表明这一考试方法的创新确实是谋定而后动。故"对对子"会引起讨论和争议，应在其意料之中，甚至可以说他很早就参与了吸引社会对此的注意；因为只有社会充分关注，才可能触动中学的国文教育。但社会反响虽然是出题者求仁得仁的结果，具体的反应却不尽如其所预想。反击"对对子"的"社会"舆论却不断诉诸"国家"的权威，大概超越了事主先前的思想准备。

因为这次考试的改革，中学国文教育成为一个共同关注的重要议题，但对不同的人其实意味着相当不同的意思。出题者明显感觉到民族危机，确有借大学考试以改变中学国文教育的深意；而当时对世事不满的一些边缘知识青年似乎更多思考着另外的问题，他们集国家民族兴亡和个人出路的压力于一身，故承载着大量看似不在的内外负担。陈寅恪对国文本身极为重视，以为考试的方式或不妨稍低浅灵动，然立意不能不高。但他和考生之间有一个明显的误会："对对子"在陈先生眼中可能已是很初级的方式，而对许多考生却有点高不可攀，至少是非常生疏了。

除短暂就读于复旦公学外，陈寅恪所受的主要是私塾和外国教育，他本人接受近代中国"新教育"的机会不多，恐怕不很熟悉清末民初的新式中学教育，也不十分了解中学生的国文水准（当年中学教育本较多元，尤其国文教学的方式向不统一）。而他向来注重从细节看整体，这一取向在其研究中体现得极为充分，但用于一般学生的考试，似乎不很适合（除非是真正意义的选拔高才）。这大概也是陈先生"论学论治，迥异时流"的一个表现，后来他的某次出题也再次遭遇反弹。①

　　实际上，这次努力不仅没能影响到中学的国文教育，就是在国文教育的观念上也收效甚微。此时与陈寅恪很多见解都相近的浦江清到 1940 年仍以为"中国的读书人把本国的语言文字完全丢弃，乃至下笔不能写通顺的文章，这也是大家认为不良的现象"；但他眼里中国"社会比较保守"的主要例证，却正是"至今一班老辈还是以以前读书人的造诣来期望于现代读书人"。② 用"对对子"来考试新青年，不正是用"以前读书人的造诣来期望于现代读书人"吗！浦氏后来的态度显然已有所改变，至少他并不偏向"一班老辈"的见解，恐怕还更多站在"现代读书人"的立场之上。

　　陈寅恪曾负气说他下一年还会出对对子题，而且只出对对子；但学校显然无意再借助这样敢于挑战社会和习俗的教授，终使这次偶然或许成为永久。实则"对对子"是否退出大学国文的入学考试虽可视为一种象征，但其本身不一定具有根本性的实质意义；重要的是这些投书改变了出题者背后那操控机关的心态：投书及相关的辩论证实了一个事实，即考试也是一种表述，并使人充分意识到这一点。它们更使大学考试逐渐变成一种社会性的公众表述，故必须

---

① 1939 年庚款考试的"中国通史"也是陈寅恪出题，其中一题是"解释下列名词：白直、白籍、白贼"。后来得知的何炳棣就认为："魏晋南北朝隋唐六七百年间政治、军事、民族、社会、经济、宗教、哲学等方面之荦荦大端，陈师试题几全未涉及，仅以至奇至俏之'三白'衡量试子之高下，甚至影响他们的前程和命运，其偏颇失衡实极明显。"在清华法学院长陈岱孙的鼓励下，他于 1941 年上书清华评议会，请求慎选中国通史命题人。何炳棣，《读史阅世六十年》，台北允晨文化公司，2004 年，137—138 页。

② 浦江清，《论中学国文》（1940 年），《浦江清文史杂文集》，221 页。

接受社会的审查和评判。这方面的意思,在关于这次作文题的辩论中表现更为明显,当另文探讨。

(原刊《近代史研究》2008 年 3 期)

无名之辈改写历史：

1932年清华大学入学考试的作文题争议

1932年7月底8月初清华大学招考新生的国文试题曾遭非议。其中仅占分数百分之十的"对对子"引起的辩论在当时最为醒目，成为这一事件的标帜。其实一年级的作文题"梦游清华园记"也曾引起争议，且辩论的篇幅并不亚于有关"对对子"的争论。[①] 从外在反应的视角看，这部分内容的重要性也不在"对对子"的争议之下，至少更能体现一般的社会认知，可惜这方面的争议几乎未曾引起研究者的注意。[②]

引起争议的对子题和作文题均由陈寅恪所出。陈先生对考题的"改革"是有意为之、谋而后动，他本人并不回避新考试方式的社会关注，甚至可以说很早就参与了吸引社会对此的关注。[③] 故"对对子"引起讨论和争议，或在其预料之中；但一年级的作文题"梦游清华园记"也引起广泛争议，恐怕出乎很多人的意想。本来作文题所占分数更多，或当更受考生关注；实际出而诘难者却多有借题

---

① 各年级的对子和作文题目都见《清华新生昨日起考试——国文题目各年级均有"对对子"一项》，《世界日报》，1932年7月31日，7版。

② 迄今为止，我只见到王震邦《陈寅恪论学的四个面向》（台湾中正大学历史学研究所博士论文，2006年）一文简略地提及这方面的言论。

③ 说详罗志田，《斯文关天意：1932年清华大学入学考试的对对子风波》，《近代史研究》2008年3期。

发挥之意，从一个侧面反映出某种既存的社会不满。

清华大学新生考试结束后，北平《世界日报》从 8 月 7 日起对考试的作文题目和对对子方式进行讨论，大概也是当时对这次考试讨论最多的报纸。多数讨论是以读者投书方式进行的，且多用笔名。不过，作者的隐身可能在宣泄情绪方面更显真实。这些颇具现场感的读者投书，反映出诘难者对国事的当下忧虑，揭示了时代思想和社会心态的走向，非常值得考察分析。

那是"九一八"事变后的第二年，在清华园里，陈寅恪的助教浦江清发现，"素恬退"的陈先生"此次为国难刺激，甚激烈"。陈寅恪最为担忧的，就是在亡国危险迫近时，国性却在无形中被改写，所以他身为留学生而有意自外于得宠于社会的"留学生"，以区隔于注重功利的尊西"时流"，并强调中国的"学术独立"。浦江清更在那年年初"对摩登主义恶感日深"，想要"办一杂志，以打倒高等华人、建立民族独立文化为目的，名曰《逆流》"。所谓"逆流者，逆欧化之潮流也"。清华园中这样一种共享的心态（程度容有不同），是理解和认识陈寅恪出题的一个重要基础。[①]

当然，同样的时代背景对不同社会地位的人可能产生颇不相同的影响。那些报纸投书者的关怀，虽也常常切合陈寅恪和浦江清等人关注的"时流"走向，但年轻人眼中自有其"摩登主义"，虽未必等同于"高等华人"所感知的，其思想资源却大致相同，基本仍是西来的。而相对边缘的知识青年更明显地感到自身与"高等华人"之间的差距，对他们而言，甚至那些在读的大学生也有遥不可

---

① 参见浦江清，《清华园日记》（增补本），生活·读书·新知三联书店，1999 年，1932 年 2 月 2 日、1 月 10 日，69、61 页。更详细的讨论参阅罗志田，《斯文关天意：1932 年清华大学入学考试的对对子风波》。

及的距离，故往往以"阶级"关系来诠释贫富差异，这在关于"梦游清华园记"的辩论中表现得特别明显。

一、　大学考试成为社会性表述

第一篇署名"丁零"的投书是讨论"对对子"的，① 但第二篇署名"振凯"的投书仅一段涉及"对对子"，而更多是针对清华大学的牢骚。作者自称"小子"，以对应于"清华大学的伟大"；后者是该文的关键语，那篇短短的投书，用"伟大"一词达十八次。作者一开始就说："小子从外边来，只听到了伟大的北平有一个伟大的清华大学。"这就把自己和清华大学置于一种对立的位置，言明是从外在的角度来讨论问题。"振凯"接着表示自己批评此事并无任何利害关系，他本人"因为资格的太差池，不敢希望高攀这个学校"，也"没有认识的同学"投考清华，而是从报纸上"看到这个伟大的大学的考试技术的消息"。全文主要围绕着"清华大学的伟大"来阐发贫富和阶级差距，以反衬投书者的"穷"和"小"。② 换言之，作者虽站在一种外在的立场来表述意见，看似相对超然，其实又明显对立。

文章接着指责"梦游清华园记"是"一个漂亮的麻木不仁的游清华园的题目"。对外来的"小子"而言，清华园就像"天堂府"一样遥远而渺茫，而游清华园则是"小资产阶级的先生们所想望的事"，也只有"许多未得其门而入的小资产阶级的学生"才会"梦

---

① 丁零，《关于"对对子"》，《世界日报》，1932 年 8 月 7 日，12 版。
② 本段与下段，见振凯，《由清华大学考试技术所引起的我的几句话》，《世界日报》，1932 年 8 月 8 日，12 版。

游"。至于"穷的学生"，一方面"不敢崇拜伟大的清华大学所在的清华园的学生，连那妄想也不敢存，那如何敢梦游呢"？另一方面，清华园里"只不过是伟大的清华大学资产阶级化的学生〔的〕活的图画，与由多数劳苦大众所间接刮下的油水配置的一些景色"，对一般人而言，"怕也没有使人可梦游的价值"。

为证明其阶级意识的确实，文章特别指出，五元钱的报考费对他这样的人相当于"半个月的饭费"。按清华的实际报名费是四元，还有一元是手续费，总共五元。这在当年确非小数。参加了这次考试的张政烺先生后来回忆说，他的同乡许维遹主动替他"报考北大，报名费要三元，在当时不是一个小数目"。他因舍不得这笔钱而去参加了北大的考试，结果被北大先录取。而张先生此前还报考了辅仁大学，后来又考了清华，可知张家当年应颇殷实。① 这样看来，那时清华、北大这类学校的门槛对一般贫寒子弟确实有些高不可攀，与科举时代已完全不可同日而语了。

问题是，就像当时北平市立师范学校的一个考生姚绍昌所说，"一般平民缺乏知识的痛苦"并不比旁人差，而"一般无产阶级不能满足他们衷心的知识欲"正是因为贫寒。"在如今学校商业化的时候，上学是需要资本的，没有资本能成吗"？贫家子弟"架不了经济的高压"，在那些收费高的大学面前"便不能不裹足了。上师范虽然没有大出路，但毕业以后也能弄个小学教员当当，再加上入学时一切都免费，在一般求知识欲正强经济根本破产的人们，叫他们如何不挤破师范学校的大门呢"！②

---

① 陈智超，《张政烺先生访问记》，《中国史研究动态》1992 年 4 期，1 页。

② 姚绍昌，《关于北平市立师范学校招生的感想》，《世界日报》，1932 年 8 月 8 日，12 版。

这里所说的"无产阶级"和上文所说的"资产阶级""小资产阶级"，都不必是按照马克思主义标准的准确划分，很可能就是从字面意义使用的。即使如此，本文与上文一样，体现出某种朴素的阶级意识在一般人的日常表述中已相当普及，尤其是在涉及贫富对比的状况之时。"均贫富"本是中国传统也曾追求的一个主要社会理想，但强调贫富的对立及其不可调和的特质，并以不同的"阶级"概括之，则显然是西来的新知。①

这位考生口中的"无产阶级"大致就是"平民"的同义词，其所指出的问题却是非常实际的，不论用什么标签来称谓，他们中不少人确实都有着"衷心的知识欲"，也都在承受着"缺乏知识的痛苦"。其中许多人恐怕真是连报考清华、北大的能力都没有，遑论进校后的花费。所以他们对这些大学的招生具有不满情绪是再正常不过；相较而言，他们对考试方式变革的不满恐怕只是这整体不满中的一部分而已。换言之，"对对子"本身更多伤及那些能参与而无准备的考生，但也确实促动了贫寒的边缘知识青年发泄其不满；或亦因此，这些人的进攻目标往往更多指向了作文题目。

两天后署名"春焰"的投书进一步表述了类似的思绪，作者同样严厉斥责了"梦游清华园记"的作文题："虽然还有许多闻人学者在大讲其书本上的所谓学问，制造出一些什么什么学者，然而那于黑漆一团的现实——多难的中国、贫无立锥的无产大众有什么补益？无数农村青年到都市被摩登化了，忘掉农村的惨状；同样，在

---

① 阶级意识在北伐前后已较普及，"有产阶级"这样的术语已正式见于浙江军阀卢永祥的公开电文，而通常被视为温和的周作人也说："阶级争斗已是千真万确的事实，并不是马克思捏造出来的。"参见罗志田，《权势转移：近代中国的思想、社会与学术》，湖北人民出版社，1999年，78页。

清华园享惯了那样美满的物质生活，提高了物质的迷梦，一出校门，犹如离开锦绣河山来到瓦砾之场，一切都格格不入，而一切都死死地逼你……呜呼，梦游！"[1] 短短几句话，跳跃性地涉及了书本与实际、城乡关系、学生与社会等几方面的大问题，而"一切都格格不入"又"一切都死死地逼你"尤其表现出边缘知识青年的整体无奈和焦虑。

前面说过，这是"九一八"后的第二年。用后来的术语说，难道这些贫寒的边缘知识青年就只关注"阶级矛盾"而不考虑"民族矛盾"？其实不然。边缘知识青年身上承载着大量看似不在的负担，集国家民族兴亡和个人出路的压力于一身。[2] 稍后一篇署名"尘悯光"的投书就说，"对对子"不过是"中国旧日封建社会中的文人不务实际、专意瞎费脑力干着玩儿"的事，"素负重名之清华大学"以此考学生，就是"把学生往以之亡国的不事实际上引"。[3] 这就大致分享着陈寅恪对国事的当下忧虑。不过陈先生因"亡国"的威胁而担心国语不国，"尘悯光"却因此而进一步强调偏重"实际"的迫切。

那些相对边缘的知识青年也明显看到中外竞争，如姚绍昌便从穷人的知识欲不得满足看到新"教育制度的不良"，致使中国无法"和人家欧美作比"。在世界的"国家堆里，中国原是首具文化的老前辈"，都因为"教育制度的破产"，才使文化事业这样不发达，

---

[1] 春焰，《我也谈谈清华的考试》，《世界日报》，1932年8月10日，12版。
[2] 参见罗志田，《权势转移：近代中国的思想、社会与学术》，221—222页。
[3] 尘悯光，《读了〈读了振凯君的由清华大学考试技术引起我的几句话之后〉之后》，《世界日报》，1932年8月19日，12版。

"真可活活把人羞死"。① 而上引投书中"无数农村青年到都市被摩登化了"更是一个深刻的认知，这"摩登"和前引浦江清所"恶感日深"的"摩登主义"相类，不过"欧化潮流"的载体从"高等华人"改为"都市"，提示着当年的城乡对立在一定程度上也是中外之争的内化。

对不同的人而言，"高等华人"实际是有层次有分际的。在身为清华大学教师的浦江清眼中，"高等华人"更多表现在其不那么"中国"的一面；而对更为贫寒的读书人来说，"高等华人"首先表现在其"高等"之上，故已进入清华等名校的学生也可能计入其中；对那些有着"衷心的知识欲"的"无数农村青年"而言，这些已开始告别"缺乏知识的痛苦"的在校大学生恐怕就是上述与"高等华人"相类的"都市"之一个组成部分。而清华学生在为考试辩护的投书中恰证实了这一点。

一位署名彭俊材的答辩说，"梦游清华园"这个作文题目是要"试验考生的记忆和描写能力，与'梦游天堂'等等，是属于同一性质的。只要你的文章做得好，你尽可以任意描写出一个光明灿烂或乌烟瘴气的清华园"，自无可非议。清华的经费部分虽由中国国民负担，然与其他国家机关无异，不应负特别的责任。同理，假如"凡大学生皆资产阶级化"，那当别论；倘若"独指清华大学生资产阶级化，奚异指日为月？因为清华学生多半倒是贫家子弟咧"。彭氏婉转暗示"振凯"大概"别具苦衷，也许是从前投考清华名落榜下，才发这一套牢骚"。他虽未言明自己的身份，但一句"世界上

---

① 姚绍昌，《关于北平市立师范学校招生的感想》，《世界日报》，1932 年 8 月 8 日，12 版。

决没有完全无疵的东西，清华大学自不能例外；所以我们并不自满，我们始终在力求改善"；表明他就是清华园中人。①

对那些连五元报考费都是沉重负担的知识青年来说，要说"清华学生多半是贫家子弟"，显然不能服人。然而另一位自承是清华学生的周葆珍竟然也有同感。作者说，在清华的同学，固然有一少部分因为家庭富裕而多花钱，但他们不能代表整个清华。"在清华念书，学费每年二十元（毕业时还发回学生作旅行费），无有宿费，其他膳费书费，当然也和在他学校一样，是免不掉的。总之每年的花费，每人在二百五十元左右，也满可以够用。如果省俭一些，一定还可以少花。现在清华的大部分同学的花费，每人都差不多是这些。说整个清华学生是资产阶级，未免是盲目猜测。"②

针对"振凯"自称是穷乡僻壤的一个小子，因资格差而不敢高攀清华学校的说法，周氏恳切地劝告说："如果因为家境差一点，那我敢保险你来清华念书，绝对较任何大学省钱；如果以为自己资格差一点，那我很忠恳的劝你，努力预备一下，以备一试。"语气诚恳是这封投书的特点，作者称其"完全拿个人立场由良心驱使来讲话"，应非虚言。但其可能真有些不知民间疾苦：人均年花费 250 元的数目，恐怕不是当时一般家庭所能负担，那些只能报考师范者甚至可能想都不敢想。

1936 年浙江大学在校长竺可桢任内开始设置占录取总数 5％的公费生，考取者全年补助即为 250 元。报纸就此说："今日高等教

---

① 彭俊材，《读了振凯君的〈由清华大学考试技术所引起的我的几句话〉之后》，《世界日报》，1932 年 8 月 15 日，12 版。

② 本段及下段，见周葆珍，《由〈由清华大学考试技术所引起的我的几句话〉的几句话》，《世界日报》，1932 年 8 月 16 日，12 版。

育，几全为中产阶级以上子弟所独享。中人之产，供给子弟毕业高中，已甚艰辛；至于大学学生，每年非三四百元不敷应用。"[1] 那几年物价涨幅并不特别快，若按照浙大的标准，周葆珍等认为清华学生多为贫家子弟也非虚言；至少清华基本不收学费、宿费，比其他很多大学更利于贫家子弟。但据陈存仁的回忆，大约同时上海绸缎铺高级掌柜也不过月薪八元，学徒出师的店员每月仅一元。[2] 虽说根据以前的规矩，绸缎铺掌柜的收入通常还包括分红，故实际恐不止月入八元。但即使数倍于此，要供养一位大学生，仍是很沉重的负担。

另一方面，除真正的最低温饱标准（其实也常有大不同）外，"贫困"与"富裕"从来都是相对的，很多时候往往是基于个人和家庭的状况而感知到的。李敬穆曾根据八种既存的社会调查数据折中，假定中国一家最低生活费为每年 130—160 元，年收入在这数目以下的家庭便是穷人。[3] 当年中国地区差异甚大，实难有统一的标准，姑以这一个人年生活费约 30 元的贫穷标准为参考，那位个人月生活费达十元的"振凯"，其实生活状况并不太差；但这不妨碍其自感贫寒，至少其年花费只是需用 250 元的清华学生的一半。同样，彭俊材和周葆珍以为清华学生多贫家子弟，大概也是其真实的感受。可知那时很多人都眼光向上，他们看见和对比的更多是那些更为富裕的，而对其身边更贫寒者却往往视而不见，这可能是导

---

① 《浙江大学设置公费生》，《申报》，1936 年 5 月 9 日，4 张 15 版。

② 陈存仁，《银元时代生活史》，上海人民出版社，2000 年，6 页。

③ 他又根据两次政府的贫富调查，以及各种社会调查的数据，估计贫穷人口约占中国人口的一半。参见李敬穆，《贫穷论》，北平光华书局等代发行，1930 年，18—22 页。

致社会不满的一个重要因素。

正是在自感贫寒的心态下，周葆珍可以诚恳而理直气壮地纠正那种关于"清华是个特殊贵族学校、清华学生是资产阶级"的社会疑惑。在其眼中，"清华是国立的一个大学，凡是国内任何立案中学的毕业生，只要是智德体健全的青年，都有考入清华的机会"。校内还设有招考委员会，商议办理各种新生考试事宜，"务使投考同学机会均等"。故无论是"处于僻乡、居住都市，生于富或长于贫的各种青年"，都是"站在一个水平线上"，根据考试标准定取舍。而已跨进清华园的同学，"也未忘了未入清华的校外同学"，他们每年招考新生时"都印有新生向导专号，指导新同学"。故"清华大学绝对不是任何人、任何阶级所独占独享的"。①

周氏也尽量试图理解社会之人为何"疑惑到清华是资产化"，可能因为"清华的建筑，是较其他闹穷的大学富丽，经费也未像他校的茫无着落，教授未罢课，学生未闹学潮，按部就班的向前走"。但这不正是洗雪"我国国耻"的一个表现吗？"中国人不争气，教育已濒破产。北平一隅，大学之多，概皆校务沉沉，奄奄一息。"清华大学的特例，其实更多体现出希望的一面，即"在破碎零乱的中国今日教育，还有这么一个灿然前进的大学，使中学的毕业同学能找到一个安心读书的地方"。因此，"清华大学是为中国青年而存在的，并不是为现在在清华的同学而存在的"。

---

① 本段及下两段，见周葆珍，《由〈由清华大学考试技术所引起的我的几句话〉的几句话》，《世界日报》，1932年8月16日，12版。按周氏关于已入清华者有意帮助报考清华者的说法是有依据的，在7月18日出版的1932年《清华暑期周刊》第2、3期合刊上，就有一篇在校生所作的《根据我的经验——怎样考清华》的文章，并且刊出了上一年度的"录取标准"，供考生参考（47—48页）。

至于"梦游清华园记"这一国文题目，作者以为，出题者"一定想到了考场里的同学有一大部分未到过清华，所以他出'梦游清华园记'，他不出'游清华园记'。……只要作的文文辞新颖、字句流利，看卷子的人就会多给你分数；他绝不会按照你游的对不对来判断你作的文的"。这个意思在陈寅恪的答辩中也曾表出，或者在校园中已有所议论。周氏进而说，教授怎样出国文试题，本无一定的标准。不知"振凯"从"哪一点见出这个题目是漂亮、是麻木不仁"？而"因为一个国文题目又引起什么'乐园'、什么'资产化'、什么'间接刮民众'"等判断，未免小题大做，徒说些富于情感的话是于事无补的。

如果说周葆珍投书以语气诚恳为特点，此前一日所刊出的"伯辛"的投书，就基本采取了反唇相讥的口气，言辞相当锋利。作者是对"春焰"的全面回应，所论也包括"对对子"。"伯辛"明言，因为对对子的考题"不合一部分考生的脾胃，于是接二连三地攻击，甚至于伟大的清华、资产阶级的清华，也无原无故地和'对对子'缠在一起"。本来"有产和无产"与对对子没什么关系，且清华"不过只是一个研究学问的地方，不管'资产'和'无产'都可以来"，故"清华不敢做'资产阶级'，也不敢做'无产大众'"。[①]

作者进而驳斥"春焰"关于对对子不合"时代意义"的提法说，"照时代的意义讲起来，现代是需要研究社会科学而革命的时代，要考的只是时代需的社会科学"，那就不仅是考不考对对子的问题，根本连国文、英文等都不应该考。如果"春焰"所说的"时代"是指"文学上一种时代的趋势"，则从宋词、元曲等数下

---

① 本段与下两段，见伯辛，《谈谈"谈谈对对子"》，《世界日报》，1932 年 8 月 15 日，12 版。

来，现在唯"普罗文学是时代的"，则清华本届国文试题，恐怕都未必"合乎时代"，应该全数反对。

"伯辛"显然看出了"春焰"投书背后隐伏的全面颠覆意味，故针对其"黑漆一团的现实""书本上的所谓学问"对"贫无立锥的无产大众有什么补益"等话语问道："是不是题目应该出'无产大众论'，便于无产大众有补益了？进一层说，是不是不要书本上的学问，而从事于社会上的革命？或者只有不要书本上的学问，便可于贫无立锥〔的〕无产大众有补益？"如果要对无产大众有补益，是否"干脆就不要读书"？那样的话，"北平的各大学，都可以关门"。本来全国国立大学之设立，目的都是讲书本上的学问。何况连"革命的理论，也从书本上来的"呢！

"春焰"和"伯辛"的对话很能反映当年的时代思潮，虽然前者攻击"对对子"的确有些借题发挥，但后者那句"资产阶级的清华，可是不敢当"也反映出问题的实质，即"资产阶级"这一标签在当时已具有相当的杀伤力，所以站在清华一边的才必须以几乎喋喋不休的方式来特别否认清华并非如此。辩论双方对"资产阶级"的理解和界定未必相同，甚至可能很不同；但都不觉有必要厘清这一观念，可知在一个观念较为普及以后，大家似乎公认已存在某种约定俗成的理解，尽管这种共识很可能是虚幻的。而书本学问、无产大众、革命理论的共同使用及其间隐含的逻辑关联，也提示着"五四"后开始的走向"行动的时代"这一倾向在读书人中间已日渐普及，随着"知识"含义的转移，一些知识人的自我否定也为时不远了。①

---

① 参见罗志田，《激变时代的文化与政治——从新文化运动到北伐》，北京大学出版社，2006年，135—145页。

也许是为了平衡立场，《世界日报》次日又刊发一篇质疑清华的投书。作者署名"穷小"，且一开始就说自己是被"逼得没有办法"才发表自己的意见，显然延续着那种故意凸显清华既富且大而自居弱势的对立意态。文章以为，清华试题从"对对子"到作文，都显"古怪"，实在难为了考生。盖"一个刚从穷乡僻壤的乡村中跑来的学生，他没有亲戚或朋友在清华大学堂读书，更未曾在清华大学堂的毕业生门下拜师称徒，压根儿不知道清华大学堂的一切情形，请问出题先生，他的'梦游清华记'从何写起呢？是从天桥的卖艺说到西单的大洋货店呢？还是任自己意思信口开河呢"？①

但这一投书的主要立意并不在此，而更多是代那些想入大学的边缘知识青年立言。此前报纸曾说当年报考清华大学的达二千八百多人，但只能录取 245 位新生。这样一种考生求学欲和招生名额的显著差距，非常可能引发社会的不满，故清华校方表示这是"完全为宿舍不敷所限"。② 以宿舍不敷的物质因素来化解可能的社会不满，当然是想凸显非一时人力所能为的意思。稍后"湘石"便称"有人说"正因这次报名人数众多，"主考的教授想用这次入学考试的空前特别试题——对对子来难一难学生，以定取舍"。这不啻提示考试方式的创新是因为有某种"阴谋"存在，不无挑唆之意。③

"穷小"虽不接受"阴谋"说，但认为"宿舍有限"可能归因

① 本段与以下数段，见穷小，《我也谈一谈清华大学》，《世界日报》，1932 年 8 月 16 日，12 版。
② 《清华新生考试前日已结束》，《世界日报》，1932 年 8 月 7 日，7 版。
③ 作者进而说："在这个年头，政治不清，教育紊乱，一般学生不受政潮的波动，埋头把教部的规定课程弄清楚，也就很难能，哪还有暇来做特殊的玩意儿呢？"这就有些弦外之音，不无推促学生可以"运动"的暗示。参见湘石，《我也谈谈对对子》，《世界日报》，1932 年 8 月 13 日，12 版。

于对居住标准的要求不同。作者认为，清华之所以吸引特别多的考生，有各种各样的原因：首先是"有美丽的丰富的宏大的完全的设备，教职员也有十足的薪金，校址又远在西郊，离开了悲惨杂乱的中国的现在社会，可说是'世外桃源'"，故人人向往。但有些人是因为"在那里处处是'十足的资产阶级的生活的表现'"，另一些人"千里远来，跋山涉水，不过为的是求学，绝不是想住阔房，更不是来享公子哥儿的资产阶级的物质的臭福气。他们有学可求其愿已足，至于'吃苦''将就'，他们简直认为家常便饭，并不惊奇"。清华校方因宿舍有限而限制考取名额，是为了让"入校者能享'爽快''富裕'与'美满'"，竟不惜"牺牲青年求学机会"。问题是："难道不能少建筑几座洋房，多弄几堆瓦屋或草房么？"

以瓦屋、草房来取代洋房或者有些理想化或情绪化，但文章提出的居住标准差异可能是存在的。近代办新学从一开始就在建筑上耗费甚巨，后来的清华校长梅贻琦以"大楼"和"大师"的对立来诠释大学之"大"，已成传诵的名言，其所针对的正是大学往往过于重视建大楼这一流行观念。清华本为留美预备学校，其校舍较常人所居更"豪华"一些，大概也是事实。"穷小"眼见"各处的公寓和民房的里〔里的〕留住学生，都噪嚷着狂叫着'失学了！失学了'"；对这些可能面临失学的青年来说，"他们不敢希求住什么洋房，也不敢苛求住什么新式的绿廊房"，应是发自内心的实际想法。

关键是青年失学已成为社会问题，"现下的中国社会，政治的腐败，经济的破产，所有的大学校都几乎是关门的关门、停办的停办"；残存者"不过是苟延残喘维持现状而已"，其中还有几个大学

"被教育部之乱命停止招生"。故除私立大学外，招收文法科学生的国立大学只剩北大和清华，意味着失学青年数目的大幅增加。凡"对于社会之柱石的青年的失学之关心的人，或是对国家前途兴亡慎重的人，你都应当对于这大批的失学的青年替他找个办法，绝不应该袖手旁观，坐视不理，瞧着有用的石柱沉沦于堕落的苦海，白白葬送了他们的生命，去掉了国家的栋梁，更不能来断送他们的前途"。作者呼吁："失学的青年太多了，请不要因宿舍而限制名额吧！"能"多收容一点这些失学的青年，就是社会的救命者和青年的恩人"。

其实清华大学将不能多录取新生归因于"完全为宿舍不敷所限"，本是一种预防性的说辞。而学校之所以如此，正说明当年的社会舆论已经相当有力，不能不预留地步，故特以"完全"二字排除其他任何人为因素。但"社会"一方虽不满教育部的作为，却对国立大学有着更多的期待，"国家前途"和"国家栋梁"的提出，都隐喻着国立大学的责任。在穷而小的边缘知识青年与既富且大的清华大学之对立背后，潜伏着"社会"与"国家"之间的紧张。"穷小"明言，他的意见代表着"许多的青年"，务必"请清华学校当局答复一下"，"祈勿不理"。

周葆珍和"穷小"的投书对清华考试题一辩护一反对，体现出《世界日报》想要维持一种相对中立的立场。在此前的 8 月 15 日，《世界日报》以采访出题者和阅卷员的方式刊发了陈寅恪关于清华"国文试题中之'对对子'答案及所以如此出题之理由"的解释。内容大致相同的答辩随即刊发在《清华暑期周刊》之上，后者明确指出所应答的包括国文试题的对对子和作文。① 这些在报刊发表的言论，主要侧重回应的是报刊所反映的社会关注点，实即对社会的答复。

陈先生在文中对"多人误会"的作文题"梦游清华园记"做出了解释，表明并非想要"夸耀清华之风景与富丽"，也不是"叙事体游记"，而是要"测验考生之想象力及描写力"。"所谓梦游"，就是要描写考生"理想中之清华大学"，是否实际到过清华园关系并不大。正是为考生考虑，才不出"梦游清华大学"而出"梦游清华园"，因为"写景易而描写学校组织、师生、课业状况较难，美的描写易而写实较难"也。近年俗套之题多被用尽，此题"实新颖、简单、美妙、自由，容易之至"。对这样好的题目仍有人发怨言，"想系入清华之心过切，或因他故而生忌嫉之感，不足介意"。②

纯就作文而言，这样的题意应考者或不难理解。据张政烺先生回忆，他"同寓的陈君作文，只写游清华园，想在最后点出是梦。时间到了，梦字没出现，非常懊丧"，于是放弃了后面其他门类的考试。③ 这是一项不成功的经历，但仍说明考生理解了题意。后来《清华暑期周刊》曾发表两篇获得满分的作文，皆以想象的描写为

① 本段与下段，见《清华中国文学系教授陈寅恪谈出"对对子"试题理由》，《世界日报》，1932 年 8 月 15 日，7 版；《"对对子"意义——陈寅恪教授发表谈话》，《清华暑期周刊》1932 年第 6 期，收入《陈寅恪集·讲义及杂稿》，生活·读书·新知三联书店，2001 年，447—449 页。按陈寅恪这两次公开答辩，意思大致相同，然也有些出入，既不排除报刊各自有所微调，也可能是陈寅恪本人对其中一稿略作校改修饰。

② 三十多年后，陈先生在为其《与刘叔雅论国文试题书》所写"附记"中，重申当日作文命题，就是让考生中"曾游清华园者，可以写实；未游清华园者，可以想象"。陈寅恪，《与刘叔雅论国文试题书·附记》，《金明馆丛稿二编》，生活·读书·新知三联书店，2001 年，256 页。

③ 陈智超，《张政烺先生访问记》，《中国史研究动态》1992 年 4 期，1 页。

主，也都能充分理解题意。① 或正因此，很多关于作文的诘难的确有"因他故而生忌嫉之感"的味道；而陈寅恪特意表明此作文并非想要"夸耀清华之风景与富丽"，说明他对当时报纸上的讨论很熟悉。

在8月16日，《世界日报》的"读者论坛"以一段"编者的话"宣布对清华大学招生试题的讨论从此结束。虽然几天后又刊发了一组投书，仍明确表达了要结束讨论的意思。② 不过最后发表的四篇投书全是质疑清华一方的，包括一篇直接质疑陈寅恪关于"对对子"的答辩，另外三篇也偏重于"对对子"问题。③ 在这追加的第二轮质疑中，只有一篇署名"尘悯光"反驳彭俊材的投书涉及作文，但其批驳也无多新意，只表示"梦游清华园记"这个作文题"玄之又玄"，确"有非议余地"；并进一步强调了"清华园"内外的差异：对那些不曾进过清华园的考生来说，对其实地事物本乏了解，"还要在梦中去游，而从事于记述之描写之"，等于不顾实际而"勉强虚构"，的确有些"强人所难"；而且，"除了资产阶级者不忧衣食无业多暇才能如俊材君般消闲地坐（？）在清华园中做驳人的大文章而游之逛之，恐怕贫家子弟却不能抛弃了他分内的工作，像那样醉生梦死地'游''逛'"！④

---

① 参见《入学试卷得满分的两篇"梦游清华园记"》，《清华暑期周刊》1932年第7、8期合刊（9月1日），3—4页。从这两篇作文看，评卷要求的确不算太高。且两范文一白话一文言，应经过特别的选择，恐怕也是在婉转因应报刊的批评。

② 《〈读者论坛〉编者的话》，《世界日报》，1932年8月16日、19日，均12版。

③ 皞，《关于"对对子"质陈寅恪君》；春焰，《再论清华的考试——答伯辛君》；杰，《关于"对对子"问题》，均刊于《世界日报》，1932年8月19日，12版。

④ 尘悯光，《读了〈读了振凯君的由清华大学考试技术引起我的几句话之后〉之后》，《世界日报》，1932年8月19日，12版。

　　这样的批驳大致只是一种态度的强化，但前面各投书所强调的国立大学应遵守教育部规定而照顾全国中学课程，以及"穷小"代表失学青年向国立大学的质疑，均凸显出从"社会"立场以监督"国家"的意味，"清华学校当局"很难置之不理。① 即使校方不出面答复，也会要求下面有以因应。陈寅恪以出题者身份做出公开答辩，很可能也受到来自学校的某种压力。而投书者之间的辩论所揭示的时代思想和社会心态走向，尤其值得关注。

二、 作文题风波揭示的时代思想

　　1932年清华大学的入学考试风波，如前所述，出题者陈寅恪不仅不回避，甚至可以说很早就参与了吸引社会对此的注意；因为只有社会充分关注，才可能达到他所希望的触动中学国文教育的结果。但社会的具体的反应却不尽如其所预想，仅仅在技术层面稍作变更的作文题竟产生"大哗"的效应，大概就超越了他先前的思想准备。从投书者方面看，不同的人对考试方式变革的不满也未必同："对对子"更多伤及那些能参与而无准备的考生，对那些贫寒到连报名费都是沉重负担而又具有强烈求知欲的边缘知识青年来说，发泄不满的目标更多指向了作文题目。

　　尽管不少投书者都辩明自己并非考生，故其发言不是利益驱使，而是路见不平代人出头，但其言论所反映的首先仍是对考题的不满。1932年清华的国文试题，不论是与上届相比，还是与同年其他学校比，确实都显得更难。北大同年的国文试题仅是"文言译白

---

① 说详罗志田，《斯文关天意：1932年清华大学入学考试的对对子风波》。

话文一篇，无作文"。① 胡适当时曾说，"这次北大招考新生，国文试验，以最容易的国文常识测试"，应是写实。② 而上一年清华本身的国文试题，作文是在"本试场记""钓鱼""青年"和"大学生之责任"四题中任选其一。③ 不仅范围更宽，后两题更可能是考生早有预备的。从这样的纵横比较看，1932 年的清华国文试题的确容易引起考生的不满。

这次考试方式改革引发的争议使中学国文教育成为一个众所瞩目的重要议题，尽管对不同的人意味着很不一样的意思。出题者在民族危机的驱迫下确有借大学考试以改变中学国文教育的深意，而那些集国家民族兴亡和个人出路的压力于一身的边缘知识青年则承载着大量看似不在的内外负担。

在某种程度上或可以说，这批基本不署实名的无名之辈改写了历史。投书及相关的辩论，使大学考试逐渐变成一种必须接受社会审查和评判的公众表述。一旦象牙塔失却疏离于外在社会的独立性——疏离本身就是一种独立，不论那独立是多么有限——包括国

---

① 《北京大学昨考试新生》，《世界日报》，1932 年 7 月 22 日，7 版。

② 按这是胡适当年 8 月 7 日在北平市私中联合会、中等教育协进会及北平市教育会合办的暑期讲演会上所做题为《中学国文教学法》的讲演，以《胡适第三次讲演中学国文教学法》为题发表在《大公报》1932 年 8 月 8 日，2 张 5 版，同日《北平晨报》以《胡适讲演：中学国文教学法》为题发表内容相同的报道（7 版），因《大公报》称是"国闻社云"，此稿大约是《大公报》同系之国闻社记者记录。又此演讲以《国文教学之研究》为题在《世界日报》连载（1932 年 8 月 8、9 两日，均 7 版），其记录文字与《大公报》版各有详略。这次演讲似尚未有人关注，北京大学历史系梁心同学有《胡适关于中学国文教育的三次讲演》一文（《社会科学研究》2009 年第 1 期——编者注），专门论及此事。本文所用的其他一些报刊资料，也承梁心同学协助核查，谨此致谢！

③ 《国立清华大学廿年度入学试题》，《清华暑期周刊》，1932 年第 2、3 期合刊（7 月 18 日），40 页。

文在内的入学试题就具有了太多"功夫在诗外"的附加内涵，它不再仅仅是选拔合格考生的测验手段，更成为一个本身需要检测的公共议题。非常可能的是，至少对大学管理者而言，对后者的考量会超过前者。

结果，考生或社会的"抗议"得到学校当局的充分重视，可以说非常有效：清华当年的录取标准有所降低，而录取名额则大大扩充。1931 年清华的新生录取标准曾是各科总平均须在 54 分以上，而国文、英文、算学三门平均须过 49 分。① 1932 年则"经该校招考委员会议决"，虽"今年考生成绩不佳，录取标准亦未提高"，实际降为国、英、算三门平均及各科总平均皆须上 45 分。同时，"录取新生名额尽量扩充"，实际录取一年级新生 342 人，比原公布的招生名额增加了几乎 40％。② 这是否如"穷小"所建议的那样降低了住宿标准不得而知，但说明要么原来的宿舍确有扩容的可能，要么学校又在别的方面进行了努力，总之新增幅度实在不小。

到 1933 年，清华的国文考试更非常为考生着想，不仅没有了可能引起争议的"新奇"方式，连作文题也不具备任何争议——考生可以在"苦热""晓行""灯""路"和"夜"五个题中选作一个。题目多而不偏，不至于再出现考生对此毫无准备的现象；相反，考生早有充分准备，通常都能以不变应万变，把任何题目引向其已经预备好的叙述方向之中，然后展开相对公式化的论述。

参与出题和阅卷的朱自清说，出"这些题的用意在看看考生观察与描写的能力"。因为以前出过议论题，但考卷中"总是许多照

① 《民国廿年度录取标准》，《清华暑期周刊》，1932 年第 2、3 期合刊（7 月 18 日），48 页。
② 《清华大学新生昨揭晓》，《世界日报》，1932 年 8 月 20 日，7 版。

例的泛而不切的话"；这次变而出些小题目，"让他们在日常生活里找点自己的话"。但大多数考卷"还是发照例的议论，自己似乎并没有话说"。不发议论的也"往往只将题目轻轻一点，便扬了开去，来一大段不相干的故事或不相干的谈话"。很多考生不能理解题意："'苦热'的'苦'字，除了几本例外，都被当作形容词看，解作既苦且热，或解作苦的热。"而考生"运用文字，也极少熟练的；几乎每篇都有些不顺的句子，加上满眼的别字"；虽没说出什么"切实的话"而能"大部分文从字顺的"，至多只有十分之一。①

在这样的情形下，要想选拔出真正的人才，最苦的可能是阅卷的老师。清华学生的国文水准后来是否就不如以前，或胜过以前，需要细致的考辨。② 但大学的入学考试从此日益深入公众的视野，却是一个具有长远意义的演变。大学本身也拉近了与社会的距离，这是福是祸，固当别论；不过，"社会"主动监督"国立机构"的意识却清晰可见。

身负教育责任的清华大学虽是"国立"机构，但向来与"社会"和"国家"（state）都保持着一定的距离，而"国家"与"社会"也一向容忍着"大学"这一特殊机构的独立自主性。③ 在这次事件中，清华大学因其"国立"性质而被投书者视为"国家"的某

---

① 佩弦（朱自清），《高中毕业生国文程度一斑》，《独立评论》第 65 号（1933 年 8 月 27 日），9—10 页。朱自清在文中明言，其所述"并不完全是作者个人的意见"，而是阅卷人的共同感想；他将此写出，仍希望"可以供高中国文教学参考"。

② 朱自清等阅卷人的感觉显然不好，他也听到"许多人说，现在高中学生的国文程度，远不如二十年前的中学生了"。佩弦（朱自清），《高中毕业生国文程度一斑》，《独立评论》第 65 号，11 页。

③ 这一点要感谢匿名审查人的提示。

种代表，其原来基本自主的作为受到了投书者所反映的"社会"之监控，不得不随波逐流地因应着"社会"的要求。①

多数投书者是以弱势的形象出现的，投书的总体数量也并不算多，但却能使他们眼中强势的国立大学就范。是腾诸口耳的传播大大增强了"舆论"的力量？还是帝制时代本较独立的"社会"逐渐与共和时代的"国家"融合并借助报刊这类新形式强化了其"参与"能力？这一现象也许可供那些争论中国是否有所谓"民间社会（civil society）"的人参考。

而且，此次事件中居于"社会"一方的正当性及其对当事机构的威慑，正是建立在指斥特定的国立机构未能恰当地遵循国家的政策性规则之上；即"社会"并非以独立于或外在于"国家"的立场来监督国家机构，相反，它诉诸"国家"以强化其监督特定国家机构的职责，并迫使后者让步。换言之，"社会"是在代"国家"立言，要求其维护自身的权威，即"中国教育行政的统一"，从而在一定程度上否定了大学这样相对特殊的国立机构此前曾享有的某种

---

① 本文的匿名审查人提出了清华大学"身份归属"的认定及这次争论是否适合置于"国家与社会"这一理论框架中进行论析的问题，个人很受启发，并已据其所言对相应的措辞进行了适当的界定，谨致谢忱。本文无意在理论上涉入学界关于"国家"与"社会"的概念界定和关于近代中国之"社会"与"国家"关系的讨论。那些投书人当然无法代表整体的"社会"（实际上除纯理论著作外，也很难在具体历史场景中识别和确立出一个整体"社会"的代表），清华大学这一国立机构是否能像教育部一样代表"国家"或许也还可以进一步斟酌，但在多数投书人的眼中，清华大学改革考试方法之可议，正在于其是一个"国立机构"，却未必配合"国家"的相关教育规条；他们批评的可能是具体的教授，但其指向的显然是教授背后的"机构"，而对这些批评屈服或让步的也确实是清华大学这一机构（而非其教授）。本文无意将投书人和清华大学分别等同于社会和国家的完全代表（representatives），但这样一种来自社会的批评和国立机构对规则的修改，应该说反映和表述（to represent）出"国家与社会"之间某种对应甚或对立的关系。

独立性。

　　尽管这次争辩的言论往往带有较强的情绪性，知识菁英和边缘读书人似乎都呈现出较为成熟甚或深刻的一面。出题者确实有希望通过大学入学考试改变中学国文教学的预谋，而实际代表着考生的投书人也或多或少看出了这样的意图。许多人更已充分意识到，考试也是一种表述。争论者之间一个明显的议题是：大学的入学考试是否应该反映和表达时代和社会的要求？暂不考虑这后面隐伏的教育和学术是否应该疏离于社会的大问题，假如答案是肯定的，更直接的问题是：考试应当侧重社会上众皆认可且相对长远和固定的知识呢？还是必须要体现类似"阶级关系""行动的时代"和"革命"这些社会思潮中的新兴主题？

　　不论考试本身是否应当如此，这些主题在关于考试的讨论中已实际表述出来了。从辩论的言说中可见朦胧的阶级意识已相对普及，而阶级关系这一新概念牵涉到相当广泛的思虑，从报名费到清华的固定经费、教师不罢课、学生无学潮等现象都牵连在内；表面侧重的似乎只是中国内部的社会不平等，然而也终于有人点出了这与国耻和国家形象相关。另一方面，一般家庭难以负担的高额费用的确暴露了新教育体制整体上的不公平。如前引 1936 年浙江大学设置公费生的报道说，"往昔科举书院制度之下，贫寒子弟犹可奋志苦读，置身通显"；而今日的高等教育，却几乎"全为中产阶级以上子弟所独享"。①

　　类似的思路进一步反映在 1933 年的国文考试之中，阅卷的朱自清发现，考生"作'苦热'一题者多分贫富二类立论，殊有帖括

---

① 《浙江大学设置公费生》，《申报》，1936 年 5 月 9 日，4 张 15 版。

气，然足觇近人思想方向也"。① 大部分考生的论述为：阔人虽热，
但可以住洋房，用电扇，吃冰激凌，甚至去青岛、北戴河避暑；而
穷人则多以洋车夫代表，在烈日炎炎下跑得气喘汗流，坐车的还叫
快走。上海考生多说到此而止，北平考生往往还要说车夫倒地而
死；"这一回卷子里，洋车夫真死得不少"。此外，"做'夜'的也
常有分阔人的夜与穷人的夜的；做'晓行'的虽因早晨的乡间不大
会有阔人而拉扯不上去，但也常将农人的穷苦与苛捐杂税等等发挥
一番"。②

朱先生说："这种恨富怜穷的思想，是这回南北试卷里的普遍
思想。"但他认为这未必反映了考生的"根本思想"，因为可以看出
"这并不一定是考生诸君自己真正相信的思想"，而不过"是些人云
亦云的门面话，像是哪儿捡来似的"。有一本卷子在文后有小注，
明言其读到"诸杂志上谓时代渐趋于普罗文学"，为要追逐这"时
代潮流"，所以会这样写。的确，连前引为清华考题辩护的"伯
辛"，也同意当时唯"普罗文学是时代的"。朱自清承认这是"近年
来最流行的思想，'诸杂志'确是多说的这个。青年人谁不怕落伍？
怕，便非'追'不可"。也因高中"国文教师只是新思潮的贩子"，
学生为追随老师，便"所有的新思潮他都得来一手儿；国文教师为
供给这种需要，也便到处张罗，专心对付"。大家都欲"得其大意，
便于谈说"，故"这种恨富怜穷也不过一种新洋八股而已"。

当年中学国文教材本不统一，教师往往据其自身的偏好和特长

---

① 朱自清日记，1933年8月4日，朱乔森编，《朱自清全集》，第9卷（日记编上），
江苏教育出版社，1998年，241页。

② 本段与下段，见佩弦（朱自清），《高中毕业生国文程度一斑》，《独立评论》第65
号，10—11页。

有选择地发挥和引导；而那些有志于读清华一类大学且家境能负担之人，想必在上中学时会选择"性相近"的学校，所以朱自清所见的考试情形的确能反映为那些为大学升学考试而预备的中学国文风尚。冰冻三尺非一日之寒，"帖括气"当然意味着广泛流行的意思。故陈寅恪不仅出了渐已失传的对子题，所出的作文题也不那么好作，都直接挑战了已成惯习的"新洋八股"，非常可能触犯众怒。

在尊西的时代，"新八股"更因挟"洋"而增强其影响力。且"八股"的力量本来就在于众皆遵循的公式化，最明显的是那些未能应考者、落榜者和代其出头之人在其投书中都反复发扬着恨富怜穷的"时代潮流"。其实不仅是"青年人谁不怕落伍"，老师亦然。朱自清看到的中学生及其国文教师在追逐"时代潮流"方面的互动互竞，便是"非'追'不可"的显例。① 他在公开论述中说这些人仅仅是拾取人云亦云的门面话，不一定反映其真正的思想，或许还有点书生之见，但其私下的记载已指出这样的帖括气"足觇近人思想方向"。

一种思想能成为师生竞相追逐的"时代潮流"，当然不会无因而至。20 世纪中国的士风本以激进著称，但"激进"本身尚不足以说明此问题。从前面的讨论可知，以"阶级"为象征的贫富层次其实还很多，则社会似乎尚未两极化；具体个人对贫富的感知标准可能很不相同，唯"眼光向上"似已成那时很多人的共同倾向：他们看见和对比的更多是那些更为富裕的，而对其身边更贫寒者却往往

---

① 或具讽刺意味的是，1948 年朱自清去世后，许德珩在挽联中说，朱氏"教书三十年，一面教，一面学，向时代学，向学生学"（转引自谢兴尧，《我编专刊》，《读书》1995 年 1 月号，134 页）。如果这是实述而非许氏的夫子自道，则朱先生自己也最终未能免俗。

视而不见。这样一种眼光的转变，恐怕是导致社会不满的一个重要因素。

同时，正因为轻视甚至蔑视贫寒（以及城市藐视乡村）成为越来越普遍的社会风气，才使"穷"而"小"本身具有了某种社会批判的正当性，这或者即是一种思想观念上的"革命温床"。1933 年夏天刚去过江浙的顾颉刚发现"南人甚恨国民党"，他当时就感觉"共党起或有办法。如仍无可为，则中国惟有亡国耳"。① 是外患使亡国成为一种迫近的可能，但外患也考验着执政者。如果说章太炎和刘大鹏这样的上层和基层知识菁英对执政的国民党不满主要是因其不能立即抗日，② 顾颉刚眼中的"南人甚恨国民党"却是因为所谓的"农村破产"。

曾经温和甚至"反动"的丁文江在这次清华考试前夕说，现在"许多青年进了共产党，许多青年在学校里闹风潮。但是平心而论，假如我今年是二十岁，我也要做共产党，也要闹风潮"。③ 两年后他更感到有必要提出并回答"我何以不是共产党的党员"这个问题，他的答案是其"不赞成共产党式的革命"，但仍"同情于共产主义的一部分（或是一大部分）"。④ 认识到上述内外不满聚集起来的力量，或许就能理解丁文江为什么会这样说，而他的言说也从一个侧面印证了当日长幼咸逐的"时代潮流"是多么有力。

此次出题之前，陈寅恪在 1929 年曾说："士之读书治学，盖将

---

① 朱自清日记，1933 年 9 月 19 日，《朱自清全集》，第 9 卷，249 页。
② 参见罗志田，《中外矛盾与国内政争：北伐前后章太炎的"反赤"活动与言论》，《历史研究》1997 年 6 期，90—92 页。
③ 丁文江，《中国政治的出路》，《独立评论》第 11 号（1932 年 7 月 31 日），2—6 页。
④ 丁文江，《我的信仰》，《独立评论》第 100 号（1934 年 5 月 13 日），11—12 页。

以脱心志于俗谛之桎梏。"① 这一"俗谛"，当时主要是指国民党的意识形态，但在较宽泛的意义上也针对着流行于世的各种"时代潮流"。近代城乡的疏离和贫富的日益悬殊或是"恨富怜穷"思想成为"新洋八股"的长远造因，而这类思想发展成"时代潮流"，对学术和教育也可能意味着某种新的"俗谛"。在此"俗谛"桎梏之下，学术独立可能真有些别的含义，此虽非陈寅恪等所能逆料，大约亦非其所能阻遏的了。

　　历史上有不少意义明显的大事，可能包含着很多看似与该大事无甚关联的社会细节，而这些细节或许牵连着许多"题外"的宏阔时代主题；反过来，有些看似不在或不明显的现象，却汇集了众多更深层次的问题和意蕴。陈寅恪自身的努力虽然可以说"失败"，因其革新考试而不满的那些投书者却可能改写了历史。当然，与其说这些投书人一次性地改变了历史，不如说他们的作为体现和反映了一种进行中的趋势或倾向：造成和推动把象牙塔置于社会监控之下这一重大转变的因素很多，而且这也是一个相对长程的演变。即使这样，即使这些人中的大多数因主动隐去其实际姓名而成为历史上的无名之辈，他们仍然参与了历史的创造。

（原刊《历史研究》2008 年 4 期）

---

① 陈寅恪，《清华大学王观堂先生纪念碑铭》，《金明馆丛稿二编》，246 页。